実務家のための

労働判例読本

2024年版

弁護士
芦原 一郎 著

2023年『労働判例』誌掲載裁判例

経営書院

はじめに

本書は、４年前に出版を開始した「労働判例読本」の５冊目です。これまでと同様、裁判例をツールとして活用したいという問題意識から執筆しました。この試みがどこまでうまくできているのか、読者の皆さまからのご感想やご意見をお聞きしたいです。

４冊目の「はじめに」では、労働判例を読み込み、活用することの意義を、概要、以下のように説明しました。①事案のストーリーを思い描けること、②そのことで、裁判例がツールとして活用できること、③実際にそれを活用することで、より理解が深まること、です。

この思いは、現在も変わりません。

労働判例は、本書の執筆だけでなく、弁護士や社労士の勉強会のために何度も読み込んでおり、まるで自分自身が当事者として、それぞれの事件のドラマの展開に関わっているような錯覚に陥ることがあります。

そして、ドラマとして印象に残っているため、参考になる裁判例を探すときに、似たような状況のドラマがなかっただろうか、何か「既視感（デジャブ）」がないか、という観点から裁判例を探します。論点から検索するのではなく、似たような状況の似たようなトラブルがなかっただろうか、という検索です。判例データベースのキーワード検索よりも極めてヒット率が高い検索方法です。AIにもできない検索方法です。

残念ながら本書には、各裁判例の概要を伝える目的と役割がありますので、各裁判例のドラマの詳細まで記載していませんが、せめて、ドラマや映画の予告編のようにリアルな臨場感を伝えることができれば、と思って執筆しています。本書を手掛かりに、まずは気になる裁判例だけで十分ですから、実際に判決の本文を読み、自分なりにドラマを思い描いていただければ、裁判例のツールとしての機能が、より高まるはずです。

また、実際に裁判例を読む必要が生じたとき、本書で裁判例のイメージを掴んでから実際に判決文を読めば、効率的に問題点を把握できるはずです。

さらに、本書をベースに、解説動画を公開しています。

全ての裁判例について３分～４分の動画解説を作成・公開していますが、まだ継続しています。この書籍が出版される頃には300本に達すると思います。これは、元労働判例編集長の鴨下祐一氏による撮影や編集と、産労総研の三浦氏や平社長のサポートがなければ実現しないことでした。地道で息の長いサポートに、感謝しきれません。

５年目となる本書についても、労働判例の澤編集長、労務事情の日野編集長はじめ、産労総研の多くの皆さんの暖かい協力やアドバイスがあって、出版に至りました。

まさに、産労総研の現役・OB 総がかりでのサポートです。

加えて、私が主宰する「芦原労判ゼミ」に毎月参加してくれた弁護士や社労士の皆さんの熱意がなければ、労働判例をここまで読み込むこともできなかったはずです。

簡略ですが、ここでお礼させていただきます。

2024年１月吉日

芦原 一郎

実務家のための労働判例読本 2024年版

目　　次

第3章　解雇

第4章 雇止め

第5章　合意退職

第6章　労働債務・労働条件

第8章　管理監督者

第9章　労働時間

第10章 人事権

第11章　競業避止義務

第14章　休職

第15章　派遣

第16章　労働組合

凡例

本書では、本文中に特に注記のない場合は、以下のとおり、略語を使用しています。

1.法令など

労基法／労働基準法
労契法／労働契約法
パート法／短時間労働者及び有期雇用労働者の雇用管理の改善等に関する法律
高年法／高年齢者等の雇用の安定等に関する法律
障害者雇用促進法／障害者の雇用の促進等に関する法律
派遣法／労働者派遣事業の適正な運営の確保及び派遣労働者の保護等に関する法律
労組法／労働組合法
安衛法／労働安全衛生法
労働施策法／労働施策の総合的な推進並びに労働者の雇用の安定及び職業生活の充実等に関する法律

2.諸機関

厚労省／厚生労働省
労基署／労働基準監督署
中労委／中央労働委員会
地労委／都道府県労働委員会

3.参考書籍

『読本』／『実務家のための労働判例読本 2019年「労働判例」誌掲載裁判例』／芦原一郎　著／経営書院刊
『読本2021年版』／『実務家のための労働判例読本2021年版 2020年「労働判例」誌掲載裁判例』／芦原一郎　著／経営書院刊
『読本2022年版』／『実務家のための労働判例読本2022年版 2021年「労働判例」誌掲載裁判例』／芦原一郎／経営書院刊
『読本2023年版』／『実務家のための労働判例読本2023年版 2022年「労働判例」誌掲載裁判例』／芦原一郎／経営書院刊

第1章

多 様 性

多様性　2023年の特徴

グローバル化や少子高齢化・人口減少に伴い、日本社会も多様性がより強く求められるようになり、経済市場や労働市場も多様化が進んでいます。当然、企業も対外的な市場対応の方法（商品やサービス、マーケティング、イメージ作り、等の競争論的な活動）等の表面的な対応だけでなく、従業員や企業文化等、組織や経営の根本的な部分（組織論的な対応）からの多様性も重要になってきました。

ここで紹介する下記裁判例には、男女の差別、育休・産休に関する不利益が問題になった事案（「巴機械サービス事件」「学校法人横浜山手中華学園事件」「アメックス（降格等）事件」）と、民族的な差別が問題になった事案（「フジ住宅ほか事件」）があります。

なお、「アメックス（降格等）事件」では、「キャリア形成上の不利益」という概念が論じられており、人事権に関する問題が検討されています。

巴機械サービス事件

東京高裁令4.3.9判決（労働判例1275号92頁）

この事案は、男性＝総合職、女性＝一般職という状況が定着している会社Ｙの人事制度に関し、女性の一般職員２名、Ｘらが、違法な性差別であると主張し、争った事案です。

１審（横浜地裁令3.3.23判決労働判例1243号５頁、読本2022年版163頁）２審いずれも、Ｘらの請求の一部を認めました。

１．何が違法か

２審は、１審の判断を概ねそのまま採用していますので、詳細は１審の解説をご覧ください。

ここでは、ポイントだけ簡単に整理しましょう。

まず、総合職と一般職に分けること、総合職は全て男性で一般職は全て女性という状況にあること、Ｘらを一般職として採用し、一般職に配属したこと、については、それだけでは違法でないとしました。

しかし、Ｘらに総合職に職種転換する機会を実際には与えていなかった、そのことで「総合職は全て男性、一般職は全て女性」という状況を固定化していた、という点を違法としました。

すなわち、採用や配置の段階で男女差が生じたことは違法ではないが、それを固定化してしまった（職種転換の機会を与えなかった）点が違法である、という内容です。

2. 実務上のポイント

女性には家事があるから、総合職のような仕事は任せられない、補助的な仕事しか任せられない、という考え方が背景にあったのかもしれません。

けれども、人口減少・働き手減少の中で、男女の役割分担、という発想自体が変容し始めています。

本事案では、職種転換の点だけが違法とされましたが、採用や配置の点も含め、人事制度の在り方について考えさせられる事案です。

動画で確認！

学校法人横浜山手中華学園事件

横浜地裁令5.1.17判決（労働判例1288号62頁）

この事案は、小学校教諭Ｘが、（平成28年ころ）第５子の出産に伴う産休・育休の取得・延長、（令和２年ころ）第６子の妊娠に伴う勤務軽減措置や、母性健康保護措置に伴う休業、等を取得したが、学校Ｙは、Ｘが、①休業申請や②休業延長、③軽減措置、④看護休暇の申請が不当であり、⑤育休中に別の学校で働き（懲戒処分された）、同僚や上司を非難するなど「教師に必要な総合的な人間力が欠如している」として、Ｘを解雇した事案です。

裁判所は、解雇を無効と評価しました。

１．各種申請の合理性（①～④）

①～④には、それぞれ固有の事情があります（①は、給与が支給されるかどうかによって、休業や在宅勤務等、要求内容がころころと変わったこと、②は１か月・３週間前、③は３日前、④は当日、というように、申請から実際に登校しない日までの期間が短かったこと、など）が、Ｘの要求に対応するためにＹが非常に苦労した点があります。

裁判所は、①については、賃金支払いの有無によって申請内容を変更することは、従業員の立場として不合理ではない、としました。また、②～④については、いずれも関連法規の要求する条件が満たされている（②については、育休法５条３項・４項により２週間、③については、労基法65条３項に予告期間の定めなし、④についても、育休法16条の２の１項に予告期間の定めなし）、としました。

たしかに、急に代わりの教師を確保するなどの対応が必要となったことから、Ｙとしては、Ｘが周囲への配慮に欠けるように感じたのでしょうが、法の定める要件が備わっている以上、法が定める休業などは与えなければならず、むしろそのような急な申し出にも対応できるような体制作りと、従業員との日頃からのコミュニケーションが求められている、と評価できます。

会社の人事体制や管理の在り方に関し、学ぶべき重要なポイントです。

２．実務上のポイント

次に⑤ですが、具体的にどのような言動があったのか、「被告代表者が作成した陳述書」の内容が明らかでないため、明らかでありませんが、裁判所は、陳述書記載のＸの言動を「前提としても」、すなわちＹの主張を仮にそのまま認めた場合であったとしても、Ｘの言動は校長を批判するものにすぎず、Ｘの能力不足等を「裏付ける事情とはいえない」と評価しています。

裁判所のここでの判断を前提にすると、人格非難など、経営批判を超えた内容の言動があり、それがＸの能力不足等を裏付けると評価できる場合には、かかる言動が解雇事由の１つとなり得る（もっとも、さらにそれが解雇に相当するかどうか、という問題が残ります）でしょうが、多少きついやり取りがあっても、その言動自体を問題とすることができない、ということになります。

このことから、処遇や労務管理に関して従業員から苦情や問題提起がなされる場合、会社はかなり辛抱強くこれに対応しなければならない、ということがわかります。

このようにして見ると、鬱積したものを爆発させてしまうのではなく、日頃からのコミュニケーションを良好にして、早めに問題に対応することが重要である、という労務管理の基本の重要性に気づかされます。

動画で確認！

アメックス（降格等）事件

東京高裁令5.4.27判決（労働判例1292号40頁）

この事案は、産休育休以前には37名の部下がいるなど、チームリーダーとして働いていた女性従業員Ｘが、復職後、チームリーダーとしてのランク付けが維持されたものの、部下が一人もいない状態になるなど、業務内容が大きく変わったことが、均等法・育休法に違反するとして、会社Ｙに対して損害賠償を求めた事案です。

１審は、Ｘの請求を全て否定しましたが、２審は、Ｘの請求の一部を認めました。

１．１審との違い

１審（「アメックス（降格等）事件」東京地裁令1.11.13判決労判1224号72頁、読本2021年版189頁）では、米国本社が提携しているコストコでの営業活動が、提携解消によってできなくなってしまったために、日本でもコストコに関する業務が無くなってしまった、したがって、復職の際に原職に戻さなかったことは止むを得ない、と判断しました。この点は、２審も同様です。

さらに１審では、Ｘの人事考課に照らせば、新たに部下をつけるようなポジションを与えるようなことが無くても止むを得ない、という趣旨の判断がされました。

これに対して２審では、まず、判断枠組みが１審と異なります。

すなわち２審は、まず、（基本給や手当など）経済的な不利益を伴わなくても、業務内容の質が著しく低下し、将来のキャリア形成に影響を及ぼしかねない場合も、均等法・育休法に違反する、としました。そのうえで、かかる措置を「自由な意思」で承諾した場合か、均等法・育休法の趣旨及び目的に実質的に反しない場合に、均等法・育休法違反にならない、という判断枠組みを示したのです。

これを前提に、Yによるいくつかの措置の合理性が検討されました。

例えば、部下を一人も付けず、自ら電話による新規開拓を行わせた措置については、これは妊娠・出産・育児等を理由とするものである、多額のインセンティブを得られなくなった（経済的な損失）、一時期は女性管理職のロールモデルと言われて昇進した背景事情があり、それが自ら電話で新規開拓を行うことはXの「キャリア形成に配慮せず、これを損なうものであった」、と評価しました。

そのうえで、「自由な意思」や実質的な違反の有無を検討し、いずれも否定しました。

このように、経済的な不利益だけでなく、キャリア形成上の不利益も、均等法・育休法で否定される、という方向性と、それを判断すべき判断枠組みが示され、実際にこの判断枠組みによって違法性が認定されたのです。

また、人事考課に関しても、部下をつけなければリーダーシップを評価できず、低い評価になるのは当然であって、部下をつけなかったことが違法なのだから、人事考課も違法、という趣旨の判断を示しています。

2．実務上のポイント

しかし、キャリア形成上の不利益の意味は、今後、より議論されるべき問題です。

本事案で見る限り、結局のところ、部下が沢山いて業務範囲が広かったときに得られた多額のインセンティブを得られなくなった、という経済的な損失と同じではないか、という見方もありそうです。他方、経済的な損失以外の部分に関して判決が指摘しているのは、女性管理職のロールモデルと称賛されていた状況から転落した状況のことであり、過去から現在にかけて状況が悪化した、という点が指摘されていますが、将来の出世の可能性がなくなったかどうか、というような、現在から将来に向けての状況の悪化もキャリア形成上の不利益に含まれるのかどうか、判決からはよくわかりません。キャリア形成、という言葉からは、将来の可能性、という印象を受けますが、判決は、過去から現在にかけての状況の変化に着目しているのです。

このように、まだ議論すべき問題は残されていますが、キャリア形成上の不利益まで、均等法・育休法の趣旨が広がったことは、今後の実務上、配慮すべきポイントです。

特に、典型的な外資系企業に見られるように、部門ごとの人事予算などが厳格に定められ、会社内部での配置転換などが簡単にできない構造になっている会社の場合、ここで裁判所から求められたような配慮を容易に実施できません。日本の労働法制度と、特に欧米の企業の採用した内部統制上の組織構造のギャップについて、考えさせられる問題です。

動画で確認！

フジ住宅ほか事件

大阪高裁令3.11.18判決（労働判例1281号58頁）

この事案は、民族意識の強い経営者が、特定の国に関わりのある在日の人たちの批判や論評を社員に配布しており、さらに、そのような会社Ｙの状況を受け入れられない在日の従業員ＸがＹを訴えたところ、Ｘの氏名を伏せたままであるものの、「クズ」「盗人」「恥知らず」等と評して非難する文書を社内に配布しました。

１審（大阪地裁堺支部令2.7.2判決労働判例1227号38頁読本2021年版62頁）に続き２審も、Ｙの責任を広く認めました。

１．判断の困難さ

本事案は、社会問題として非常にデリケートであるだけでなく、法律問題としても、Ｙの表現の自由や経営の自由、Ｘの人格権や名誉、社会的な差別の禁止など、重要で繊細な人権の調整が問題となる難しい問題であり、判決も詳細で難しい内容となりました。

その中で、特に注目される１つ目のポイントが、Ｘに対する人格非難が違法とされ、不法行為が成立するとされた点です。

上記のように、かなり暴力的で酷い表現が頒布されたわけですが、Ｘの名前を伏せていたとしても、それによってＹの責任が免れませんでした。特にSNS等で、無責任な言動が日につくようになりましたが、もちろんSNS等と場面が違うものの、相手の名前を伏せればそれで責任を免れる、などと言う安直なものではないことが、１つのポイントです。

2. 実務上のポイント

さらに、Ｙの職場環境に対する責任も、注目されるポイントです。

すなわち、現実にＸの健康が害されるかどうか、という視点ではなく、差別的な意識がＹの中に広まる可能性が高まってしまうかどうか、という比較的抽象的なレベルでＹの責任を認めたのです。見方によっては、訴訟を提起して会社と戦うほどの、強いＸであれば、精神的な障害を被ったとは評価できない、となり得るところですが、実際にそのような障害を被ったかどうか、というレベルではなく、そのような危険のある状況になったかどうか、というレベルで判断された、と言えるでしょう。

上記のとおり、違法かどうかの判断はとても難しく、簡単にそのルールを決めつけることはできません。

しかし、予防的な観点からトラブルを回避することが重要であり、そうすると相手の名前を伏せればいい、という安直なものではなく、また、人種差別などを助長する「可能性」があるかどうか、という低いレベルで表現の良し悪しを考えるべきであることがわかります。

同じ価値観の従業員だけで会社を作る、という発想がＹの経営者にあったのかもしれませんが、多様性を受け入れていく発想こそ経営者に求められる、という時代を示しているのかもしれません。

動画で確認！

第2章

労働者性

労働者性　2023年の特徴

労働者性については、事業者である等と位置付けたビジネスモデルの合理性が、かねてから繰り返し裁判で争われてきましたが、近時は、事業者ではなく労働者であると主張する者が労働組合を結成して組合交渉を求める（交渉を拒絶され、労働委員会などで争われ、さらにその判断に不満を持つ企業・労働組合が裁判所に判断を求める）事案が増えています。「Uber Japan ほか１社事件」「国・中労委（セブン－イレブン・ジャパン）事件」「国・中労委（ファミリーマート）事件」が、このような事案です。

また、個別労働紛争の形で争われる場合もあり、「弁護士法人甲野法律事務所事件」では、勤務弁護士の労働者性が、「国・渋谷労基署長（山本サービス）事件」では、住込看護を行う者の労働者性が、それぞれ争われました。

- Uber Japan ほか１社事件（事業者、労働組合）／33頁
- 国・中労委（セブン－イレブン・ジャパン）事件（事業者、労働組合）／37頁
- 国・中労委（ファミリーマート）事件（事業者、労働組合）／41頁
- 弁護士法人甲野法律事務所事件（勤務弁護士）／49頁
- 国・渋谷労基署長（山本サービス）事件（住込看護）／53頁

なお、「Uber Japan ほか１社事件」「国・中労委（セブン－イレブン・ジャパン）事件」「国・中労委（ファミリーマート）事件」では、労働組合、「弁護士法人甲野法律事務所事件」では、労働債務・労働条件、「国・渋谷労基署長（山本サービス）事件」では、労災に関する問題も、それぞれ議論されています。

また、「国・川越労基署長（サイマツ）事件」は労災に分類しましたが、労働者性や労働債務・労働条件も議論されています。

Uber Japan ほか１社事件

東京都労委令4.10.4命令（労働判例1280号19頁）

この事案は、ウーバーイーツの配達パートナーらの結成した労働組合Ｘが、ウーバーイーツの関連会社らＹらを相手に団体交渉を求めたところ拒絶されたために、労働委員会に救済命令を求めた事案です。都労委は、Ｘの主張を概ね認め、Ｙらに団体交渉に応じる旨、等を命じました。

１．労働者性

Ｘの組合員である配達パートナーたちが、労組法上の「労働者」に該当するかどうかが、最大の論点です。都労委は、これを肯定しました。

ここでは、従来の裁判例などで多く用いられてきた判断枠組みと同様の判断枠組みが用いられました。

すなわち、①事業組織への組み入れ、②契約内容の一方的・定型的決定、③報酬の労務対価性、④業務の依頼に応ずべき関係、⑤広い意味での指揮監督下の労務提供・一定の時間的場所的拘束、⑥顕著な事業者性、等を判断枠組みとしたのです。

そのうえで、本事案はこのいずれにも該当する、ということが労働者性の理由とされました。

しかし、①〜⑥の全てに該当する、という認定には、少し無理があるようにも思われます。この点は、労働判例誌の同判決の前に掲載されている論文（専修大学教授石田信平氏「プラットフォームワーカーの労働者性」労働判例1280号５頁）でも具体的に指摘されている点ですが、特に、①については、週40時間以上配達を行っていたのは、配達パートナーの７％しかいないことや、ウーバー以外にも配達を行うマッチングの機会として出前館やmenuなどもあること、④については、アプリやスマホをオフにすれば、ウーバー側からの配達リクエストが届かない状態になり、リクエストを拒否する（したがって、悪評価がついてしまう）リスクが無くなること、⑤については、アプリやスマホをオン・オフすることに何ら拘束がないこと、などが指摘されます。

このように整理すると、１つの見方としては、労働者性が否定されるべきであった、という評価も可能です。

しかし、それでも労働者性が肯定されるべきである、という評価もあり得るところです。

その場合、①〜⑥すべてが満たされるとは言えない、という問題提起にどのように答えるのか、が問題となります。

１つ目の回答は、①〜⑥は、全てが揃わないと労働者性が認められない、という「法律要件」のような性格のものではなく、あくまでも議論を整理するための「判断枠組み」「判断要素」にすぎず、いくつか満たされないものがあっても、総体的に評価して、労働者性が認められるかどうかが判断されるからである、仮に①④⑤が満たされないとしても、総体的に評価すると「労働者」として保護すべき状況にある、という理論構成です。例えば、「高知県公立大学法人（第２）事件」（高知地判令3.4.2労経速2456.3）では、雇止めの有効性が争われた事案で、「整理解雇の４要素」と同様の判断枠組みが用いられました。この合計４つの要素のうち、４つ目の手続の相当性について、会社側に有利に評価されたものの、その他の３つの要素は従業員側にとって有利に評価され、最終的には全体として従業員側にとって有利に評価

（雇止め無効）されました。

２つ目の回答は、別の判断枠組みを立てる、という理論構成です。例えば、石田教授の論文では、❶他人労働力の利用（就労の非代替性）、❷経済的依存性、❸プラットフォーマーによるコントロール、という３つの判断枠組みが提唱されています。

この２つの回答のいずれであっても、結局、どのような視点から評価すべきなのか、という目的や評価軸が重要になってくるように思われます。この点、石田教授の論文では、憲法28条や労組法の目的、「資本家と労働者階級との格差を是正」すべき状況かどうかを、評価軸に定めているようです。すなわち、配達パートナーは、自分の労働力（しかも、他の者が容易に代替できてしまう）を金銭に換えていることから「労働者階級」に位置付けられるので、格差是正のために労働組合としての活動や交渉が必要、という観点で考えることになるでしょう。

拘束は厳しくないのに、経済的には弱い立場にある、という状況を、労働者性の認定の観点から、どのように整理し、評価するのか、そもそも、労組法によって規制すべき関係なのか、など判断が分かれうるところです。今後、この事件がきっかけにどのように議論が深化していくのか、注目されます。

２．実務上のポイント

本事案ではさらに、ウーバーイーツグループの会社全体について、使用者性（交渉の当事者となるべきかどうか）が認められる、と判断されました。

飲食物を宅配し、代金を精算し、配達パートナーにも配分する、という一連の流れを、複数の会社が分担している、という点を見れば、法人格を超えて、グループ一体のものとしてとらえるべきである、という肯定的な評価も可能です。

けれども、法人格を分けて業務を分担していることにも、それなりに合理性があり、不当な目的で法人格を濫用したり、実態のない法人格を作ったわけではないでしょうから、従前の「法人格の濫用の法理」のカバーする領域を超える問題であり、全体について使用者性を認めるべきではない、という評価もあり得ます。

この点も、今後の動向が注目されるポイントです。

動画で確認！

国・中労委（セブン-イレブン・ジャパン）事件

東京高裁令4.12.21判決（労働判例1283号５頁）

この事案は、セブンイレブン店舗の経営者たちＸらが、自分たちは労働者であるとして、セブンイレブンに対して労使交渉を求めたところ、それが拒絶されたので、これが不当労働行為に該当するとして労働委員会に救済命令（労使交渉に応じる旨の命令）を求めた事案です。都労委は不当労働行為と認定しました（Ｘらが労働者であると認定しました）が、中労委Ｙは認定しませんでした。

そこでＸは、裁判所でＹの判断を争いましたが、１審２審いずれもＹの判断を維持しました。

１．労働者性と経営者性

２審は１審の判断の多くをそのまま維持しています。

そこで特に共通して注目されるのは、「労働者性」の判断方法です。詳細は、１審（東京地裁令4.6.6判決労働判例1271号５頁読本2023年版235頁）の解説をご覧いただければ、と思いますが、その概要は以下のとおりです。

まず、判断枠組みとしては、①事業組織への組入れ、事業の依頼に応ずべき関係、②報酬の労務対価性、③契約内容の一方的・定型的決定、④時間的場所的拘束、指揮命令関係、⑤独立した事業者としての実態、の５つが示されました。

けれども特に注目されるのは、⑤について、さらに詳細な判断枠組み（❶加盟店の損益の帰属等、❷加盟者の経営判断、❸加盟者自身の稼働状況）が設定され、しかも①～④より先に、裁判所の判断の冒頭で検討されている点です。これは、「労働者性」というよりも「経営者性」があるかどうかを検証するものです。

この判断枠組みを見ると、「労働者性」に対立する概念として「経営者性」を設定し、その「経営者性」を「労働者性」に先立って詳細に検討し、「経営者性」が相当程度高いことを認定したうえで（⑤）、①～⑤の総合的な評価を行っています。

すなわち、「労働者性」は、拘束性や指揮命令などの強制の要素だけで絶対的な評価をするのではなく、ここでの「経営者性」のように、労働者性が否定されるとした場合の関係性（本事案では「経営者」ですが、「役員」や「家族」等もあるでしょう）の程度との比較による相対的な評価をしたのです（相対的評価）。

2．フランチャイザーとフランチャイズ・チェーン

２審では、１審での議論に加え、控訴の際に追加された議論についても裁判所が判断を示しましたが、その中でも注目されるのは、セブンイレブンとフランチャイズ・チェーンの関係です。

Ｘらは、フランチャイズ・チェーンとＸらの関係を見れば「労働者性」が認められる、と主張したのですが、２審は、フランチャイズ・チェーンとＸらの関係を検討することなく、Ｘらの請求を否定しました。すなわち、(a) Ｘらが「団体交渉を求める相手は、フランチャイザーである参加人であって、セブンイレブンのフランチャイズ・チェーンではない」という点と、(b) Ｘらが「セブンイレブンのフランチャイズ・チェーンに組み込まれているからといって、直ちに（Ｘら）が参加人の事業に組み込まれていることと同視することはできない」という点が、その根拠とされています。

労使交渉を求めた相手が、フランチャイザー（セブンイレブン）でなく、その運営するフランチャイズ・チェーンであれば、(a) を見る限り、労働者性が認められる可能性があるようにも見えます。

けれども、(b) を見れば、これが前記判断枠組みの①についての判断にすぎず、その他の事情（②〜⑤、❶〜❸）についての判断にまで踏み込んでいないことがわかります。その他の事情について、判決の他の部分でいずれも X らにとって消極的な評価がされていることを見れば、仮に (a) でフランチャイズ・チェーンを相手に労使交渉を申し入れ、さらに仮に、その結果、①事業への組み入れが認められたとしても、結論に違いは生じなかったように思われます。

とは言うものの、フランチャイザーとフランチャイズ・チェーンのどちらを交渉相手にするかによって、少なくとも①について差が生じる可能性はありそうであり、技術的にフランチャイズ・チェーンが交渉相手になり得るのか（使用者性があるのか）という点も含め、今後、議論が深められるべき問題でしょう。

3. 実務上のポイント

前記1.のような「相対的」な判断方法ではなく、「労働者性」の有無だけを「絶対的」に評価し、判断する方法もあり、そのような方法で判断した裁判例も存在します。

けれども、「絶対的」な判断方法は、通常の取引先にも要求される強制の契機、例えば事業遂行の際に指定した制服を着用するなどの約束について、取引先であっても事業のブランド政策の観点から、契約によって制服の着用が求められる場合もあるでしょうが、指示に従わなければならない、という意味で強制の契機ですから、例えば「指揮命令」の要素と評価されかねません。すなわち、本来は事業者性を肯定すべき、事業契約に基づく約束が、逆に「労働者性」を肯定すべき事情の１つとしてカウントされかねない可能性があり、実態に合わない評価がされる原因になりかねないのです。

このように、「相対的」な評価は、本事案のような団体交渉における「労働者性」だけでなく、労基法上の「労働者性」についても、同様に基本的な判断方法とされるべきです。

動画で確認！

国・中労委（ファミリーマート）事件

東京地裁令5.5.25判決（労働判例1296号 5 頁）

この事案は、コンビニエンスストアを統括・運営する会社Ｆと契約し、コンビニエンスストアを法人・個人として経営する者（や役員）達が労働組合Ｘを結成し、団体交渉をＦに申し入れたところＦがこれを拒絶した事案です。

ＸはＦの交渉拒絶が不当労働行為に該当する、と主張して都労委に救済申し立てをしたところ、都労委はこれを認めましたが、逆に中労委Ｙは、Ｘの組合員達は労組法上の労働者ではないとして、これを否定しました。当裁判所も、中労委Ｙの判断を支持しました。

1．判断枠組み

ここでは、労組法上の労働者性に関する４つの最高裁判決を分析整理した研究結果（「労使関係法研究会報告書（労働組合法上の労働者性の判断基準について）」H23.7労使関係法研究会）で示された判断枠組みを、そのまま採用しています。すなわち、以下の６つの判断枠組みで本事案を整理し、労働者性を判断しています。

① 事業組織への組入れ

② 契約内容の一方的・定型的決定

③ 報酬の労務対価性

④ 業務の依頼に応ずべき関係ないし諾否の自由

⑤ 広い意味での指揮監督関係、時間的場所的拘束

⑥　顕著な事業者性

特に注目されるのは、⑥です。

というのも、労働者性（労組法上の労働者性に限りません）の判断に関し、指揮監督などの「強制」される側面だけを問題とする判断方法（絶対的な評価）と、労働者としての側面と（事案によって何を対比させるかが異なりますが）対立する形態（ここでは事業者ですが、役員だったり、家事使用人だったりします）としての側面といずれが大きいかを問題とする判断方法（相対的な評価）があるからです。

絶対的な評価の場合には、上記①～⑤に相当する事情だけを考慮することになりますが、それでは、労働者の範囲が広がりすぎることが懸念されます。例えば、個人の事業として荷物の配達を行っている者が、発注事業者から配送時の制服や帽子、配送車に貼るステッカーなどを指定されることがありますが、同じような対応を、法人である配送業者が求められる場合もあるでしょう。しかし、発注事業者の取引先としての契約上の義務として、制服・帽子・ステッカーが義務付けられることも、依頼者の指揮命令と同様の「強制」と評価することが可能であり、絶対的な評価をすると、このような契約上の義務も積み重ねていけば、労働者と評価できるだけの「強制」がある、と判断される可能性があるのです。

けれども、相対的な評価の場合には、法人の配送業者と同様の「強制」であれば、制服・帽子・ステッカーの義務付けはむしろ事業者性を基礎づけるものと評価されるべきであり、労働者の範囲が広がりすぎる危険を回避できます。

この意味で、⑥を設定することで相対的な判断であることを明確にしている点が、重要なポイントとなるのです。

2．総合判断

次に、これら事情の判断方法です。

①～⑥について、全てが肯定的に評価されなければ労働者性が否定されたり、逆に全てが否定的に評価されなければ労働者性が肯定されたりする、というような、言わば「要件」「条件」のような意味を有するのではない、という点です。全ての要素が同じ方向で評価されなくても、最終的には、総合判断によって判断されます。

実際、本判決では②だけ肯定的（労働者性を認めるべき方向）に評価されました。すなわち、Fが一方的に契約内容を決している、と評価しました。

けれども、他の要素が否定的であり、最終的には労働者性が否定されたのです。

さらに、このような総合判断は、①～⑥それぞれの要素ごとの検討の中でも、行われています。

例えば①です。

①については、これを肯定すべき事情と、否定すべき事情の両方を認定したうえで、最終的に総合判断を行って否定的な評価をしています。すなわち、以下のように整理されています。

❶　肯定的な事情

まず、個人加盟者による経営・店長による管理運営が不可欠とされており、かつ、個人加盟者・法人代表者が自ら店長となって直接管理運営を、しかも長時間勤務で行う場合がある、とされました。

また、個人加盟者・法人代表者が店長になっている場合、対第三者の外観・専属性について、Fの事業組織の一部と評価できる部分もある（店舗仕様、ユニフォーム、バッチ等）、とされました。

❷　否定的な事情

（❶の１段落に対比される事情として）まず、個人加盟者・法人代表者が自ら店長になることは必須ではなく、個人加盟者・法人代表者の労働力を確保する目的の契約ではない、とされました。

（同２段落に対比される事情として）また、店長の就業時間・業務内容は店長自身が決定しており、Ｆが個人加盟者・法人代表者の労働力を管理する権限・実体がない、とされました。

この❶❷を踏まえ、最終的に①が否定されたのです。

３．各判断枠組みの検討状況

さらに、残りの③～⑥について検討しましょう。

まず③です。

ここでは、❶（形式面）契約上、報酬を支払う約束がないこと、❷（実質面）加盟者に支給される金銭の種類ごとにその性質を詳細に検証して評価していますが、個人加盟者・法人代表者の業務関与の状況・業務量・就業時間によって算出されるものではないこと、を根拠にしています。

形式面と実質面から検討していること、実質面では、支給される金銭の計算方法などが重視されていること、が参考になります。

次に④です。

ここでは、❶（前提として）「個々の業務の依頼に対し、基本的に応ずべき関係にあるといえるかを検討することになる」と、評価基準を示しました。マーク（ロゴ）、定められた経営手法、本部からの経営支援などに従わないとしても、ここでの「義務付け」「個々の業務の依頼に応ずべき義務」に該当しないとされました。❷（形式面）契約上、経営全般を担うことになっており、それに伴う各種の義務がある（研修受講義務、年中無休・24時間営業義務、本部フィーの支払義務など）が、これらは契約上の義務で、「業務の依頼に応ずべき義務」はないとしました。❸（実質面）たしかに、店舗指導の内容に従わなければならず、契約更新の際にも、協調性などが考慮されるとしても、指導は経営者の業務改善の機会を与えるもので、従う義務や、協調性を示すために従う必要はない、実際に再契約拒否された事案も、数が限られているうえに、その理由も、指導に従わなかった面よりも、売上高の長期低迷と改善の見込みのないことが理由だった、としました。

ここでも形式面と実質面から検討している、と整理できるでしょう。さらに、ここでの検討内容は⑥と関連します。「個々の業務の依頼に応ずべき義務」は、労働契約上の義務（会社の人事権に対応する義務）であるのに対し、加盟店経営者・法人としての義務は、運営会社Ｆと独立した事業者との間のビジネス上の契約に基づく義務であり、❶～❸は、前者ではなく後者であることを検証している、と評価できるからです。

次に⑤です。

ここでは、指揮命令と、時間的場所的拘束に分けて検討されています。まず、指揮命令です。

最初に、❶（肯定的事情）指揮命令に関し、マニュアル、計画作成指示、巡回、覆面調査、商品推奨、研修などの「指導」があったことを指摘しています。しかし、❷（否定的事情）この❶は契約上、加盟者に義務付けられておらず（形式面）、実際、加盟者が指導に従わない場合があり（商品の発注、従業員配置、店頭サービス導入)、指導に従わないと不利益を受ける関係になかった（実質面)、と指摘しています。

次に、❸（肯定的事情）場所的拘束はあったとしつつ、❹（否定的事情）時間的拘束に関し、①での検討結果を引用し、時間的拘束はなかった、としました。

この⑤では、結果的に指揮命令と時間的場所的拘束がなかった、としていますが、いずれも、積極的な事情と消極的事情の両方を比較衡量しているところから、厳密にオールオアナッシングで割り切れる判断ではなく、相対的に消極的事情の方が大きかった、という判断だった、と評価できます。

次に⑥です。

❶営業の損益が加盟者に帰属する（これは、❷の前提になる、と位置付けられています）としました。このために、取引の負担、損失補填ルールの内容、費用負担、資金調達、の実態が検討されています。次に、❷自己の才覚で利得する機会がある、としました。このために、立地選択、営業日時決定、商品決定、従業員雇用決定、Fとの契約形態の変更、等で加盟者に機会が与えられていることが検討されています。さらに、❸特に従業員雇用に関し、加盟者が自ら決定している、としました。

そして、この❶～❸によって、加盟者に機会とリスクが帰属し、「顕著な事業者性」がある、と判断しました。

以上の、①～⑥の検討を通して、②が肯定的であっても、労働者に該当しないと判断しました。

②と①・③～⑥の対比もそうですが、①と⑤の内部でも、肯定的事情と否定的事情が比較考量されており、労働者性の有無の判断は、あるかないかの二者択一ではなく、比較考量の問題であることがわかります。

4．実務上のポイント

そうすると、何と何を比較しているのか、ということですが、本事案では、労働者性と事業者性の比較です。これは、⑥の事情を独立した判断枠組みとしていることからわかりますが、例えば④の❸は、事業者性を基礎づける事情と見ることもできます。

このように、労働者性の判断は、労働者性と事業者性の対比による相対的な判断であることがわかります。

したがって、これが例えば、会社の役員という肩書があるのに労働者であるかどうかを検討する際には、労働者性と役員性が対比されることになるなど、対比されるべきサービス提供形態に応じて、判断枠組みが修正されるべきことが理解できます。

このような相対的な判断方法に対し、労働者性は絶対的な方法で判断する、と見られる場合もあります。それは、相手方からの指示や要望に従わなければならない「強制の契機」がどれだけあるのか、という積み上げの程度によって判断する、という判断方法です。これによれば、例えばロゴの使用や制服の使用なども強制される事情なので、労働者性を肯定すべき事情と評価されることになります。上記①❶でも、これらの事情を肯定的な事情と評価しています。

しかし、もし絶対的な方法で判断することになると、上記の判断の中でも、②や①⑤のうちの肯定的な事情は考慮されるものの、それ以外の否定的な事情が全く考慮されないことになります。そうすると、肯定的な事情だけが残され、労働者性が肯定されるという逆の結果になったかもしれません。もしそうなれば、個人事業者が労働者と評価される場合が非常に多くなってしまうでしょう。

このように、諸事情を総合的に判断すべきこと、その前提としてオールオアナッシングの二者択一のような問題ではなく、また、労働者性だけの絶対評価でもない（対立する概念との相対評価である）、ということがわかります。総合評価である点は、ときどき指摘されるところですが、前提となる部分も重要なポイントです。

動画で確認！

弁護士法人甲野法律事務所事件

●――横浜地裁川崎支部令3.4.27判決（労働判例1280号57頁）

この事案は、法律事務所を経営する弁護士Xが、事務所を退所した若手弁護士Yに対し、その杜撰な仕事によって損害を被ったとして損害賠償を求めた（本訴）ところ、YがXに対し、労働契約に基づく賃金や残業代の支払い、未払いの事件報酬の支払い、パワハラによる損害賠償の支払いを求めた（反訴）事件です。

1．本訴（Yの杜撰な仕事）

Xは、6つの事件に関し、Yの杜撰な仕事によって迷惑を受け、損害を被った、と主張しました。任された事件を放置したり、依頼者に無断で処理したり、というものです。

裁判所は、Xの主張を裏付ける証拠がなかったり、Xの主張自体に合理性がなかったりする点を指摘し、6つ全ての事件について、請求を否定しました。Xとしては、Yに任せていた事件の対応の拙さを証明するのに、Y本人がいなくなった後では、資料や事件の経過などを十分再現できず、証拠探しも苦労したところでしょう。

しかし、それだけYに事件処理を任せっきりにしていた、ということでもあるように思われます。法律事務所の運営として、若手弁護士に事件を任せる場合の管理の在り方について、考えさせられる点です。

2．労働契約の成否とパワハラの成否

Ｙは、Ｘ（の経営する法律事務所）に雇われた実態は労働契約だったと主張し、これを前提に、賃金や残業代の未払分があると主張し、また、在職中にＸから受けた数々の言動がハラスメントに該当すると主張しました。

裁判所はこのうち、労働契約の成否については否定し、賃金や残業代の未払分の請求を否定しましたが、ハラスメントについては、労働契約がないにもかかわらず、成立を認め、損害賠償請求を肯定しました。

法律事務所に勤務する、いわゆる「勤務弁護士」について、労働契約が成立するのかどうかについては、弁護士業界で昔から注目されている論点ですが、この判決は、一般論で結論を示すのではなく、実際のＹの働いていた状況に基づいて判断しています。

特に、事務所から支給される報酬が、年を追うごとに減っていき、３年目からはゼロになったことや、事務所から与えられた仕事についてＸがその内容について何も指示をしていなかったこと、Ｙは弁護士として独立や転職が比較的容易であり、実際にＸの下から出ていった弁護士も少なからずいたため、無報酬であっても不合理ではないこと、などが、労働契約ではないと評価する際のポイントのように思われます。

これに対し、ハラスメントとの関係では、Ｙが、司法修習生として配属されたのがＸであり、弁護士登録後まもなく、Ｘの事務所での業務に「事実上経済活動を（…）依拠していた」ことから、Ｘが「優越的な立場」にある、と評価されました。

Ｙの置かれた状況に関し、労働契約関係が認められるような「指揮命令」関係はないものの、経営者であるＸの「優越的な立場」はある、という中間的な評価がされたのです。

そのうえで、ハラスメントに該当する具体的なエピソードとして、①暴行による身体的な攻撃・人格を否定する表現・長時間にわたる大声での威圧的な叱責が、頻回に繰り返されたこと、②人格を否定する呼称を含むメールを広く送ったこと、③（険悪な関係になった後だが）出退勤の報告や業務報告につき過大な要求をしたこと、④Ｙの交際相手に不必要に接触したりしたこと、の４つのエピソードについて、Ｙの主張を概ね認め（それ以外は否定しました）、Ｘの責任を認めました。

ハラスメントの成立を否定する理由として、指導や教育のための必要性・相当性が認められる場合が、比較的増えてきているように感じますが、ここでの裁判所の判断は、必要性・相当性が認められる場合と認められない場合両方を含むものです。事案の評価にとって参考になります。

３．実務上のポイント

険悪な関係になったことの影響は、事件報酬の支払がされなかった、という形でも表れています。

ここで裁判所は、具体的に一つ一つの事件と報酬と配分方法を検討していません。

その代わり、「民訴法248条の趣旨にも鑑み」、①かつてＹは、事務所が1200万の報酬を受け取る事件も処理したことがあること、②実際に相当数の事務所事件を担当していたこと、③Ｙは１年目で年俸400万もあったこと、等を理由に、「控えめに推計しても300万円は下らない」と認定しました。

民訴法248条が適用される、という表現ではなく、「趣旨にも鑑み」という表現である理由は分かりませんが、以下のような規定により、詳細な証拠や主張なしに、損害賠償が認められたのです。

（損害額の認定）

第二百四十八条　損害が生じたことが認められる場合において、損害の性質上その額を立証することが極めて困難であるときは、裁判所は、口頭弁論の全趣旨及び証拠調べの結果に基づき、相当な損害額を認定することができる。

今後、同じように詳細な立証なしに損害賠償請求が認められるのはどのような場合なのか、動向が注目されます。

動画で確認！

国・渋谷労基署長（山本サービス）事件

東京地裁令4.9.29判決（労働判例1285号59頁）

本事案は、介護サービスを提供する会社Ｋで勤務する介護士Ｌ（昭和21年生）が、会社の業務と同時に、個人の業務として、１週間、住み込みの看護をしました。これは、住込みの看護を行っていた者が１週間不在のためにその間の住込み介護をＬが依頼されたため、一日のうちの数時間はＹの業務として介護を行い、残りは個人の業務として住込みで待機・業務を行う、というものです。ところがＬは、この住込み業務が終わった当日の平成27年５月27日の午後３時半に入浴施設に入店したところ、午後11時半頃、そのサウナ室で倒れており、そのまま死亡しました。

Ｌの遺族Ｘが労災申請したところ、労基署Ｙは労災非該当としたため、この決定の取消しを求めて訴訟を提起しました。裁判所は、その理由は違いますが、Ｙの判断（結論）を支持し、Ｘの請求を否定しました。

1．住込み業務

ここではまず、住込み業務が労災の対象となるかどうか、が問題になります。すなわち、労基法116条２項の「家事使用人」に該当すると、労基法が適用されないことになりますが、労基法上の使用者の責任を前提とする労災法も同様に、適用されないことになります。一種の「労働者性」の問題と言えるでしょう。

ここで特に注目されるのは、住込み業務に関する契約が、介護業務とは別の契約であって、住込み先とＬの間で直接締結されている、という形式面だけでなく、契約条件をＬが交渉して自由に設定できたこと、指揮命令をしていないこと、という実体面を問題にしている点です。

一般的に、労働者性は契約の形式面だけでなく、実態から判断されますが、ここでも同様に実態から判断している、と整理できます。

2．会社業務

Ｙの判断は、Ｌの業務は住込み業務だから、労災の適用対象外である、したがって労災は支給されない、というものでした。

けれども裁判所は、結論は同じでも、Ｌの業務には住込み業務と会社業務があり、このうち会社業務について労災保険法の適用があるとしつつ、会社業務部分の労働時間は長くなく、したがって会社業務によるストレスは大きくないことを理由に、業務起因性を否定しました。

ここで特に注目されるのは、会社業務部分の労働時間の認定です。

これも、本来であれば、実際に会社業務にどれだけの時間がかかっていたのかを、その実態から判断すべきところでしょうが、裁判所は、会社が予め定めた「訪問介護計画書」で示された時間に基づいて判断しました。

この判断については、「訪問介護計画書」の記載という形式面から判断したのでおかしい、という評価もあり得るでしょうが、そうではないように思われます。

というのも、裁判所は、業務起因性のあることの立証責任がＸにあることを予め指摘しているからです。そのうえで、訪問介護計画書に基づく業務が一定程度定型的な業務であることや、Ｌは介護福祉士の資格を有し、訪問介護の知識経験があることを指摘し、平均的な労働者を基準に判断する、と指摘したうえで、業務起因性を否定しています。

このような裁判所の説明を見ると、訪問介護計画書に記載のとおりの業務がされたであろうことが事実上推定され、これを覆す立証をXができなかった、という理論のようです。つまり、「実態」で業務起因性を判断するにしても、業務起因性を肯定するだけの実態を、Xが証明できなかった、したがって立証できないことの不利益を、立証責任を負うXが負担する、という理論のように思われます。実態で判断するにしても、業務起因性を認めるだけの実態がなかった、ということでしょう。

以上のように、会社業務についても、上記仕込み業務の判断と同様、形式面だけでなく実態から判断される、という点は一貫している、と評価できるでしょう。

3．実務上のポイント

さらに裁判所は、Yが労災認定の際に言及しなかった上記2の論点について、この訴訟の中で追加主張することが許されるのかどうか、という点も問題にし、結論として追加主張を認めました。詳細は、訴訟に関する手続き的な問題なので、検討を省略します。

ここでは、副業・兼業との関係について、問題点を指摘しておきましょう。

労災に関しては、2020年に厚労省のルールが示されました。すなわち、複数の会社で労働者として働いている場合には、それを通算した時間を基礎に、業務上のストレスの程度を評価し、業務起因性を判断することが明確に示されました。

けれども、仮にこの新ルール後の事故だったとしても、本事案にはこのルールが適用されなかったでしょう。

というのも、新ルールは複数の仕事が、いずれも労働者として労災が適用される場合を想定しているからです。住込み業務も、例えば労災保険の特別加入制度の対象ということになれば、もしかしたら通算して労働時間を算定することになるかもしれないのですが、労働者を保護する、という労災制度の趣旨から考えると、そのために必要な制度上の手当等、いくつかハードルがありそうです。

他方、前記1. について、たしかに住込み業務に伴う具体的な業務上の指示等は、住込み先から直接出されますが、会社の業務であっても取引先からの要望などを直接聞き、その場で反映させるようなこともあります。したがって、会社Kの関与がより大きい場合には、前記1. についても会社業務と評価される余地があったかもしれません。

さらに、民事の責任としてKの責任が問われた場合には、本判決と異なる判断がされる可能性も否定できません。すなわち、今回問題となった住込み業務がとても負担の大きい困難な業務であり（実際、看護対象者は、「認知症の影響で介護忌避が強く、従前から世話をしてもらう訪問介護ヘルパーに対しても大声で悪口等を述べることがあった」などと認定されています）、そのことがKの健康を害しかねないことを知っていながら、これを隠していた、等のような事情があれば、Kの責任が認められる場合もあるでしょう。

このように、従業員が個人で契約した仕事は、会社業務と無関係であり、労災の認定の際、その仕事の業務が追加考慮されることはない、と決めつけず、実態も見極めて慎重に検討するべきでしょう。

動画で確認！

第3章

解　雇

解雇　2023年の特徴

全国の消防署がハラスメント対策を強化したところ、悪質と評価された場合に解雇（免職）とする場合も多かったようで、消防署でのパワハラを理由とする解雇の有効性が議論された事案が2件紹介されました（「長門市・市消防長事件」「糸島市・市消防本部消防長事件」）。このうち、「長門市・市消防長事件」は、消防署の機能崩壊の危険もあるような重大な事案で、解雇予告をしない解雇（免職）を有効と判断（破棄自判）した最高裁判例であり、注目されます。

外資系金融機関で専門的な業務を行っていた者が、所属する部門の廃止に伴って解雇された事案も2件紹介されました（「バークレイズ証券事件」「クレディ・スイス証券（職位廃止解雇）事件」）。外資系金融機関は、日本の解雇法制に馴染みにくい組織形態となっていますが、裁判所は整理解雇の4要素を適用して判断しました。けれども、特にクレディスイス事件では、部門の廃止の原因自体が当該従業員側にあるようにも見えますので、結果的に解雇有効とされましたが、外資系金融機関に日本の解雇法制がどのように適用されるのか、今後の動向が注目されます。

その他の事案は、いずれも職務上の理由によるものです。この中で、「スミヨシ事件」「学校法人埼玉医科大学事件」は、労働者側に（程度の違いはありますが）障害がある（あった）事案で、いずれも職務遂行能力の不足などを理由に解雇した事案ですが、結論がわかれています。

なお、「長門市・市消防長事件」「糸島市・市消防本部消防長事件」では、ハラスメント、「学校法人札幌国際大学事件」では、雇止めに関する問題も検討されています。

また、「NEC ソリューションイノベータ（配転）事件」と「アイ・ディ・エイチ事件」は人事権に分類しましたが、解雇も議論されています。「不動技研工業事件」は競業停止義務に分類しましたが、解雇や人事権（懲戒処分）も議論されています。「栃木県・県知事（土木事務所職員）事件」はハラスメントに分類しましたが、解雇や合意退職も議論されています。

長門市・市消防長事件

最高裁三小法廷令4.9.13判決（労働判例1277号５頁）

この事案は、パワハラが激しい消防署の管理職者Ｘを、長門市Ｙが懲戒免職したところ、Ｘが懲戒免職を無効、などと主張して争った事案です。

１審２審は、懲戒免職を無効としましたが、最高裁は、懲戒免職を有効としました。しかも、２審に差し戻すのではなく、最高裁自身が最終判断を行ったため、事件はこの判決をもって確定しました。

１．パワハラの程度

裁判所が認定したパワハラの一覧を見ると、Ｘは、裁判所が事実と認定したパワハラだけで、80件／５年、と相当な数に上ります。さらにその態様も、殴るなどの暴行を伴うものが数多くあるなど、かなり悪質です。

１審２審は、それでも、消防隊の業務の特性などを理由に、懲戒免職は重すぎると評価したのですが、いくら命がけの業務だからと言って、さすがに「暴行」が許容されるとは言えないでしょう。

近時のハラスメント事案でも、言葉や態度だけでなく、身体的な接触を伴う場合には、それだけで違法性が認定されるような判断がいくつか示されています。このことを考慮すれば、消防隊の業務の特殊性を考慮したとしても、到底、社会的に容認されるレベルを超えていると評価されるべきでしょうから、最高裁の判断は合理的と思われます。

2．改善の機会

さらに注目されるのは、改善の機会を与える必要性です。

1審2審は、Xに改善の機会が与えられなかった点も、懲戒免職無効の根拠の一つとして重く見ているようですが、最高裁は、頻度や程度からXの「矯正」が期待できないこと、他方、隊員が怯えている状況で、消防隊の中で矯正することは、消防隊の適正な運営を阻害すること、等を理由に、改善の機会を与えなかったとしても、懲戒免職の有効性に影響はない、という趣旨の判断をしました。

これは、契約解除の一般的なルールと似ています。

すなわち、契約に基づく債務不履行が生じた場合、原則として履行を催促し、履行の機会を与えなければ解除できませんが、履行することがそもそも不可能な場合（履行不能）には、催促しなくても解除できます。催促することが無意味だからです。

ここでは、粗暴な言動が消防隊の管理職者として不適切であり（債務不履行）、しかもその言動や性格を改善することが不可能（履行不能）であって、改善の機会を与えなくても止むを得ない、と評価されたのです。

もっとも、同じ履行不能であっても、例えば物を引き渡す契約で、引渡す物自体が消失してしまった場合のように、履行不能かどうかが明確ではありません。とても仕事を任せられない程度にひどく、しかもそれを改善できない、というような評価は非常に曖昧な面があり、簡単に労働者の改善可能性を否定することは難しいでしょう。

したがって、改善の機会を与えなくても合理性が認められるような事案は、本事案のように極めて悪質な暴行が長期間継続していたような、履行不能であることの評価が明白な場合であって、今後、どのような場合に改善の機会を与えなくてよいのか、議論が深められるべきポイントです。

3．実務上のポイント

Ｙの側から見た場合、公務員の免職は、民間の労働者の解雇の場合よりも、ハードルが低いとされています。民間の労働者の場合、労契法16条により、解雇の合理性が必要ですが、公務員の場合、役所の側に「濫用」がない限り、免職は有効とされるからです。

この観点から見た場合、前記1. と2. のポイント、すなわち身体的接触を伴う悪質なハラスメントの場合には、免職も含む重い処分が合理的とされ（1）、あまりにもひどくて改善の可能性が無い場合には、改善の機会を与えなくても有効とされる可能性がある（2）点は、民間の労働者に適用されない、と評価される可能性もあります。

しかし、消防隊の特徴（命がけの職場であり、隊の規律維持が隊員の安全のために重要）という点が、懲戒免職の効力を否定する方向に働きます（実際、１審２審は懲戒免職を無効としました）。消防隊の特徴から、特にパワハラについて、比較的寛容に評価されるべき状況にあり、Ｙの側から見るとハードルが非常に高くなっている状況でありながら、それでも前記1. と2. のポイントも含め、懲戒免職を有効と評価されたのです。

そうすると、公務員だからハードルが下がっている分を補って余りあるほどハードルが上がっている、それにもかかわらず懲戒免職を有効とした最高裁の判断は、民間の労働者の場合にも参考にされるべきである、という評価も可能でしょう。

民間の労働者の場合にも同様の判断がされるのか、今後の動向が注目されます。

動画で確認！

糸島市・市消防本部消防長事件

福岡地裁令4.7.29判決（労働判例1279号５頁）

この事案は、糸島市の消防署のリーダーたちがパワハラを理由に懲戒処分（人によって異なるが、懲戒免職も含む）を受けたため、そのうちの２人Ｘ１（懲戒免職を受けた）とＸ２（戒告処分を受けた）が糸島市Ｙらに対し、処分の取り消しなどを求めた事案です。

裁判所は、Ｘ１の請求の一部を認めましたが、Ｘ２の請求は否定しました。

１．規範（ルール）

Ｙらの処分の有効性は、２段階で判断されます。

すなわち、１段階目は、懲戒事由があるかどうかの判断で、２段階目は、裁量権の濫用があったかどうかの判断です。

このうち２段階目のルールは、多くの裁判例で言及されるもので、本判決も２つの最高裁判決（神戸税関事件・最高裁三小法廷52.12.20判決労働判例288号24頁、東京都君が代斉唱事件・最高裁第一小法廷平24.1.16判決民集239.253）を引用し、懲戒処分が「社会観念上著しく妥当を欠いて裁量権の範囲を逸脱し、又はこれを濫用したと認められる場合」に違法になる、というルールを示しています。民間企業の場合には労契法が適用されるので、解雇する場合には合理性が必要ですが（労契法16条）、公務員の場合には、裁量権の濫用がない限り有効となりますので、公務員の方が、処分の有効性を否定される可能性が低い、と（一般論としては）言えるでしょう。

ここでは、特に１段階目のルールについて少し詳しく検討しましょう。

１段階目の判断は、地方公務員法や各自治体が定めるルールに該当するかどうか、という判断です。特に本事案では、Ｙらがハラスメント防止規定を定めており、この規定への該当性が問題とされていますが、このハラスメント防止規定での「パワーハラスメント」の定義は、労働施策法30条の２に定められたパワーハラスメントの定義とほぼ同じ内容です。用いられている用語などは、法案審議過程の用語が用いられているなど、労働政策法30条の２が導入される過程で、その議論を参考にしながら作成された条文のようです。

ハラスメントの社内ルールなどによっては、法律の条文のような抽象的な表現だけでなく、禁止される言動が具体的に例示列挙されている場合がありますが、ここでの「パワーハラスメント」の定義は、そのような具体例が記載されていません。そのため、「パワーハラスメント」に該当するかどうかの判断は、労働施策法30条の２の判断と同様の判断構造となります。

けれども、ルールに関して注目されるポイントが２つあります。

１つ目は、「その他のハラスメント」も定義されている点です。

すなわち、パワハラに該当しなくても、「言葉、態度、身振り、文書等により、職員の人格や尊厳を傷つけ、精神的若しくは身体的苦痛を与える言動又は職場環境を悪化させる言動」も、禁止行為に含まれている点です。パワハラ以外の行為にも禁止範囲を広げているのですが、実質的には、パワハラと認定されるためのハードルを下げている、と言えるでしょう。規制の対象は、結局、パワハラと同じ「精神的苦痛若しくは身体的苦痛を与える言動又は職場環境を悪化させる言動」であり、その具体的な方法も、たしかに「言葉、態度、身振り、文書等」と明示されている点が違うものの、パワハラとされる言動と大きな違いがあるように思われません。実際、本判決も「パワーハラスメント」と「その他のハラスメント」を別に適用しておらず、問題となる言動については、このいずれかに該当する、という表現を用いており、厳密に両者を区別していません。

このように本判決では、社内にパワハラに関するルールのない事案（すなわち労働施策法30条の２が直接問題とされる事案）に比較すると、違反行為と認定されるためのハードルが低くなっている点に、１つ目の特徴があります。

２つ目は、地方公務員法29条１項３号が適用される場合もある点です。

すなわち、本判決には、「パワーハラスメント」「その他のハラスメント」に該当しない場合であっても、別に、地方公務員法29条１項３号（「全体の奉仕者たるにふさわしくない非行があった場合」）が適用されるとしている場面があります。この条文だけが適用される場面は、問題とされたＸらの25個の言動のうち１か所だけですが、ここでは、上記のようにルールが適用されるためのハードルを下げるためではなく、ルールの適用対象を広げるために適用されているようです。すなわち、問題となったＸ１の言動は、話をしている相手を攻撃するのではなく、他者の悪口を聞かせる、というもので、直接相手に対して精神的苦痛を与えない言動であり、したがって、「非行」という概念はハラスメントとは異なるものとされているようです。

このように本判決では、「非行」該当性の問題として、労働施策法30条の２よりも規制対象が広がっていると評価できるでしょう。

以上の検討から分かるとおり、本判決では、一般的なハラスメントの概念よりも、ハードルが低くなっており、さらに、適用範囲も広がっている点に留意すべきです。ここで示された評価や判断を、機械的・自動的に他の事案に当てはめることが適切でない場合があり得ます。

２．事実（あてはめ）

この事案では、実に多様な言動が問題とされています。

例えば、言葉だけのものや、ペナルティーとして腕立て伏せをさせるような、肉体的な負担をかけるもの、など態様が様々で、言葉だけのものについても、相手の仕事の仕方を咎めるものや、人格を非難するもの、他人の悪口を聞かせるもの、など様々です。

このように多様な言動に対し、当然、画一的な評価はできませんから、本判決はそれぞれの言動のハラスメント（さらに、非行）該当性の検討を、それぞれの言動ごとに行っています。

しかも、単にＸらの言動の悪質性や程度だけを問題にするのではなく、それが業務上適切な目的があるかどうか、それが許容される程度のものかどうか、という観点からの検討もされています。ハラスメントの判断基準として、労働施策法30条の２では必要性と相当性が定められ、本事案でのハラスメント防止規定では「業務の適正な範囲」を超えることが定められていることから、言動それだけでなく、業務との関係にも配慮して評価する必要があるのです。

ここで特に整理しておきたい点は、前記1.で指摘した２段階目の判断、すなわち、裁量権の濫用に当たるかどうかの判断との関係です。なぜなら、裁量権の濫用に該当するかどうか、という問題についても、業務との関係に配慮する必要があり、重複する面があるようにも見えるからです。

けれども、1段階目の判断に含まれるべき、ここでの検討では、個別の言動ごとに、業務としての適切性が検討されていますが、2段階目の判断では、不当と評価された言動を全て合わせて、その全体がＸ１・Ｘ２それぞれの懲戒処分に照らして相当かどうか、が問題とされています。

つまり、業務との関連性から、従業員の言動の不当性を問題にする場合、個別の言動ごとに業務上適切かどうかが評価されるだけでなく、それら総体について処分としての相当性があるかどうかが検討されるのです。

3．判断の視点

この事案では、ハラスメントの被害者が加害者のハラスメント行為の違法性を争う一般的な事案と、様相が異なります。

一般的な事案では、被害者と加害者という、立場の対立する当事者が直接対峙するので、ハラスメント該当性だけが問題になりますが、本事案では、被害者と加害者の間に使用者が挟まっているため、論点が増えています。すなわち、上記の2段階目の論点が発生するのです。これは、使用者による加害者の処分が直接の議論の対象であり、ハラスメントの有無は、その背後にある問題となるからです。会社が板挟みになっている状態であり、会社が（加害者ではなく）被害者の肩を持って加害者を処分したことになりますから、被害者の主張内容が合理的かどうか、ということだけでなく、使用者がそれを適切に評価し、判断したのか、が問題になるのです。

他方、同じように使用者が板挟みになる事案でも、逆に（被害者ではなく）加害者の肩を持つ場合には、被害者と加害者が直接対峙する案件と同じ状態になります。使用者が、加害者の肩を持ったのですから、使用者には加害者と同様の責任（民法715条の使用者責任や民法415条の契約者責任）が生じるかどうか、が問題になるのです。このような事態は、何も積極的に使用者の肩を持つ場合だけでなく、使用者が対応に迷っているような場合にも発生します。使用者が対応に苦慮して対応を先送りすることは、事態を悪化させる場合があるからです。

さらに、理論的には、この両者の合わさったパターンもあり得ます。使用者が、被害者が主張するハラスメントのうち、一部についてはそれを認めて加害者を処分するものの、残りの部分についてはそれを認めずに加害者を処分せず、したがって、加害者と被害者の双方が使用者に対して不満を抱く場合です。

このように、使用者の立場で見た場合、ハラスメント問題への対応は、加害者と被害者の板挟みになるだけでなく、問題を先送りしたり逃げたりすることが許されない問題であり、いわば「進むも地獄、退くも地獄」という状況になるのです。

このような状況で、裁判所は、被害者の主張するＸらのハラスメントの言動のうち、一部についてはハラスメントに該当すると評価し、一部については該当しないと評価しています。しかも、Ｘ１に対する処分は無効としつつ、Ｘ２に対する処分は有効としています。裁判所も、板挟みになって判断に苦慮している様子がうかがわれます。

４．実務上のポイント

この事案では、ハラスメントを厳しく禁止したい、とするＹらの意向に反し、一部の言動についてハラスメント該当性が否定されました。

しかも、前記2.のとおり、ハラスメント判断のハードルが下げられ、範囲も広がっている状況であり、さらに、民間企業の場合よりも、違法となる可能性が低いにもかかわらず、一部の言動についてハラスメント該当性が否定されている（Ｙらの判断の合理性が否定され、裁量の範囲が制限されている）のです。

これでは、ハラスメントを禁止するために、違反者を厳格に処分したいと思っても、使用者は処分をためらってしまいます。

けれども、社会的にはハラスメントに対して会社が毅然と対応することが求められてきました。実際、本事案の背景には、消防署でのパワハラが批判されている状況で、消防庁が、全国の消防本部にハラスメント撲滅を呼びかけたことなどが背景にあるようです（労働判例1279号８頁の解説参照）。

そこで、会社がハラスメントに毅然と対応する際にはどのような配慮が必要なのか、この事案から検討してみましょう。

１つ目は、プロセスです。

Ｙらは、かなり以前にハラスメント規定を定め、ハラスメントに関する研修も繰り返し行っていたようです。

けれども少なくともＸ１に対しては、度重なる不当な言動にも関わらず、懲戒処分はおろか、注意や指導も受けておらず、また、人事考課の際にこれらに関するコメントもなかった点が、問題であると指摘されています。

民間企業の場合でも、特に懲戒処分や解雇のような重い処分の場合には、本人に改善の機会を与えたかどうか、というプロセスが重視されますが、本判決でもこの点が共通する問題意識であると評価できます。具体的には、Ｘらに対し、処分の内容によって異なりますが、重い処分をする場合にはそれに応じた機会を与えることが考えられるでしょう。

２つ目は、ハラスメント規定の定め方です。

前記2.のとおり、地公法が適用される分、「非行」にまで適用範囲が広げられていますが、「非行」という概念も抽象的です。

他方、例えば「阪神高速トール大阪事件」（大阪地裁令3.3.29判決労働判例1273号32頁、読本2023年版290頁）では、会社のルールの中に、ハラスメントを定義する表現として、①「他人に不快な思いを与える性的な言動」、②「『女性だから……』という性別により役割分担すべきとする意識に基づく言動」が明記されており、この②に該当する言動（女性はトイレ使用後に便座を上げろ、と少なくとも３回発言した）について、発言者（加害者）の処分を有効としました。

このように、ハラスメント規定に、抽象的で一般的な定義規程を置くだけでなく、具体的な行為を明示しておくことで、ハラスメントに対する処分が有効とされる可能性が高くなるように思われます。消防隊員としての業務実態に照らせば、このような言動がハラスメントになるのだ、という具体的な例を示す方法が考えられるでしょう。特にこの判決では、指導として体を鍛えさせるトレーニングは、相当程度、その合理性が認められていますが、判決自身が、適切とは言えないが違法とも言えない、という趣旨の評価を与えているものがあり、そのような場合には、何が禁止されるのかを具体的に示しておくことで、境界を明確にできるでしょう。

３つ目は、ハラスメント教育の徹底です。

この判決でも、X１に対してハラスメント教育がたびたび行われていた事情が指摘されています。結果的に、２段階目の判断で、Ｙらの判断が違法とされてしまいましたが、Ｙらにとって有利な事情として指摘されていることを考慮すれば、しっかりと繰り返しハラスメント教育をすることも、重要なポイントです。

４つ目は、ハラスメント認定の在り方です。

この事案では、Ｙらは、かなり幅広く被害者らの訴求内容を認めており、その判断が裁判所によって上記のとおり修正されています。

もし、Ｙらが、ハラスメントに該当するかどうかの判断をより中立的・厳正に行っていれば、Ｙらの評価や判断の信頼性が高まり、処分の有効性に関する評価が変わったかもしれませんし、そもそも、処分が重すぎる事態を避けることができたかもしれません。仮定の話なので、本判決の直接の教訓ではありませんが、考えられるポイントの１つでしょう。

他にも考慮すべきポイントはあるでしょうが、本判決は、板挟みになってしまう使用者（会社）のハラスメント対応の在り方について、参考になるところが多くあります。

なお、「長門市・市消防長事件」（最高裁第三小法廷令4.9.13判決本書60頁）も、消防隊でのハラスメントの加害者を懲戒免職した事案に関し、本判決とは逆に懲戒免職を有効と判断しました。合わせて参考にしてください。

動画で確認！

バークレイズ証券事件

東京地裁令3.12.13判決（労働判例1290号91頁）

この事案は、外資系金融機関Ｙの「シンジケーション本部長」Ｘが、組織改編に伴って解雇された事案で、Ｘは解雇が無効であると主張しました。裁判所もＸの主張を概ね認めました。

1．外資系企業の人事制度とのズレ

この事案で特に注目されるのは、Ｙが、外資系企業に多く見られる人事制度やその運用に即した判断を求めたのに対し、裁判所は、整理解雇の４要素や解雇権濫用の法理という日本の労働法のルールをそのまま適用した点にあります。

例えば、Ｙは、①従業員はポジションが特定されて採用され、ポジションが無くなれば他のポジションに配置転換するようなことはなく、退職するのが当然であって、社内で配置転換するようなことは行われない（したがって、配置転換の努力など、解雇回避努力には、日本の会社よりも制約があり、その中で十分な努力をした、あるいはＸのポジションが無くなれば解雇されざるを得ない）、②人員削減の必要性については、世界のグループ全体の観点から、早めに組織改編やリストラがなされる必要がある、という趣旨の主張を、様々な観点から行いました。このような制度や運用となっているのは、多くの外資系企業で、「ヘッドカウント」という数値（部門ごとに採用できる従業員の上限数、というイメージ）が、あたかも部門ごとの運営予算と同じように本部から指示され、その代わり、各部門が従業員の採用や解雇に関する権限が与えられているため、部門間でヘッドカウントを融通しあったり、部門間で配置転換を行ったりするようなこと等ができない、という組織構造や経営プロセスになっているからです（Y も同様と思われます）。

これに対して裁判所は、①実際 X は、採用後社内で昇進しているなど、ポジションが固定されていたわけではないから、ポジションが固定されていた、と言えない（したがって、配置転換なども可能なはずである）、②グループ全体としても、シンジケーション部門としても、赤字の年があったとしても黒字の年が多く、経営の観点から X のポジションを廃止する決定をすることに合理性があるとしても、そのことが X 解雇の理由にはならない、などと判断しました。

外資系企業の人事制度は、会社全体で従業員を雇用した、という発想と異なり、チームを任された各部門のリーダーが、自分の部下を選ぶ権限も与えられている、という発想が基礎となっているため、終身雇用制度を前提として構築されてきた、解雇権濫用の法理＋（配転など）会社側の幅広い人事権、という労働法制度を当てはめると、どうしてもズレが生じてしまいます。

実際、本判決は日本のルールをそのまま愚直に適用していますが、外資系企業の人事制度と日本の労働法制度を上手く融合させる方法はないでしょうか。控訴されているようですので、控訴審の判断が注目されます。

2. 実務上のポイント

支払いが命じられた X の給与も、月額350万円が基礎となって計算されています。高額の報酬を得ている外資系企業の従業員については、労働法が守ろうとする一般的な労働者とは言えない、労働法の適用対象外だ、という趣旨の主張も見かけますが、労働者は労働者です。労働法の適用がない、と正面から判断した裁判例は、今のところ見当たりません。

ホワイトカラーエグゼンプションなど、立法・行政の領域でも、ルールの多様化が模索されていますが、十分実効性があり、機能するルールは確立していません。労働者保護の在り方は、国ごとに事情が異なるので、日本の労働法をすべて廃止するような過激な変化は望ましくないでしょうが、他方で、国際的な企業活動にあまりにも合わないと、外資系企業の日本への参入障壁になるなど、日本経済が世界経済から孤立し、その地位が低下し、日本経済の活力を奪うことになりかねません。

さらに、外国人が日本で働く場面も増えてきており、将来的にもこの動きを阻害するべきではなく、むしろより活性化すべきでしょう。

このように、労使両面から国際化が進む中で、日本の労働法制度の在り方について、問題意識をもって注視する必要性を、本判決は改めて気づかせてくれます。

動画で確認！

クレディ・スイス証券（職位廃止解雇）事件

東京地裁令4.4.12判決（労働判例1292号55頁）

この事案は、外資系金融機関Ｙに管理職者として勤務していたＸが、所属する部門の廃止に伴って解雇された事案で、Ｘは解雇の無効などを主張しましたが、裁判所は、解雇を有効と評価しました。

なお、固定残業代の合意が有効かどうかも論点となり、裁判所はこれを否定し、未払残業代の支払も命じました。さらに、Ｘは賞与が未払いである、さらに自宅待機の命令が違法である、等も主張し、裁判所はいずれも否定しました。

ここでは、解雇の有効性について検討します。

1．判断枠組み

Ｙは、①部門の廃止の原因は、顧客開拓や新商品開発などに関し、４年経過しても約束した目標に到底及ばない状況だったことにあり、②Ｘが高給取りで、しかも転職することで専門性を高めていくキャリアを選択している（賃金が外部労働市場に適合している、と主張しています）ことから、もっぱら会社側に原因のある場合に適用される「整理解雇の４要素」は適当でない、と主張しました。

これに対して裁判所は、「本件解雇が会社側の経営上の必要性から行われたものであるという本件解雇の基本的性質を失わせるものではない」として、整理解雇の４要素の適用する、としました。そのうえで、①（Ｘの職位がなくなった経緯）や②（労働者の性質）等の本件の特色は、４要素の中でも特に「解雇回避努力」の内容・程度の検討で考慮される（したがって、適切な解決が可能）と示しました。

一般に、整理解雇の４要素が適用される場合には、解雇の有効性が認められるためのハードルが高くなります。それは、４つの要素に整理して合理性を検討すると言っても、結局は多くの事情を総合的に評価するものであり、合理性が認められるかどうかという、程度の問題である、という判断枠組みの構造上の問題が前提となっており、その際、一般的に整理解雇は、もっぱら会社側の事情に基づくことから、ハードルが高くなっているのです。他方、もっぱら会社側の事情とは言えない事案の場合には、ここで裁判所が示したように、整理解雇の４要素を採用しても（つまり判断枠組みを組み替えなくても）、ハードルを下げることは可能です。すなわち、判断枠組みがそのままであっても、外資系会社の固有の問題（①）や、労働者の性質（②）を反映させた判断が可能である、ということになります。

整理解雇の４要素も含め、労働事件では、事案に応じた判断枠組みが工夫され、適宜議論を整理しながら検討されますが、判断枠組みが決定的なのではなく、事案に応じたハードルの高さが問題になる、と整理することができるでしょう。

２．解雇回避努力

次に、実際に整理解雇の４要素それぞれについて、裁判所がどのように議論を整理しているのかを概観します。ここでは、判決の示した順番と異なりますが、①②を反映させた要素と裁判所がわざわざ指摘している解雇回避努力から検討しましょう。

ここで裁判所は、「ア　社内公募案件の提示等」（ＹがＸに解雇を避けるためのサポートをどこまで真摯に行ったか)、「イ　原告の対応」(X がどこまで真摯にこれに対応したか)、という大きく分けて2つの観点から議論を整理しています。

(1)「ア」

ここでは、X の上司が X と個別面談をして X の意向・希望を聴取し、それに応じて、幾度となく、X に社内公募のポジションを提示した、という経緯を詳細に認定し、「解雇回避のために相当な努力をした」と評価しました。

さらに裁判所は、この点に関する X の批判の合理性を検証しました。

すなわち、社内公募案件は、応募しても選考される保証がないから、解雇回避努力として不十分と批判しましたが、裁判所は、外資系企業の人事制度の特徴を指摘し、X の批判を否定しました。すなわち、X の上司は担当部門の人事権しか有さないなかで、できることを十分やっていた、X だけ特別扱いできない、としました。

また X は、X の上司の人事権の範囲でできる対応として、X のために新たに事業部門を立ち上げるべきだ、と批判しましたが、裁判所は、そのような業務上の必要性もないのに、予算を獲得して事業部門を立ち上げることはできない、としました。

さらに、廃止された部門の業務を引き継いだ部門に X を配置すべきだ、と批判しましたが、裁判所は、年収2000万円を超える X の処遇に合わない、とこれを否定しました。

このように、Y が確定的な提案をできなくても止むを得ない、と評価している点などに、外資系企業の組織構造上の特徴が反映されています。但し、ここで X の上司は、実際に面談したうえで複数の案件を何度も提案していますので、実際にできる範囲で努力していたことも、重要な要素であることに注意が必要です。会社の組織構造に対する理解をしてくれる一方で、会社の組織構造を理由に形だけのサポートをするだけでは、解雇回避努力が不十分と評価される可能性が残されていると評価できます。

（2）「イ」

ここでは、まず、Xが同じ本部内での異動に強くこだわっていたことが「相当とはいえない」と評価されています。これは、職種限定の同意などがなく、Yが人事権を行使してXを自由に配置転換できるから、ということが理由になっています。もっとも、一方で会社の人事権を理由に配置転換が自由であり、Xのこだわりを否定しておきながら、他方で会社の組織構造を理由に確定的な提案をできなくても止むを得ない、という理由付けは、理論的に矛盾しているとは言えないかもしれませんが、どこか一貫しない感じもします。しかし、これが外資系企業の構造的な特徴、と言えるかもしれません。

さらに、間に弁護士を立てて、新しい仕事についての交渉をするのは良くても、日程が合わない時に対案を出さなかったり、骨折していて勤務できないという診断書を出していながら1週間にも及ぶ軽井沢でのテニス大会に出場したり、という交渉態度について、裁判所は「極めて不誠実な態度であった」と評価しています。

（3）まとめ

以上の「ア」と「イ」を踏まえて、「ウ」として、Yは「信義則上要求される解雇回避のための努力を尽くしたと認めるのが相当である」と結論付けました。

ここで、特に明確に示されていないので、前記①②がどのように考慮されたのか、検討しておきましょう。

まず、①外資系会社の固有の問題については、「ア」の中で、配置転換可能な仕事の提案に関し、確定的な提案ができなくても止むを得ない、としている部分に、最も特徴的に示されているでしょう。特に、職種限定合意がないから、Xの側からの希望職種に縛られないため、Yの側からは幅広い職種から配置転換可能な業務を提案しなければならなくなるようにも見えますが、提案すべき業務の内容については、確定的なものでなくてもよい(場合がある）と整理できるでしょう。

他方、②労働者の性質（高給取りで、しかも転職することで専門性を高めていくキャリア）については、「ア」の中で、Xの給与に合わない職種（廃止された業務の残整理業務）は提案しなくてもよい、という点に反映されていますが、確定的な提案でなくても止むを得ないとしている点（ア）や、同じ本部内の業務に対するこだわりを否定している点（イ）も、本来は他の会社で次のキャリアを探すべきであるから、という評価が背景にあるのかもしれません。

3．その他の3要素

まず、人員削減の必要性です。

この点は、Xが立上げの当初から関与していた事業（マルチ・アセット運用部でのプライベート・マンデートの販売）が4年経過しても、想定した成果に遠く及ばなかった状況で、これ以上、新規事業のために投資できないと判断した点を、合理的であると評価しています。明確に上記①②との関係を示していませんが、Xが所属していた事業が、Xの給与に見合わない状況にとどまった点も指摘していることから、この「人員削減の必要性」についても、①②が多少は影響しているように思われます。

次に、被解雇者選定の合理性です。

この点は、Xに与える業務が見つからず（特に、前記2.）、他方、Xの部下Kについては、職位や待遇がXより低く、それに見合った業務が見つかったことを指摘し、言わば消去法的な理由付けで、合理性を認めました。同じ業務を担当していたKとの違いの合理性を説明している背景に、②が多少は影響しているように思われます。

最後に、手続の相当性です。

ここでは、解雇回避努力で指摘した事実（Xの希望を複数回の面談で聞き、廃部の背景を説明したこと、複数の公募案件を紹介したこと、など、Yに残る機会を与えた。解決策の協議を継続した）に加え、相当な退職金等の支給を内容とした退職勧奨を行うなど、社外での仕事探しの機会を提供した点も指摘しています。この点も、①②が多少は影響しているように思われます。

このように、裁判所が明確に指摘した「解雇回避努力」以外の3つの要素でも、①②が影響しているように思われます。すなわち、本事案での「整理解雇の4要素」は、外資系企業の組織上の特徴に応じた形で適用された、と評価することが可能と思われるのです。

4．実務上のポイント

外資系企業の人事制度は、日本の労働法制に合わせにくい場面が多くあり、実際、会社側の措置が違法とされる裁判例を多く見かけます。

その中で、伝統的な「整理解雇の4要素」を適用しながら、外資系企業の人事制度の特徴を考慮し、しかも会社側の措置を概ね有効とした点で、本裁判例は今後の参考になります。

但し、Xの解雇にあたり、社内に残る機会や対策、さらに社外で転職する機会について、いずれもかなり辛抱強く、丁寧に対応している点も、忘れてはいけないポイントです。外資系企業ではかなりあっさりと解雇してしまう場合が多いように思われますが、Yのように、できる範囲で日本の労働法制に合わせていく努力が、合理性の判断で評価されているのです。

動画で確認！

龍生自動車事件

東京高裁令4.5.26判決（労働判例1284号71頁）

この事案は、コロナ禍により倒産したタクシー会社Ｙの運転手Ｘが、解雇を無効として争った事案です。２審も１審とほぼ同じ内容で、いずれもＸの請求を否定しました。

ここでは、１審判決の解説の概要を示しますので、詳細は、１審判決の解説をご覧ください（東京地裁令3.10.28判決労働判例1263号16頁、労働判例読本2023年版139頁）

１．判断枠組み

ここで特に注目されるのは、解雇の合理性を判断するための判断枠組みです。

すなわち、裁判所はいわゆる「整理解雇の４要素」ではなく、２つの判断枠組みを採用しました。

しかし、例えば、「ネオユニットほか事件」（札幌高裁令3.4.28判決労働判例1254号28頁、労働判例読本2023年版125頁）では、「整理解雇の４要素」で判断しています。結論も、解雇を無効としました。

このように見ると、判断枠組みの違いが大きな問題のようにも見えますが、実際はそのようなことはありません。ネオユニット事件判決では、本判決で判断枠組みから外されている判断枠組みについて、簡単に検討しているだけだからです。

2．実務上のポイント

このように、会社が倒産した場合の解雇についても、「整理解雇の４要素」が適用される可能性は十分にあるが、判断枠組み自体が結論に重大な影響を与えるわけではない、と考えられます。

同じ解雇であっても、従業員の側に問題のある通常の解雇と異なり、経営の側に問題のある整理解雇は、解雇が有効とされるためのハードルが高くなっていますが、事業終了の場合もこれと状況は同じであり、判断枠組みは事案に応じて柔軟に設定されるにすぎないからです。

動画で確認！

スミヨシ事件

●———————————— 大阪地裁令4.4.12判決（労働判例1278号31頁）

この事案は、12歳で頭部外傷後遺症のてんかんを発症し、その後、障害等級１級を認定されているだけでなく、交通事故により骨盤に８本のボトルが入っていて身体活動に制限がある従業員Ｘが、協調性の欠如や業務遂行能力の欠如を理由に、会社Ｙから解雇された事案で、Ｘは解雇が無効であると主張しました。裁判所は、Ｘの請求を概ね肯定しました。

１．事実認定の特徴

この事案の特徴は、事実認定にあります。非常に長いページを割いて、Ｘの職場内での言動が、非常に詳細に認定されています。例えば、Ｘが同僚とやり取りした会話が詳細に再現されていたり（録音されていたのでしょう）、上司のＸに対する指導の内容が、Ｘの業務遂行の状況とそれに対する具体的な発言の表現やニュアンスまで含めて詳細に再現されていたり（これも録音されていたのでしょう）します。Ｘが就業していた平成30年11月の初頭から６月下旬まで、毎日とは言わないまでも、週に数日は、その日の様子が詳細に再現されていますので、Ｘがどのような仕事をどのようにしていたのか、その際の周囲とのやり取りやその様子が、まるで再現ドラマを見ているように、詳細に述べられているのです。

解雇の有効性につき、人事考課などではなく、従業員の言動やエピソードの積み重ねによって証明する場合には、それぞれの言動やエピソードが具体的に認定される必要があります。しかもこの判決では、単に上司の指示に反抗的な対応をしたかどうか、という抽象的なレベルだけでなく、どのようなやり取りがあったのか、具体的な発言が詳細に認定されており、今後、同様の事案についてどこまで主張・立証が必要なのか、実務家として非常に身につまされる判決です。

2．評価の特徴

次に注目されるのは、この膨大な事実から、会社の定める解雇事由の有無がどのように認定されるか、つまりこれらの事実がどのように評価されるか、という点です。

解雇理由として、大きくは、協調性の無さ、業務遂行能力・意欲の低さ、等です。

このうち、協調性の無さについては、①Xが他の従業員を委縮させた、②同僚を見下していた、③同僚に危険な行動をとった、④Yがちゃんと指導した、⑤同僚はXとちゃんとコミュニケーションを取っていた、⑥Xは指導を受けても改善しなかった、⑦Yの業務に支障が生じる可能性があった、という点が論点となりました。

また、業務遂行能力・意欲の低さについては、❶作業効率が改善されず、遅いままだった、❷スプレーガンの使い方が向上せず、重大なミスを犯した、❸断熱材の貼り付けが不適切だった、❹自分は流れを覚えないくせに、同僚を非難していた、という点が論点となりました（表現は簡略にしています）。

この多くの論点でほぼ共通するのは、評価の方法です。

例えば①では、最初に、他人を委縮させるような言動が実際にあったことを確認して、委縮させる面もあったと評価しています。②では、最初に、同僚を見下すような言動が実際にあったことを確認して、見下す面もあったと評価しています。けれども、いずれも、それぞれの言動についてそれなりにやむを得ない理由があったり（例えば、「労基に報告する」という発言は、入社間もない時期で、自分の障害などを理解してもらう必要があった、など）、不当な動機がなかったり（例えば、「裁判する」という発言は、同僚の言動が厳しいとXが感じたからであって、不当な動機がなかった、など）、等と評価しています。

構成的には、先にYの主張を裏付ける部分を敢えて指摘して一定の評価を与えつつ、次にXの主張を裏付ける部分を指摘して、最終的にXの主張を採用している、という構成になります。

内容的には、XとYのいずれの主張が正しいのか、協調性や業務遂行能力・意欲があるのかないのか、という白黒を付けるような判断をしているのではなく、XとYの主張、いずれもそれなりに合理性はあるが、どちらの方がより合理的か、という比較考量がされています。英語ではバランシングと言われる判断方法です。

就業規則などで定められた解雇事由に該当する事由があったかどうか、という点から見ると白黒を付けるべき問題のようにも見えるのです。しかし、「協調性」「業務遂行能力・意欲」などは、事実の有無がそのまま問題にされているのではなく、評価を伴うものであり、一方の主張が決定的に正しい場合は限られるため、このような方法で判断されることになります。

3．解雇の合理性

解雇の有効性は、解雇事由があるかどうか、という問題だけでなく、解雇が合理的かどうか（「客観的に合理的な理由」「社会通念上相当」）も問題となります（労契法16条）。この、解雇の「合理性」も、白黒がつく問題ではなく、もしこの「合理性」が問題になれば、前記の各事情と同様、比較考量やバランシングが行われることになります。

しかし、前記の各事情の有無の判断で、比較考量やバランシングが行われれば、合理性の判断は重複することになります。わざわざ２段階で考慮する必要があるのか、という問題です。

実際、本判決も、前記1. と2. の検討の結論として、解雇事由がない、と結論づけたうえで、「これらを総合しても、本件解雇は、客観的合理的な理由を欠き、社会通念上相当とは認められない」とコメントしています。すなわち本判決は、解雇事由の判断と合理性の判断が重複すること、したがって２段階で考慮するまでもないこと、を暗に示しているように思われます。

４．実務上のポイント

障害者の解雇の場合、判断枠組みが特殊なものになるのではないが、特に前記2. の判断の中で、障害者であることが、Ｘの言動の合理性を補強すべき事情として、さまざまな形で考慮されています。

すなわち、障害者であることから、一律に合理性の判断基準が高くなる、というよりも、問題となった言動ごとに障害者であることがどのように影響しているのか、個別に合理性を検証する方法がとられています。

もちろん、障害の程度が重すぎて、働くことが不可能な場合は違う方法で判断されることになるでしょうが、それなりに働くことが可能な本事案のような場合には、問題となる言動ごとに、障害者であることがどのように影響しているのかを検証していく、という判断方法が示されたと言えるでしょう。

同様の事案の判断や対応に際し、参考になる裁判例です。

動画で確認！

学校法人埼玉医科大学事件

千葉地裁令3.5.26判決（労働判例1279号74頁）

この事案は、病院Yに勤務する精神保健福祉士Xが、複数回の懲戒処分の後に解雇された事案で、各懲戒処分が無効であって、それに伴う減給などが無効であるから差額を支払うように請求し、解雇処分も無効であって、従業員としての地位にあることの確認や賃金の支払などを請求した事案です。

裁判所は、Xの請求を全て否定しました。

なお、この事案では、過去の懲戒処分それ自体の有効性の確認なども求められていますが、訴訟法の技術的な問題でもあり、ここでは検討しません。

1．Xの言動

Xは平成16年4月1日に入社、嫌がらせにより自律神経失調症を発症したとして平成17年6月6日から平成26年3月31日まで、9年近くもの長期間、休業しました。その後も、平成27年11月9日に解雇されるまで、度々休職しました。

勤務状況としては、懲戒処分の対象となった、食堂での無銭飲食やUSBの紛失だけでなく、遅刻や雑な業務などが数多く認定されています。

懲戒処分の対象となった行為以外は、一つ一つを見れば軽微な問題にも思われますが、例えば雑な業務として、カルテの用紙を貼り合わせる作業について、1000部のうち145部が使い物にならなかった、等極めて詳細に認定されており、Xの業務遂行態度の悪さや意欲の無さが、非常にリアルに認定されています。

軽微な問題行動も、数多く、しかもかなり詳細に証明することができれば、懲戒処分や解雇処分の合理性を裏付ける場合がある、という具体例と言えるでしょう。

2．実務上のポイント

事実の証明の問題としては、上記のとおりですが、このように証明された事実の評価についても、注目されるポイントがあります。

それは、様々な問題行動後のＸとＹの対応です。

すなわち、Ｙが問題点を指摘しても、Ｘは不合理な言い訳に終始することが多く、裁判所はそのようなＸの言動から、Ｘは反省していない、したがって同様の問題を再発しかねない、等と評価し、Ｙ側の主張の合理性を裏付けるポイントの一つとしています。

このことは、多くの裁判例で重視される「プロセス」「機会」の付与が前提となっており、さらに、実際に機会が与えられても改善されなければ、企業秩序の破壊や指揮命令違反が再発される危険が大きい、という侵害可能性の重大性の根拠にもなっています。

問題行為があった場合の会社側の対応として、適切に機会を付与することがどのように評価されるのか、この機会に確認しておきましょう。

動画で確認！

近鉄住宅管理事件

大阪地裁令4.12.5判決（労働判例1283号13頁）

この事案は、マンションの管理人Ｘが、コロナ禍、会社Ｙの指示に反して業務中マスクを着用せず、住民から苦情が出されたこと、住所変更を怠り、通勤手当を本来よりも2700円／月多く受領していた（累計３万円弱）こと、などを理由に解雇された事案です。

裁判所は、解雇を無効とし、定年まで勤務できたはずである分の給与の支払いを命じました。

１．解雇無効の理由

ここで裁判所が解雇を無効とした理由は、大きく３つです。

１つ目は、苦情が１件にとどまる点です。裁判所も、「不快感や不安感を抱いた」住民が他にいたことがうかがわれる、としつつも、実際に苦情としてＸに寄せられた件数を主な基準としています。不快感や不安感が、何らかの形で明確に把握でき、しかもその質・量がとても大きければ、別の評価も考えられるでしょうが、苦情が１件しかない状況では、このような裁判所の判断も止むを得ないでしょう。

２つ目は、マスクをしていないことについて注意されなかった点です。解雇に限らず、従業員にとって不利益な処分がされる場合に、従業員の言動や業務品質について問題点を指摘し、改善の機会を与えることが、非常に多くの裁判例で必要とされており、この傾向に沿ったものと評価できます。

もっとも、最近の最高裁判決（「長門市・市消防長事件」最高裁第三小法廷令4.9.13判決本書60頁）では、このような注意や改善の機会がなかった事案について、懲戒解雇（懲戒免職）を有効としており、注意や改善の機会が、解雇のために必要でない場合も例外的にあり得ます。

けれども、長門市事件は、消防隊のリーダーが５年間80件のパワハラを行い、しかも中には暴行罪として有罪とされた悪質なものも含まれていた事案です。裁判所は、当該リーダーが改善することは期待できない、とまで断じたうえで、注意や改善の機会がなくても処分を有効としており、極めて特殊な事案であることがわかります。注意や改善の機会を与えなくても処分が有効になるのは、特に解雇の場合、極めて例外である、と考えておく必要があります。

３つ目は、実際にクラスターなどが発生していない点です。１つ目の点と同様、Ｘの業務命令違反の言動が実際にどのような影響を与えたのか、という問題です。クラスターの発生が、解雇有効のための絶対的な条件というわけではないでしょうが、住民を不安に陥れたこと（上記１つ目）すら示せないのですから、１つ目と３つ目を合わせてみても、業務違反の悪質性は足りなかった、ということになるでしょう。

2．実務上のポイント

Ｙはさらに、退職勧奨の過程で自主退職が成立した、とも主張していますが、裁判所はこの主張も否定しました。離職票の記載に異議を述べるなど、Ｘが承服していなかったことは、様々な言動から明らかですから、この点のＹの主張も、少し強引です。

ところで、Ｘは解雇（６月）された年の12月には定年となり、無理に解雇しなくても半年後には退職することとなっていました。

なぜＹがＸの解雇を急いだのか、背景事情が明らかではありません。普段の言動に問題があったのでしょうか。

けれども、もしそうであれば、Ｘの問題ある言動を具体的に記録しておくべきでした。あくまでも仮定の話ですが、Ｘがいわゆる問題社員だったのであれば、何が問題なのか、客観的な人事考課や具体的な問題行動の記録がなければならず、Ｙの労務管理に問題があったことになります。

労務管理上の問題としても、学ぶべき点のある事案です。

動画で確認！

学校法人札幌国際大学事件

●――――――――――――――――――――――――――――― 札幌地裁令5.2.16判決（労働判例1293号34頁）

この事案は、大学Ｙと対立していた学長Ｆと共にＹに対する批判的な言動をした教員Ｘに対し、懲戒解雇をし、定年後再雇用をしなかったことなどについて、いずれも無効である（したがって、教員の地位にある）ことだけでなく、不当な懲戒解雇が不法行為に該当するとして損害賠償を請求した事案です。

裁判所は、Ｘの請求を概ね認めました。

1．懲戒解雇の有効性

懲戒解雇の理由として、Ｙは４つの理由をあげました。すなわち、①留学すべき日本語の能力の足りない留学生を多数入学させていたＹの方針を非難する記者会見をＦが行った際、Ｘがそれに同席していたこと（Ｘ自身は何も発言をしていない）、②ツイッターでＹの政策などを批判する発言を14通上げていること、③外部理事にＦが意見書を渡す場に数回立ち会ったこと、④５年間65回の教授会に８回しか出席しなかったこと、です。

このうち、①③は、単に同席していて消極的にＦを支援していたにすぎないこと、②は、一般人から見て発言内容がＹに関するものであると特定されないこと、④は、健康上参加が難しいことがＹに伝えられていて、人事考課上もこれを問題にされたことが無く、むしろ５段階の4.7など高評価だったこと、が、それぞれの主な理由です。

Ｙとしては、①～④いずれもＸの敵対的な態度を顕著に示す言動であり、これ以上一緒に働けないことが明らかになった、ということでしょうが、それが実際にＹの運営に影響を与えていない以上、懲戒解雇は重すぎる、と評価されたのでしょう。特に、懲戒解雇は多くの会社で一番重い処分で、本事案でもそうですが、退職金が支給されないなど、経済的なインパクトも大きいことから、そのハードルはより高くなります。

少なくとも、ハードルの高い懲戒解雇が有効となるためには、単に「扱いにくい」「反抗的」などの態度だけでは足りない、と評価される一例と言えるでしょう。

2．再雇用拒否の有効性

定年後再雇用は、新たな雇用契約の締結であり、既に締結されている雇用契約を解消する懲戒解雇と、前提が逆です。したがって、懲戒解雇が無効であっても、再雇用拒否が有効と評価される理論的な可能性は否定できません。

しかし、Ｙの就業規則では、①従業員が希望すること、②懲戒事由・解雇事由に該当しないこと、を条件に定年後再雇用することが定められています。

これを前提に裁判所は、①が認められることから、上記のとおり②懲戒事由・解雇事由がないとして、再雇用拒否を無効と評価しました。

就業規則の規定により、懲戒解雇の有効性と再雇用拒否の有効性の問題が連動する状態になっていたのです。

3．実務上のポイント

実務上、懲戒解雇が不法行為と評価された点（損害額は50万円＋弁護士費用５万円）も、留意すべきポイントです。

他の裁判例には、例えば解雇や降格などの人事上の処分が違法・無効であっても、それなりに理由があったうえでの処分であれば、損害賠償責任が発生しない、と判断したものがあります。労働判例誌で、本事案の次に紹介されている裁判例（グッドパートナーズ事件（東京高裁令5.2.2判決労働判例1293号59頁、本書118頁））も、雇止めの事例ですが、雇止めは無効としつつ、損害賠償請求は否定しました。

それと比較すると、本事案では前記**1.**で検討したように、合理性がかなり低いと評価されたのでしょう。両者の境界は曖昧で、結局、程度の問題であり、本事案からその境界を見極めるヒントも見当たりません。

けれども、会社が懲戒解雇をする際は、それが無効と評価され、職場復帰させるべき状況になってしまうリスクだけでなく、損害賠償請求が認められるリスクもある、ということが示された事例です。

動画で確認！

日本クリーン事件

東京高裁令4.11.16判決（労働判例1293号66頁）

この事案は、清掃会社Yの従業員が個人宅の清掃の際、タンブラーを防カビ剤で洗浄した後、洗剤での洗浄やすすぎを忘れたために苦情が寄せられた事故に関し、同僚の従業員Xが当該事故を労働組合に報告し、労働組合が組合報や一般公開されているHP上に事故の内容を掲載したことが懲戒事由に該当するとして、諭旨解雇とし、Xがこれに従った自主退職をしなかったので、YがXを解雇した事案です。

裁判所は、1審2審いずれも、解雇を無効と判断しました。

1．懲戒事由該当性

秘密漏洩があったかどうかが問題となりました。

裁判所は、Xが組合に報告した時点ではなく、それが組合報やHPで報告された時点が、漏洩の時点であるとし、Xも組合報に掲載される原稿の内容を確認したはずである、などとして秘密漏洩を認めました。Xは、確認していない、などと主張したのですが、報告者に内容を確認せずに掲載しないだろう、という理由でXの主張を否定しました。

そのうえで、当該記事がYの社会的信用を害するとして、懲戒事由該当性を認めました。

2．処分の相当性

ここでまず注目されるのは、判断枠組みです。

裁判所は、相当性の判断枠組みとして、1審は、❶行為の内容、性質、❷目的、❸内容の真実性、❹その他の事情（被告における情報管理の状況、原告の態度等）を設定しました。2審はこれをさらに詳細にし、①行為の内容、性質、②行為の目的やそれが行われた経緯、③漏えいされた情報（本件掲載事項）の真実性、④当該行為による結果やその後の影響、⑤控訴人における情報管理の状況、⑥処分対象者の言動・態度と再発の可能性、⑦処分対象者の処分歴の有無とその内容等、を設定しました。❶≒①、❷≒②、❸≒③、❹≒④⑤⑥⑦、という関係でしょう（但し、下記のとおり、❶≒④と評価することもできます）。

近時の裁判例では、裁判所が事案に応じた判断枠組みを柔軟に設定して議論を整理しており、その中で本事案も、判断枠組みの設定の仕方について参考になります。

次に、❶①の判断です。

この点は、1審では、社会的信用を害する程度が比較的限定的である、と評価していますが、2審では、少し異なる観点から判断しています。上記**1.**では、秘密漏洩がYの社会的信用を害する、と認定したのですが、この①では、義務違反として社会的信用を害すると評価されるが、その程度は限定的である、と評価しました。2審が1審と違って重視している点は、近時、「企業の情報管理体制の重要性が繰り返し指摘されている社会情勢」にあること、労働組合への相談であっても、「機密事項や個人情報に関する守秘義務が解除されるものではない」こと、です。

従業員の情報漏洩への対策が問題になっていますが、その際の考え方として参考になります。

次に、④の判断です。

この点は2審が新たに設定した判断枠組みですが、一審が❶で判断したように、社会的信用を害する程度が限定的である、と認定しました。Yの申し入れでHPの公開が限定的になったことや、苦情を申し入れた顧客が再発防止策を受け入れてくれたことを、2審が重視しています。

2審は1審と違う判断枠組みの中で、同じような事情を検討しており、裁判所が判断枠組みを柔軟に設定していることがわかります。

そのうえで2審は、Xの守秘義務違反は重大であるが、悪意はなかった点や損害が発生しなかった点などを重視して、相当性を否定しました。

判断枠組みは、全てが揃っていたり、逆に全てが否定されたりしなければ意味がないのではなく、ここでの判断のように、判断枠組みの一部は認められ、一部は否定されても、全体として総合判断して結論が出されます。すなわち、判断枠組みはチェックリストのようなものではなく、議論を整理するものである、ということが理解できます。

3．実務上のポイント

2審も指摘するように、会社の情報管理体制や個人情報への配慮については、近時、社会的に注目されており、Yが神経質に対応した背景も理解できます。

けれども、実際にそれで炎上したわけでも、取引が解消されたわけでもない状態では、少なくとも退職状態になるような厳しい処分（諭旨退職→解雇）をすることは難しい、と言えるでしょう。信頼できない、一緒に働けない、という主観的な感情問題にすぎない、とまでは言いませんが、何か具体的な問題が発生しない状況であれば、会社の判断の合理性が、客観的に説明しにくいのです。

動画で確認！

第4章

雇止め

Labor case

Labor case

雇止め　2023年の特徴

雇止めの有効性が議論された裁判例が多数紹介されました。ここでは、雇止めを無効とした裁判例と有効とした裁判例に分けて紹介します。

これに対して、「ケイ・エル・エム・ローヤルダッチエアーラインズ（雇止め）事件」では、無期転換が肯定されました。この事件では、オランダ民法が適用された点が注目されます。

なお、「田中酸素（継続雇用）事件」では、賃金に関する議論、すなわち定年後再雇用の給与額が交渉中で、明確な合意がない状況にあり、その金額も検討されています。

また、「学校法人札幌国際大学事件」は、解雇に分類しましたが、雇止めについても議論されています。

スタッフマーケティング事件

東京地裁令3.7.6判決（労働判例1275号120頁）

この事案は、家電量販店の販売業務を行っていた従業員Xが、会社Yから更新拒絶されたことが無効であると争った事案で、裁判所は更新拒絶を無効と判断しました。

1．更新拒絶の判断

裁判所の判断は、労契法19条の規定に沿ったもので、①更新の期待があること、②更新拒絶の合理性が無いこと、の2つの論点を順番に検討しています。

ここで特に注目されるのは、①②いずれも、最近の労働判例に掲載される裁判例に比較すると極めて短文で、一見すると非常に簡単に結論を出しているように見える点です。

すなわち、①更新の期待については、3か月の有期契約を5回更新されたことを認定したうえで、更新の期待を否定するような具体的な事実が存在しない、として、更新の期待を認めています。

さらに、②更新拒絶の合理性については、会社が主張するXの問題あるエピソード4つについて、全て証拠不十分である、として合理性を否定し、更新拒絶を無効としています。

①について、5回を超える長期であることから、あたかもそれだけで更新の期待が発生するかのような前提から、それを否定すべき事情をYが十分主張・立証していないこと、②について、①の更新の期待によってそれによって更新拒絶の合理性が原則と

して存在しないような前提から、それを拒否し、合理性が存在すべき事情をＹが十分主張・立証していないこと、が、裁判所のシンプルな判決の骨子と言えるでしょう。すなわち、①②いずれにしろ、Ｙが十分な主張・立証をできなかったことが、非常にシンプルな判決の背景にあるようです。

2．実務上のポイント

Ｙから見ると、Ｘは問題社員だったのかもしれません。

けれども、問題社員に対する会社の処分の有効性が争われ、会社が負けてしまう事案でよく見かけるように、❶従業員が問題社員であった、という主張は、それだけでは意味がなく、❷具体的にどのような問題行為があったのか、について、具体的なエピソードをリアルに証明できずに負けることが多いようです。

すなわち、多くの従業員が、「彼・彼女は問題社員だった」という証言をいくらかき集めても意味がなく、「■月■日に、こんな問題行動があり、こんな迷惑を被った」ような、しかもその様子を、まるでドラマを見ているような具体的な報告・証言の数、すなわちエピソードの数と具体性が無ければならず、本事案で裁判所が簡潔な判断しか示さなかったのは、Ｙから具体的なエピソードが十分示されなかったのではないか、とも思われます。

周囲の従業員が、問題社員の問題行動を我慢している、我慢している従業員がこれだけいる、ということではなく、具体的な問題行動をそれぞれに記録させておくことが、会社側の対応として重要です。

動画で確認！

学校法人羽衣学園（羽衣国際大学）事件

大阪高裁令5.1.18判決（労働判例1285号18頁）

この事案は、大学教員Ｘが、有期契約の更新を拒絶されたことについて、①労契法18条による無期転換がなされ、あるいは②労契法19条各号による更新の期待があり、かつ、更新拒絶の合理性がない、等として、大学Ｙの教員の立場にあることを主張した事案です。

１審（大阪地裁令4.1.31判決労働判例1274号40頁、労働判例読本2023年版165頁）は、Ｘの請求を否定しましたが、２審は、Ｘの請求を概ね認めました。

1．１審と２審の違い

１審と２審の判断が分かれたのは、教員任期法（大学の教員等の任期に関する法律（平９法82））７条１項・５条１項・４条１項１号の適用の有無に関する評価の違いです。

すなわち１審は、これが適用されるとして、労契法18条で無期転換されるまでの期間が10年に変更された（したがって、①労契法18条の適用がなく無期転換されない、②更新の期待もない）、したがって更新拒絶は有効、と判断しました。

これに対して２審は、これが適用されないとして、同期間は５年のままであり、したがって、①労契法18条の適用があり、無期転換された、したがって更新拒絶は問題にならず、従業員の立場にある、と判断しました。

要するに、１審は教員任期法４条１項の適用を認め、２審はこの適用を否定したのです。

第四条　任命権者は、前条第一項の教員の任期に関する規則が定められている大学について、教育公務員特例法第十条第一項の規定に基づきその教員を任用する場合において、次の各号のいずれかに該当するときは、任期を定めることができる。

一　先端的、学際的又は総合的な教育研究であることその他の当該教育研究組織で行われる教育研究の分野又は方法の特性に鑑み、多様な人材の確保が特に求められる教育研究組織の職に就けるとき。

二　助教の職に就けるとき。

三　大学が定め又は参画する特定の計画に基づき期間を定めて教育研究を行う職に就けるとき。

（2項以下、省略）

2．教員任期法4条1項の趣旨

1審は、同条につき、特に深く検討せずにその適用を認めました。

これに対して2審は、Xが担当する科目や、Xのバックグランドなどを検討して、大学で授業を担当しているにもかかわらず、この「教員」に該当しない、としました。それは、同条の趣旨から見て、「教員」を限定的に解釈したからです。

すなわち、（無期転換までの期間を5年と短くすることは）「教員を安定的に確保することがむしろ望ましい」場合であり、したがってこの場合には「教員」に該当しないが、（10年と長くすることは）「定期的に入れ替えて、新しい実務知識を導入することを必要とする等、本件講師職を任期制とすることが職の性質上、合理的」な場合であり、したがってこの場合には「教員」に該当する、というルールを設定しているように見えます。

そのうえで、Xの採用は、①厚労省が介護人材の起用を求めたからであって、人材交流の促進・実践的な教育研究のためではない、②介護福祉士の養成課程の授業が大半であり、基本的な知識・技術・介護実習に向けた指導・国家試験の受験対策である、③したがって、実践的な教育という側面はあっても、介護福祉士の養成目的であり、「介護分野以外の広範囲の学問分野に関する知識経験」が必要とされてないし、「研究という側面は乏しい」、として、「教員」に該当しない、と評価しました。

この判断について、先に文句だけ言っておくと、後半部分に関しては、実務の中から、あるべき姿や理論が浮かび上がってくることもあるでしょうし、そもそも実務と研究をこのような観点から分けて良いのか、疑問です。さらに、前半部分に関しては、無期転換までの期間を5年に短くしても、それで安定的に教員が確保されるのかと言うと、むしろ逆に、5年未満でころころと教員を入れ替える事態になる場合もあるでしょう。

このように、前半部分（前提・規範）と後半部分（事実認識・あてはめ）いずれも、かなり無理のある理屈が述べられたように思われます。

けれども、この判決の言わんとすることも理解できます。

というのも、無期転換までの期間が10年と長くなると、それだけ不安定な期間が長くなってしまうため、教員が落ち着いて研究・教育できなくなってしまうため、教員の地位を安定させ、落ち着いて研究・教育に取り組んでもらうためには、同条の適用範囲を狭くすることが必要となるからです。すなわち、2審は「教員」に該当する範囲を狭くし、単に実務を教えているだけのX

はこれに該当しないとして、同条の適用範囲を狭めたのです。

3．実務上のポイント

このように、2審の判断にはそれなりの合理性が認められますが、しかし、2審の判断は新たな矛盾を引き起こします。

すなわち、実務だけ教える人と、研究をする人を、本当に区別できるのか、実務家は研究者とそんなに違うのか（実務経験のある研究者をどう評価するのか、など）、という、前記1.で指摘した問題だけでなく、仮にこのような分類が可能であり、適切であるとしても、これを前提とした上記のルールによって、よりしっかりと落ち着いて研究に取り組むべき研究者の方が、実務家よりも不安定になってしまう、という矛盾が生じるのです。すなわち、実務家教員は5年を過ぎると無期転換されるのに、研究者教員は10年を過ぎなければ無期転換されず、その反面として、不安定な期間が実務家教員の2倍となってしまうのです。

2審判決は、少なくとも、この事案で問題となった実務家教員Xを、不安定な状態から救うことには成功しましたが、ここで示された判断を他の教員にもそのまま適用できるのかどうかについては、慎重な検討が必要と思われます。

動画で確認！

田中酸素（継続雇用）事件

広島高裁令2.12.25判決（労働判例1286号68頁）

この事案は、会社Ｙを定年退職した従業員Ｘが、暫定的な条件下で再雇用され（19万円／月、～平29.2.28）、再雇用の条件を会社と交渉し、さらにこの期間を延長して（～平29.3.31）交渉を継続したものの、合意が成立せず、Ｙに更新拒絶された事案です。Ｘは、再雇用期間中の給与が19万円／月よりも多額であること、更新拒絶が無効であること（したがって、雇用関係が継続していること）を主張しました。裁判所は、１審２審いずれも、再雇用期間中の給与は19万円／月であると判断しつつ、更新拒絶が無効であると判断しました。

１．再雇用期間中の給与

Ｘは、合意がないのだから、定年時の条件（約31万円／月）になるべきであると主張しましたが、暫定的とはいえ19万円／月の合意があった、他方、定年時の条件やその他の条件の合意はない、という趣旨の理由で、Ｘの主張を否定しました。

「合意の有無」という点から、理論的にみれば裁判所の示したとおりですが、突き詰めると、再雇用の際に、定年前と同じ条件であることが原則なのか、定年よりも低い条件になるのが原則なのか、という点が問題になるでしょう。もし、常識的に、定年前と同じ条件であることが原則なのであれば、暫定的な条件交渉も、給与を減額する機会を会社に与える交渉であり、もし合意に至らなければ、定年前と同じ条件になる、という結論になると思われるからです（もちろん、これは理念的なモデル化ですから、他の事情によって違う結論になり得ます）。

この会社での再雇用の実情だけでなく、一般的な再雇用の実務・運用も特に指摘されていませんが、再雇用の際、定年前と同じ条件であることの方が例外である、という現状認識が背景にあるように思われます。

2．更新拒絶の有効性

この事案で特に注目されるのは、条件交渉の最後の段階で、YがXに対し、3つの条件案を示したところ、Xが、一度はこのうちの第2案を受け入れる意向を示したもののこれを撤回し、全てを拒否した、これが更新の期待をXが自ら放棄した、という趣旨のYの主張に対し、裁判所は、Xが3つの案それぞれを検討し、3つの案いずれも、Xの拒否が合理的、と認定し、Xの更新の期待は失われない、と評価しました。

3つの案のうち、1つ目と2つ目の案は、時給単価は下がらないものの勤務時間が減るために、手取額が19万円／月からさらに下がってしまいます（14.5万円／月、16万円／月）。これに対して3つ目の案は、手取額は変わらない（19万円／月）ものの、勤務場所が変わる（宇部市内→山陽小野田市内）ことから、（定年前と比較して既に約6割減額していること等と合わせて）拒否することが合理的、と評価されています。

けれども、この3つ目の案を拒否することの合理性については、問題があります。

それは、配置転換と比較した場合の合理性です。

すなわち、もしXが配置転換される可能性がある場合（この点は議論されていませんが、職種限定合意などは無いようです)、これが無効とされるのは、配置転換が権利濫用に該当するような場合に限られるところ、宇部市内から山陽小野田市内への平日の日中の移動は、(グーグルマップを見る限り）車で20分程度、バスや電車で40分から1時間程度であり、この間を通勤することが、権利濫用に該当するほど過度な負担とは評価されないでしょう。

ところが、更新拒絶の場面では、このような提案を拒否することが合理的である、と評価されています。この評価は、配置転換は会社が一方的に行うものであるのに対して、ここでの勤務場所の変更はＹから行う提案に過ぎず、Ｘを強制するものではない(Ｘの合意なしにその効力が発生しない）ことも考慮すると、Ｙの条件交渉の範囲を過度に制限するものです。もし、暫定的な再雇用期間中に配置転換を命じていたとしたら、この配置転換命令が権利濫用に当たる、ということになるのでしょうか。

3．実務上のポイント

条件交渉を1年以上も継続したのだから十分なプロセスを踏んだ、したがって更新拒絶も有効である、と考えるかもしれません。さらにもし、定年後再雇用の条件を従業員が納得しない場合、会社としてはどのように対応すべきなのか、と思うかもしれません。

そもそも、定年後再雇用の条件が明確ではなく、かえって、「定年退職時の賃金をもとにして」という表現が用いられていることから、定年後再雇用の条件を明確にすることが、トラブルを回避するための1つの方法となるでしょう。

けれども、実際に再雇用後の条件を従業員が納得しない場合、暫定的な条件を合意して条件交渉を行うこと自体ではなく、問題はその進め方にあったのかもしれません。3つの案を示したのが、交渉期間を1か月延長した後の、しかもその延長期間も終わる直前の3月27日であり、検討期間が短かった点は、問題にされるべき点でしょう。

とはいうものの、それ以上に何か根本的に改めるべき点もなかなか考えにくく、定年前の約6割の給与での再雇用が認められる以上は、簡単に更新拒絶できない、ということなのかもしれません。高齢者の再雇用については、高年法が高齢者の雇用確保のための様々なルールを定めており、その趣旨から、高年者の更新拒絶のハードルが高くなっているということでしょうか。

理論的に詰め切れていない点、しかし高齢者の定年後再雇用について、現実にハードルが高くなっている点、など、今後の動向が注目されます。

動画で確認！

グッドパートナーズ事件（１審）

東京地裁令4.6.22判決（労働判例1279号63頁）

この事案は、派遣の介護士Ｘが、就職１年目で会社Ｙに更新拒絶され、この更新拒絶が無効であると争った事案です。更新拒絶が明示されたのは１回だけですが、１回目の更新拒絶が無効となれば、再度、２か月の契約が成立しますので、その満了時に２回目の更新拒絶があったかどうかが問題となりました。

裁判所は、Ｘの請求のうち、２回目の更新拒絶までの間の賃金請求などを認めました。

１．更新の期待

本事案で特に注目されるのは、更新の期待について、裁判所が、１回目の更新に対する期待は認めたものの、２回目の更新（実際には改まって更新拒絶が明言されたわけではなく、１回目の更新の期待が２か月とされたために、観念的に２回目の更新が問題になってきました）に対する期待は否定した点です。

このうち１回目の更新に対する期待は、更新が確定した旨のメールを送信していることなどから、（Ｙは、そんなつもりじゃなかったという趣旨の言い訳をしていますが）更新の期待が認められて当然の状況でした。

けれども２回目の更新に対する期待は否定されました。１回目の更新の期待を認めているのに、２回目の更新の期待を否定するのですから、それなりに強い理由が必要なようにも思えますが、ポイントとして、①雇用期間が、当初、２か月と明確に限定されていたこと、②1回目の更新の段階で更新しない旨が明確に示されていること、③最初の契約でも、更新する旨の記載がないこと、が指摘されるだけで、むしろ非常にシンプルな理由付けしかされていません。

②③は、会社が更新拒絶する場合には一般的に主張されるポイントですから、特に重要なのは①です。更新の期待の判断で、契約期間の長さが重要な要素となることが、この事案でも示された、と評価できるでしょう。

そして、1回目に更新されるべきときから、2回目の更新が否定されるまでの期間について、未払賃金の支払が命じられました。

2．実務上のポイント

更新の期待が認められた場合、更新拒絶することの合理性が次の問題となります（労契法19条柱書）。本事案では、2回目の更新拒絶については、そもそも更新の期待がないと評価されたので、更新拒絶の合理性は問題になりません。1回目の更新拒絶の合理性だけが問題にされました。

ここでYは、Xが同僚の業務を妨害し、悪影響を与えている、という趣旨の主張をしています。

けれども裁判所は、Yの主張を認めませんでした。ポイントは、Y側の主張や証拠が薄い点にあると評価できます。実際、Xの言動によって他の同僚が多大な時間を取られた、とするYの主張については、「どのような業務」が影響を受けたか不明であり、「裏付ける具体的な事情」「証拠上（の）具体的な記載」がない、と指摘されています。

本事案では更新拒絶ですが、会社側の判断の合理性や権利濫用が問題になる事案では、抽象的な評価はいくらあっても意味がなく、裁判所が指摘するように具体的なエピソードに基づいてリアルに、問題を浮き彫りにする必要があります。特に、契約書の表現などよりも、労務管理の現場での実態が重視される労働紛争の分野では、このようなリアルな記録や管理が重要であり、このことを改めて気づかされる裁判例です。

動画で確認！

グッドパートナーズ事件（2審）

東京高裁令5.2.2判決（労働判例1293号59頁）

この事案は、派遣の介護士Xが、就職1年目で会社Yに更新拒絶され、この更新拒絶が無効であると争った事案です。更新拒絶が明示されたのは1回だけですが、1回目の更新拒絶が無効となれば、再度、2か月の契約が成立しますので、その満了時に2回目の更新拒絶があったかどうかが問題となりました。

1審（本書115頁）は、Xの請求のうち、2回目の更新拒絶までの間の賃金請求などを認めました。

2審も、損害賠償の金額を修正したほか、1審と同じ結論としました。

1．実務上のポイント

Xが、他の従業員の業務を妨害した（例えば、施設利用者への虐待の事実がないのにこれがあった、と区役所に通報するなど）事実について、2審は、虐待の事実が無かったことを1審よりもしっかりと確認しており、更新拒絶の合理性の証明に1審よりも近づいているようですが、結局、合理性は認められませんでした。

やはり、問題社員の問題行動は、しっかりと記録しておかなければ、人事的な対応が制約されるのです。

動画で確認！

日本通運事件

東京高裁令4.11.1判決（労働判例1281号５頁）

この事案は、５年10か月・７回契約更新してきた有期契約社員Ｘが、会社Ｙによる更新拒絶を無効と主張した事案で、１審２審いずれも、Ｘの請求を否定しました。無期転換に関する労契法18条が導入後間もないため適用されない事案です。

１．判断構造

１審では、大きく２つの問題を検討していますが、２審は、そのうちの１つの問題について言及していません（下記①）。

① 自由な意思

１審は、「更新しない」という文言の入った契約にサインしたことが、合意するかしないか、という二者択一であることなどから、「自由な意思」に基づくものではない。したがって、「自由な意思」に基づかない、このサインによって更新拒絶できなくなるわけではない。と、判断しました。

これに対して２審はこの部分について言及していません。

② 労契法19条

しかし、Ｘの雇われた担当業務が無くなる可能性があり、それが無くなれば更新がない、ということを当初から説明されていたことなどから、労契法19条の１号２号の規定する「更新の期待」が存在しない。

したがって、更新拒絶が可能である。

2．1審と2審の比較

1審が示した判断構造は、更新しないという「自由な意思」はない（合意がない）のに、「更新の期待」もない、というものです。あえて強調すれば、①自分の意思で更新できなくなったのではないが、②他人から更新しないと聞かされていた事態が現実になったのだから更新できなくなった、ということになります。つまり、①X自身の意思よりも、②聞かされていたことや状況の方が、更新できないという結論にとって決定的だった、ということです。

しかし、「自由な意思」が無いので当初のルールが生きているのに、更新の期待がない、という説明は少し苦しいようにも思われます。2審が、「自由な意思」について言及していないのは、両者の関係を上手く整理できないと考えたからでしょうか。

3．実務上のポイント

有期契約の更新が5年を超えて繰り返されれば、無期転換されます（本事案では適用されませんが）。それほど、「更新の期待」が高い状況にあり、実際、5年を超えた場合に「更新の期待」を認めた裁判例が多く見受けられるにもかかわらず、1審2審いずれも、この「更新の期待」を否定しました。

しかも、この「更新の期待」が否定される理由が、更新しないと記載された書面へのサインではなく、繰り返し説明されていた状況、すなわち仕事が無くなるかもしれない、そうなればこの仕事も終わりである、という条件と、実際にそのような状況になってしまった、という現状です。

本事案のように、いずれ終了することが予想される仕事のために時限的に雇う従業員（有期契約者）に、実際に仕事が無くなった時点で円満に退職してもらうためには、②のような配慮が重要（いずれこの仕事は無くなる、無くなったら終わりだ、ということを繰り返し説明する）ですが、否定されたとはいえ、①本人の意思確認もしっかりとしておくべきです。

一般的な感覚からすると、①本人の意思の方が重要なようにも思われますので、①と②の関係はまだ十分整理されていないように見えます。今後、この①と②の理論構成の関係や条件が整理されていくかどうか、注目すべきポイントです。

動画で確認！

日本通運（川崎・雇止め）事件

東京高裁令4.9.14判決（労働判例1281号14頁）

この事案は、無期転換（5年超過）直前に雇止めされた有期契約者Xが、会社Yに対して、雇止めが無効であると主張した事案です。1審2審いずれも、Xの請求を否定しました。

同じ会社の、同様の雇止めに関し、同様の判断（原告の請求を否定）をした高裁判決（「日本通運事件」東京高裁令4.11.1判決労働判例 1281号5頁、本書119頁）が参考になりますので、ここではその参考判例と対比しながら検討しましょう。

1．判断構造

2審は、1審の判断構造をより明確にしました。Xが、控訴の際、議論をより掘り下げたためですが、この結果、参考判例と同様の論点について、この裁判所の判断がより明確になりました。この裁判所でだけ議論された論点もありますが、ここでは、参考判例と同じ論点に絞って検討します。

①　自由な意思

参考判例の1審は、「更新しない」という文言の入った契約にサインしたことが、合意するかしないか、という二者択一であることなどから、「自由な意思」に基づくものではない、したがって、「自由な意思」に基づかない、このサインによって更新拒絶できなくなるわけではない、と判断しました。これに対して2審は、「自由な意思」に言及しておらず、「自由な意思」が問題にならないと判断したようにも見えます。

他方本事案では、契約当初から５年が上限であることが明示されていた点を重視して、「自由な意思」が必要とされない、と判断しました。

両者を通してみると、最初から不更新条項がある場合には「自由な意思」の問題ではない、ということが明確に示されたほかは、どのような場合に「自由な意思」が必要になるのか、明確に判断されていない、ということができるでしょう。

② 労契法19条

参考判例は、①の自由な意思を否定したものの、労契法19条１号２号の「更新の期待」については、Xの雇われた担当業務が無くなる可能性があり、それが無くなれば更新がない、ということを当初から説明されていたこと、そしてそれが実際にそのとおりになったこと、などから、「更新の期待」が存在しない、したがって、更新拒絶が可能である、と判断しました。

本事案の２審は、この論点について、１審判決の判断を維持していますが、ポイントは参考判例と同様です。すなわち、Xの勤務する支店の閉鎖の可能性が当初から説明されていて、実際に閉鎖されることになったこと、など（例えば、当初から上限が５年とされていた点も指摘されています）から、「更新の期待」を否定しました。

２．本判決と参考判例の比較

この比較から、②「更新の期待」については、時限的な採用であることを、その背景から説明されていて、実際にそのような事態になったことが、重要な要素であり、共通する要素であることがわかります。時限的な採用の場合、なぜ会社の事情を説明するのか、という疑問を持つ人がいるかもしれませんが、自分の置かれた状況を理解してもらうことは、トラブルを避けるだけでなく、法的な観点からも意味があるのです。

他方、①「自由な意思」については、この判例で、適用されない場合のあること（最初から不更新条項があった場合）が明示されたほかは、途中から不更新条項が追加された場合にどうなるのか、不明な状況にある、と考えられます。

3．実務上のポイント

時限的な雇用で、実際に雇止めをするために考慮すべきポイントが、②「更新の期待」であることは明らかですが、①「自由な意思」については、どのような場合に問題になるのかも含め、はっきりとしない状況のままとなりました。少なくとも、当初から不更新条項が入っている場合には問題にならないような判断が、本事案の２審で示されたのですが、途中から不更新条項が入る場合に、本当に「自由な意思」が必要とされないのか、まだはっきりしていない状況、と評価できるでしょう。たしかに、本事案に関しては、２審の判断が１審の判断を覆していますが、見方を変えると、「自由な意思」が必要とする裁判官と、これを不要とする裁判官がいる、ということでもあります。

今後の動向が注目されるポイントでしょう。

動画で確認！

国立大学法人東北大学（雇止め）事件

仙台高裁令5.1.25判決（労働判例1286号17頁）

この事案は、大学職員の業務を通算８年間行った従業員Ｘが、大学Ｙによる更新拒絶を無効として争った事案です。２審も、１審と同様にＸの請求を否定しました。

1．実務上のポイント

１審と同様の判断が示されたので、そこで指摘したポイントは同様に維持されています。なので、「国立大学法人東北大学（雇止め）事件」（仙台地裁令4.6.27判決労働判例1270号14頁、労働判例読本2023年版161頁）も合わせてご覧ください。

２審では、更新の期待に関し、Ｘが新たな主張を追加し、そこに２審も判断を示しているため、より議論が整理されてきたように見えます。

すなわち、結果的に５年を超える期間勤務してきたものの、更新の期待が否定される理由として繰り返し指摘されているポイントは、恒常的に存在する業務かどうか、という観点よりも、基幹的な業務かどうか、という観点の方が重要であること、しかもＸの担当業務は何度か変更されていること、何度も繰り返し雇用されても、更新ごとの判断が形骸化していたわけではないこと、という点です。勤務期間などの形式を見れば、５年を超えていて、５年を超えた後にも更新されていることから、更新を期待させない趣旨の規定の効力も否定され、あるいは弱まったと評価されそうですが、勤務の実態などによってこれが否定されていることから、更新の期待は、形式面だけでなくその実態も合わせて考慮されることが示された事例、と言えるでしょう。

動画で確認！

コード事件

京都地裁令4.9.21判決（労働判例1289号38頁）

この事件は、会社Ｙに、３か月の試用期間としての勤務後に、期間１年の有期契約を締結していた従業員Ｘが、１回契約更新された後、他の従業員からの苦情（職務怠慢など）があった、同様のことがあれば更新拒絶もあり得る、等と注意を受け、さらにその後、コロナ禍で休業（100％支給）とされ、会社業績の急激な悪化等を理由に、更新拒絶をされた事案です。

Ｘは、Ｙによる更新拒絶が無効であると主張し、Ｙは、Ｘが組合と行った記者会見でＹの名誉を侵害したと主張し、それぞれが賠償などを主張しましたが、裁判所は、いずれも否定しました。

ここでは、更新拒絶の問題だけを検討します。

1．更新の期待

労契法19条は、１号と２号で、２種類の更新の期待発生のルールを定めています。

しかし裁判所は、特にこのいずれが適用されるかを明示せず、幅広に多くの事情を考慮して、更新の期待を否定しています。具体的には、以下のような事情・理由によって、更新の期待を否定しています。すなわち、❶業務内容（紙をベルトコンベヤーに流す作業）や勤務時間（週３日、各４時間50分）から、有期契約とする合理性がある、❷代替可能な業務である、❸単年度毎の契約更新であることが定められていた、❹更新されない可能性を実際に示唆された、❺（試用期間があるにしても）更新は１回しかない、です。

一般的な１号２号の役割分担を見ると、❸❹が１号、その他が２号に相当するでしょうが、ここではこれらを特に区別することなく、総合的に考慮しています。

１号２号いずれも、更新の期待を認定するための判断枠組みであると位置付ければ、両者を厳密に区別するよりも、柔軟に総合的に判断した方が事案に即した判断が可能である、ということでしょうか。１号２号いずれも、元はと言えば、更新の期待に関して最高裁判例が示した判断枠組みをまとめたものですから、近時の、事案に応じた柔軟な判断枠組みを立てる傾向に照らせば、１号２号の区別は、重要ではなくなっているのかもしれません。

そのうえで裁判所は、更新の期待が認め難く、あるいは高くない、と評価しました。

2．合理性

更新の期待がなければ、合理性の判断は不要になるはずですが、念のために合理性の判断も行いました。理屈として見れば、上記の結論のとおり、更新の期待が必ずしも否定しきれないから、ということになります。

ここで裁判所が合理性を認めたのは、以下のような事情・理由によります。

すなわち、❶コロナ禍でＹの売上が急激に落ち込んでいること（前年同月比で、26.8％～62.3％減少など）、❷そのため、一部の無期契約者と全てのパート従業員を休業とし、夏季賞与を支給せず、この年の加工高を上回る金額を人件費に充てていたこと、❸雇用調整助成金の特例措置の導入は未確定だったこと、❹更新拒絶されなかった者はXと異なり更新回数が2回、通算3年を超えていたこと、❺Yは、1か月前に理由を付して更新拒絶しないことを通知し、組合交渉でも同様の説明をしたこと、を根拠にしています。

一種のリストラですから、整理解雇の4要素（①〜④）と同様の判断をされていることがわかります。

すなわち、①「人員整理の必要性」に❶❷（前半）が相当し、②「解雇回避努力義務の履行」に❷（後半）❸が相当し、③「被解雇者選定の合理性」に❹が相当し、④「解雇手続の妥当性」に❺が相当する、と整理することができるでしょう。このように、内容的には対応関係にある様子がうかがわれますが、しかし判断の内容を見ると、整理解雇の場合よりも遥かにハードルが下がっている（会社にとって有利な方向）と言えるでしょう。

ところで、Xの業務遂行について他の従業員から不満が示されていたことなどから、これに加えてXの業務遂行能力が不十分であることを考慮しても良さそうです。すなわち、従業員側に問題がある場合の解雇よりも、整理解雇の方がハードルが高くなるように、更新拒絶の場合も、従業員側の問題がないと、合理性の認定が難しくなるはずです。

けれども、そもそも更新の期待が無いか低いことから、Xの業務遂行能力が不十分かどうか、という判断の難しい問題に踏み込むまでもなく、合理性が認定されたのでしょう。

このように見ると、更新の期待の程度（本事案では、更新の期待が認め難く、あるいは高くない）と、更新拒絶の合理性の程度（本事案では、ハードルが下がっている）は、相互に関連しているように思われます。

3．実務上のポイント

更新の期待の検討だけで結論が出る場合もありますが、念のために、あるいは低いとはいえ更新の期待はあるから、ということで更新拒絶の合理性も検討する裁判例が比較的多いように思われます。実務上も、更新の期待だけでなく、更新拒絶の合理性も検討するべきです。

動画で確認！

ケイ・エル・エム・ローヤルダッチエアーラインズ（雇止め）事件

東京地裁令5.3.27判決（労働判例1287号17頁）

本事案は、オランダの航空会社Ｙに有期契約（５年上限）で雇われた乗務員Ｘらが、無期契約に転換した、等として雇用契約の存在確認と賃金の支払等を求めて訴訟を提起した事案です。裁判所は、Ｘらの請求の一部を認めました。

1．更新の上限の有効性

論点の１つが、更新の上限を定めることの有効性です。５年を超えない、という上限は、有期契約を５年以上継続した場合に無期転換される、という労契法18条の規定に反して無効ではないか、という議論があります。

この点は、数多くの訴訟で議論されてきており、本判決も、多くの裁判例と同様に、「脱法行為」や「公序良俗違反」等の「特段の事情」がない限り有効、というルールを示しました。そのうえで、①労契法に無期転換のルールが導入される以前から、上限が設けられていたこと、②（３年の上限を、それぞれ、５年に延長した点について）Ｘらはいずれも有期契約の上限があることを認識しており、無理に上限を約束させたわけではないこと、を主な理由に、有効であると判断しました。さらに、この論点とは別の個所で、オランダ人スタッフだけ無期契約であり、アジア人スタッフは有期契約であることが、差別として無効かどうかが議論されていますが、そこで、アジア人スタッフが乗務する路線には限りがあり（各人の出身国の便だけ）、景気の影響などを受けやすいことなどから、合理性があるとされていますが、このような制度の合理性も、「特段の事情」のない理由と言えるでしょう。

労契法に無期転換のルールが導入される頃に上限を設定した場合には、①が当てはまりませんので、より合理性が必要になるでしょう。

2．錯誤無効

本事案では、Ｙの側が、オランダの法律によって上限のある有期契約でなければならない、と説明してきましたが、実際は、そのようなことはありませんでした。けれどもこの誤った説明を前提に、更新期間の上限に合意したのだから、錯誤無効である、とＸらが主張しました。

これに対して裁判所は、錯誤の事実はある（オランダ法の内容を誤解していた）ものの、オランダ法の規定を理由に上限に合意したわけではない（動機の相手方への表示がない）、オランダ法の上限がなくても上限に合意した（因果関係・重要性がない）、という理由で、錯誤による無効を否定しました（上限の合意を有効としました）。

しかしＸらは、法律の規定について誤った説明を受けると思わなかったでしょうから、動機の相手方への表示や、それとの因果関係を、錯誤の成否判断のための要件とすることは、実態に合わないようにも思われます。かといって、法律の内容を誤解していたら全て無効、とするのも合理的でないように思われますので、錯誤の成否を決める要件について、議論の余地があるかもしれません。

※なお、事件発生時期との関係で、この事件には改正前の民法が
　適用されるため、錯誤「取消し」ではなく、錯誤「無効」とさ

れています。

3．オランダ民法の適用

本判決で最も注目されるのは、通則法（国際私法）12条が適用されるとして、オランダ民法を適用し、それを根拠に無期転換を認めた点です。

特に、通則法12条２項の、「労務を提供すべき地（労務提供地）の法」と、これが特定できない場合の「当該労働者を雇い入れた事業所の所在地（雇入事業所所在地）の法」が問題とされました。

このうち「労務提供地」については、オランダ国籍の飛行機の中で役務を提供しており、しかもオランダの労働許可が必要だから、オランダである、とするＸらの主張を否定しました。飛行機の管理や入国管理のルールはオランダが決めることであり、日本の通則法の解釈はこれと異なる、実際の業務は、いろいろな国に跨る、したがって「労務提供地」は特定できない、というのが主な理由です。

現実に役務を提供している場所を基準にする、という解釈と評価は、今後の参考になります。

他方、「雇入事業所所在地」については、人事に関する様々な判断（採用計画立案、採用の決定、フライトスケジュールの決定、業務上の指示、人事考課、労使交渉など）をオランダの本社が行っている点や、入社後すぐに９週間オランダで研修を受けることを重視して、これをオランダと評価しました。

Ｘらはいずれも、日本国籍者・日本居住者・日本語使用者であり、実際の勤務も、日本から出発して日本に帰ってくる、という業務を行っており、さらに、日本の社会保険にも加入しているのですが、労働契約上の管理に関する事情の方が重視されたことになります。

強行法が適用される、という通則法12条の背景は、労働時間や安全衛生など、労働者の生活や健康に関する法制度として適切な法を選択し、適用する、という点にあります。実際、労働時間や時間外手当について、日本の労基法に違反する疑いがある、と裁判所自身が認定しているのですが、ここでオランダ法の適用を認めたため、X らについて、労働時間や時間外手当について、日本の労基法による保護が受けられないことになってしまいます。管理するのがオランダであっても、守るべき生活は日本にある、そのために日本の労働法が適用されるべきである、と考えることも可能であり、本判決の示した判断は議論の余地がありそうです。

4．実務上のポイント

細かい問題かもしれませんが、裁判所が賃金の支払を認めたのは、X らが退職した時からではなく、X らが訴訟の中でオランダ法の適用を主張した翌日からです。

たしかに、通則法12条１項には、「意思を使用者に対し表示したとき」に、その国の法律が適用されると定めており、オランダ法の適用を主張した「時点」というようにも読めます。けれども、ここでの「表示したとき」は、「表示した場合」を意味する、と解釈する余地もありそうです。そうでなければ、例えば逆に、日本の労基法を適用し、過酷な労働条件を是正すべき場合に、日本法の適用を主張するまでの間、過酷な労働条件が是正される機会を失うことになります。

このような観点から見ると、強行法によって生活や健康を守る、という労働法の趣旨から見て、適用時期が意思表示の時期によって異なることが適切なのかどうか、この点も議論の余地がありそうです。

なお、同じ航空会社による雇止めに関し、日本の労契法18条を適用して、無期転換を認めた裁判例があります（「ケイ・エル・エム・ローヤルダッチエアーラインズ事件」東京地裁令4.1.17判決労働判例1261号19頁、労働判例読本2023年版224頁）。そこでは、オランダ法の適用が議論されていないようです（少なくとも、判決は言及していません）。そちらの判決は、こちらの判決と同様控訴されており、オランダ法の適用に関する議論がされるのかどうかも含め、控訴審での議論と判断が注目されます。

動画で確認！

第5章

合意退職

Labor case

Labor case

合意退職　2023年の特徴

合意退職の有効性が争われる事案は、退職の有効性だけでなく、様々な問題が議論される事案が多いように思われます。

「リバーサイド事件」では、給与や解雇、「酔心開発事件」では、労働時間や給与、解雇、「ツキネコほか事件」では、休職や給与、解雇が、それぞれ議論されています。

また、Allegis Group Japan（リンクスタッフ元従業員）事件では、合意退職の有効性自体は論点とされておらず、その後のトラブルが問題となっていますが、事の発端は合意退職であり、合意退職に伴ってどのような問題が発生し得るのか、等を知るうえで参考になります。

・リバーサイド事件／139頁
・酔心開発事件／142頁
・ツキネコほか事件／148頁
・Allegis Group Japan（リンクスタッフ元従業員）事件／153頁

なお、「学校法人茶屋四郎次郎記念学園事件（東京福祉大学・授業担当）」は、労働条件に分類しましたが、ハラスメントや人事権（内部通報）、合意退職（退職勧奨）も議論されています。「栃木県・県知事（土木事務所職員）事件」はハラスメントに分類しましたが、解雇や合意退職も議論されています。

リバーサイド事件

東京高裁令4.7.7判決（労働判例1276号21頁）

この事案は、飲食店で10年以上勤務してきたアルバイト従業員Xが、（1審によれば）採用されたばかりの大学生がリーダーとされたことへの不満などをきっかけに、勤務シフトに入らなくなり、会社Yが退職扱いした事案で、Xは退職していない、と主張しました。

1審2審いずれも、Xは退職していない、としてXに従業員としての地位を認め、さらに2審は、Xが復職するまでの間の賃金の支払いをYに命じました。

1．退職合意の有無

たしかにXは、年内に辞める、4月中旬には辞める、等と発言し、実際にシフトも入れなくなったことから、上司である店長は、退職手続きを進めました。

しかしそれだけでは、「確定的な退職の意思表示」も、「黙示の退職の意思表示」も、いずれも認められない、と評価しました。それは、①書面が作成されていない、②明確な意思確認がされていない、③店舗の鍵を返却しておらず、私物がロッカーに残されていた、④4月や5月の店長とのやり取りで、退職の意思表示を強く否定した、という事実が根拠とされています。

裁判例の中には、退職の合意の有無について、従業員の「確定的な意思」や「自由な意思」が必要として、ハードルを高くしているものもありますが、この判決は、このような判断枠組みを設定せず、通常の取引行為でも適用される「意思表示」を判断枠組みとしました。「黙示の（略）意思表示」も成立し得ることが示されており、必ずしも「確定的な意思」「自由な意思」まで必要としていないからです。つまり、暗黙の了解（黙示の意思表示）による退職合意もあり得るのですから、判断枠組み自体はハードルが高くないように見えるのです。

けれども、前記①～④を見ると、特に①②で明確に退職の意思の表明が求められていますから、現実に暗黙の了解（黙示の意思表示）が認められる可能性はとても小さいように思われます。

判断枠組みだけでは、裁判例の傾向を見誤る危険があり、注意が必要です。

2．賃金の支払い

この点は、1審と2審で判断が分かれました。

1審は、Xが、退職ではなく休職、と主張している点なども踏まえ、「就労意思」が無かった、と認定し、Yによる「受領拒絶」が無かった、として賃金の請求を否定しました。これは、従業員が働くつもりでいたのに会社がこれを拒んだ場合、賃金を払わなければならない、というルールが適用されない、ということを意味します。

他方2審は、❶Xが復職を要求したこと、❷その頃にYは他のアルバイトを雇ったこと、等から、Yの「責めに帰すべき事由」で働けなかった、と判断しました。これも、従業員が働くつもりでいたのに会社がこれを拒んだ場合、賃金を払わなければならない、というルールに関する判断であり、しかし結論的に1審と逆に、このルールが適用される、ということを意味します。

1審と2審でキーワードが異なるので（1審は「就労意思」、2審は「責めに帰すべき事由」)、混乱するかもしれませんが、問題とされるルールの違いが結論を左右しているのではなく(同じルールが適用されている)、事実の評価の違いが結論を左右しているのです。

そして、❶によって就労意思があると評価して1審の判断を否定し、さらに❷によって、Yの側の「責めに帰すべき事由」を認定しました。賃金の支払義務の判断に際し、❶働く意思と、❷会社側の就労拒否の2つがポイントであることを示した点が、参考になるでしょう。

3. 実務上のポイント

さらに2審では、1審で議論されなかった「解雇」も検討されました。

しかし、合意による退職が前提で手続きが進められていますから、解雇のために必要な事情やプロセスが不足していることは、容易に想像されます。例えば、解雇の場合には、その従業員のどこに問題があるのかを指摘し、改善の機会を与えることが(一般的に)必要ですが、穏やかに合意退職してもらおうという場合に、このように従業員を非難し、刺激するようなことは、なかなか両立しないからです。

けれども、解雇も視野に入れて、従業員に対して改善すべきポイントを指摘して機会を与え、プロセスを踏んでいく中で、自分が会社に合わないことを実感し、自主退職することもあります。合意による退職と解雇のためのプロセスは、両立しにくいように思われるかもしれませんが、むしろこれらを両立させることも、会社としては検討すべきポイントの一つです。

動画で確認!

酔心開発事件

東京地裁令4.4.12判決（労働判例1276号54頁）

この事案は、飲食店の調理担当者・料理長として勤務していた原告Ｘが、会社Ｙ退職後、未払いの時間外手当（及びこれに対する付加金）の支払いと、不当に解雇されたことなどを理由とする損害賠償を、Ｙに対して請求した事案です。

裁判所は、時間外手当と付加金について、請求の一部を認めてその支払いをＹに命じましたが、損害賠償については請求を否定しました。

１．時間外手当

ここでは、労働時間の認定と、固定残業代の合意の有無が問題になります。

飲食店の店長や料理長など、現場責任者の勤務時間が論点になる裁判例をときどき見かけますが、それらの事案と同様、実態に照らして労働時間を判断しています。

もちろん、具体的な評価は事案に応じて異なりますので、ここで示された具体的な評価は、あくまでも他の事案にとっての参考でしかありませんが、例えば以下の点が特徴的です。

①　始業時間

裁判所は、Ｘが始業１時間前の10時半から業務を開始していた、と認定しました。

Ｘは、ＤとＸの打刻時間である10時から業務を開始していた、と主張していますが、裁判所は、タイムカードの打刻時間が実態を反映していないとしたうえで、10時から業務開始していたのはＤだけだった、と認定しています。

タイムカードの打刻時間の信用性が否定される場合、一般的に見て、従業員にとって有利に認定されることが多いように思われますが、始業時間に関して言えば、ここでは始業時間が30分短く認定されており、従業員にとって不利に認定されています。

② 終業時間

裁判所は、ラストオーダーの10分後まで業務をしていた、と認定しました。

飲食店の現場責任者の終業時間について、一般的に見ると、店舗の最終退出者として確認し、施錠することから、店舗の施錠や最終退出時間が終業時間とされた裁判例を多く見かけますが、この事案では、料理長は最後の確認を担当していなかったのでしょう。ラストオーダーの10分後が終業時間と認定されるため、どのような事実や証拠が提出されたのか分かりませんが、現場責任者だからと言って画一的に判断するのではなく、やはりここでも実態に即して判断されるのです。

③ 休憩時間

裁判所は、昼の営業時間と夜の営業時間の間に３時間ある平日については２時間半、連続営業となっている土曜・祝日については30分、休憩時間を認定しました。

ここでも毎日の休憩時間を詳細に検討するのではなく、平均的な勤務状況から休憩時間を認定しています。すなわち、平日は平均30分程度は閉店時間中も業務があった、逆に、土曜・祝日は交代で30分は休憩をとっていた、という認定です。平均的な勤務状況から平均的な休憩時間を認定する手法は、近時、多くの裁判例で見かけるものです。

２．固定残業代

固定残業代の合意があったかどうかは、残業代が発生するかどうか、という点だけでなく、基礎賃金の金額（さらに、これに基づいて計算される１時間当たりの賃金単価）の計算に影響を与えます。

すなわち、Ｙは、月給のうち21万円が基本給、５万５千円が固定残業代と主張しており、これによれば基礎賃金は21万円となり、これを月平均所定労働時間で割った金額が賃金単価となります。

これに対して裁判所は、固定残業代の合意がなかったのだから、26万５千円全額が基礎賃金となり、これをベースに賃金単価が計算されます。

このように、固定残業代の合意が否定されることによって、残業時間が発生してしまうだけでなく、残業代の計算の基礎となる賃金単価も高くなってしまうため、固定残業代の合意が否定された場合、会社は二重の負担を負うことになります。さらに、本事案では未払残業代と同額（但し、時効消滅していない部分のみ）の付加金の支払いも命じられましたから、未払賃金が裁判で争われると、会社は三重の負担を負うことになるのです。

これだけ固定残業代の合意の有無が重要な論点となるのですが、Ｙは、Ｘの入社当初、固定残業代に相当する金額がいくらなのかすら示していませんでした。固定残業代の合意が認められるために、具体的にどのような事情が備わるべきかについて、裁判例によって要求される事情にばらつきがあるため、未だ、一般論として「これだ」というべきルールが定まっていないように思われますが、最低限共通する要素は、固定残業代に相当する金額が示され、従業員もそのことを理解していた、という点です。

本判決は、固定残業代の合意が認められるために必要な条件を具体的に示していませんが、最低限の、固定残業代に相当する金額すら示されていないことを指摘し、固定残業代の合意を否定しました。

固定残業代に相当する金額が示されればそれで十分なのかどうか、この判決からは判断できませんから、その点では参考にしにくいのですが、固定残業代の合意が否定された場合の不利益が詳細に計算されて示されており、その部分は非常に教訓になる点です。

3. 退職の合意

本事案で、さらに注目されるのは、退職の合意が否定され、YがXを違法に解雇した、と認定されたにもかかわらず、この点に関するXの損害賠償請求が否定された点です。

まず、退職の合意が否定された点ですが、Yは、Xがレビー小体型認知症に罹患していて、就労意思がないことが明らかだから、解雇扱いではなく自主退職扱いにしてあげた、という温情的な理由を主張しています。このことから、休職の案内をせずに、いきなり離職票を交付し、退職を促したのです。

けれども裁判所は、X本人は退職しない意思を明確に示しており、Yの対応は、違法な解雇であると評価しました。

解雇が違法だと、例えば解雇が無効になったり、それを前提に未払賃金の請求が認められたり、さらに損害賠償請求が認められたりするのが一般的でしょう。

しかしこの判決は、「レビー小体型認知症の症状が既に相当程度進行しており、」「就労が困難な状態にあった」、実際、Xは退職を受け入れている、という理由で、Xに「経済的損害」がない、として、損害賠償の請求を否定しました。

仮にXが、雇用契約関係の確認を求め、賃金の支払を求めた場合にはどうなったでしょうか。

業務上の理由ではなく罹患した疾患であり、解雇制限の対象になりません。しかし、労契法16条の合理性が必要です。そうすると、Xに就労意思がなかった、ということが「合理性」に該当する、ということになるでしょうか。あるいは、契約上の債務（働く義務）の履行が不能である、したがって、形式的には解雇ということになっているが、実態は履行不能を理由として契約の効力が否定される、ということになるでしょうか。

いずれにしろ、違法な解雇とされながら、従業員の請求が否定された事例は、裁判例を見る限り見かけたことがなく、ここで示された判断と同じような判断がどのような場合にされるのか、今後、注目される点です。

4．実務上のポイント

Xは、長時間労働を強いられ、健康診断も受けさせてもらえず、使い捨てのように扱われたために、持病のレビー小体型認知症が悪化した、とも主張していますが、これらも裁判所は否定しました。

精神障害の業務起因性（仕事が原因かどうか、という因果関係の問題）について、厚労省が認定基準を定めており、裁判所も原則としてこの認定基準に準拠して因果関係の有無を判断します。

その中で、新たに精神障害を発症させた場合に比較して、既に有する精神障害を悪化させた場合には、単なる強度のストレスがあるだけでは足りず、「特別な出来事」が必要である、と定められています。この「特別な出来事」として、自分自身が死ぬかもしれないような経験をしたことが典型的な例として示されており、従業員側にとって、非常にハードルが高くなっています。

本判決は、特に具体的な判断枠組みを示さず、したがって「特別な出来事」を判断枠組みにしていると明言せずに、Xのレビー小体型認知症の発生機序等が不明であることを理由に、相当因果関係を否定しています。「特別な出来事」という高いハードルを示すまでもなく、因果関係が認められない、という趣旨なのか、そもそも「特別な出来事」という判断枠組みを採用しないのか、趣旨は明確でありませんが、「発生機序等」に言及していることから、従業員側が医学的な証明もしなければいけない、という構造を前提にしているように思われます。

いずれにしろ、医学的に原因が解明されていない疾病などの場合、従業員側が損害賠償などを請求することが非常に困難になるのですが、現在の裁判制度では止むを得ないことでしょうか。

動画で確認！

ツキネコほか事件

東京地裁令3.10.27判決（労働判例1291号83頁）

この事案は、創業者の息子で、役員だったXが、吸収された後の会社Yで役員を退任し、従業員として勤務していたところ、抑うつ状態となって休職することとなった事案です。Xは、休職前の業務（原職）への復職を希望しましたが、工場に配属されました。Xが復職初日から出社しなくなったため、Yは出社を促す通知を何度か送付し、減給処分も行ったにもかかわらず、結局4か月以上無断欠勤が続いたため、Xを解雇しました。

Xは、休職期間中の面談の際に退職勧奨されたこと、リハビリ期間中無給だったこと、休職前の業務に復職させなかったこと、復職後無給だったこと、解雇されたこと、等がいずれも違法であると主張しましたが、裁判所は全て否定しました。

1．退職勧奨

裁判所は、退職勧奨は原則として適法であり、例外的な場合に不法行為となり得る（労働者の自由な意思形成を阻害した場合、名誉感情を侵害した場合）というルールを示しました。

そのうえで、退職勧奨を行った頻度は多かったものの、X自身が退職勧奨を拒否せず、むしろもう少し時間が欲しいと回答するなどしており、Yの側も、復職に応じない・辞めさせるなどと明言していない、という事実を認定し、労働者の自由な意思形成を阻害していないとしました。

また、名誉感情の侵害も、「社会通念上許される限度を超える侮辱行為」でなければならないところ、Xとの面談やリハビリを通じて、Xに適性のある職種はないと判断し、その結果を伝えた、という事実を認定し、名誉感情を侵害していないとしました。

退職勧奨はそれ自体が違法である、という誤解を見かけることもありますが、退職勧奨がどのような場合に違法になるのか、参考になる判断です。

2．リハビリが無給であること

Yの指揮命令下でリハビリをしていたのだから、労務の提供があった、と思うかもしれません。

しかし裁判所は、健保から傷病手当金が支給されていたが、これは「労務に服することができないとき」に支給されるのだから、リハビリ作業は債務の本旨に従った労務の提供ではない、リハビリ期間中は無給であることをXも合意していた、という理由で、無給としたことを適法としました。

他方、休職中の「テスト出局」中に、放送用の原稿を作成させられていた事案で、「NHK（名古屋放送局）事件」（名古屋高裁平30.6.26判決（労働判例1189号51頁、労働判例読本117頁）では最低賃金の支払いが命じられました。放送用の原稿作成が「労働」に該当する、ということのようです。

本事案とNHK事件の違いは何か、休職期間中に作業をさせて復職可能性を高めたり見極めたりすることが、無給となる場合と有給となる場合があるということなのか、その場合、何が基準となるのか、などについて、今後議論が深まっていくでしょう。

3．原職に戻さなかったこと

Xは、肉体的に負担のかかる工場での勤務は、安全配慮義務に違反し、違法である（背中や腰に痛みがあるから）、と主張しました。さらに、休職前の原職に戻すのがルールである、という考えが背景にあったのかもしれません。

これに対して裁判所は、リハビリ作業中に実際に腰を痛めた後に、力仕事以外の業務もある、我慢が十分できる程度の痛みである、などとX自身が発言し、他方、リハビリできないと訴えたことが無いこと、痛みはリハビリ勤務以前からあったと述べていたこと、他方Yの側も、面談の際に重量物を扱うなどの業務については配慮したい、などと繰り返し伝えていること、などを認定し、違法ではないとしました。

復職させない場合に、原職以外の業務に戻せるかどうか、が問題になる事案を多く見かけますが、その際の判断の参考にもなるように思われます。

4．無断欠勤中に無給だったこと

裁判所は、労務の提供が無かった、という理由だけで、無給であったことを適法と評価しました。労働契約の基本的な構造が示されています。

Xとしては、上記3.と関連した主張、すなわち、YがXを原職に戻さなかったのだから、Xによる労務の提供を拒んだのはYであり、賃金請求権も消滅しない（民法536条2項）という主張を考えていたのかもしれませんが、工場での勤務を命じることが適法と評価されている以上、労務の提供を拒んだのはYではなくX、ということになるのでしょう。

上記3との関連性についても説明してくれれば、分かりやすかったと思われます。

5．解雇

裁判所は、Ｙが何度も出社を促したこと、無断欠勤が４か月以上に及ぶこと、途中、減給等の処分も行ったこと、他方、Ｘからは工場への復職が違法、という説明以外に欠勤の説明が無いこと、を認定し、適法と判断しました。ここでは、Ｘの主張が上記3.の違法性を前提にしていることが明示されています。

無断欠勤している従業員を解雇する場合、その期間や対応、プロセスなどが参考になりますが、復職の際のトラブル（原職に戻されなかったことに対するＸの不満）が背景にありますから、単純に、４か月以上無断欠勤すれば解雇、と片付けてしまうことは難しいかもしれません。復職の際、リハビリや度重なる面談を通して慎重に、復職の可否や戻すべき職場を検討しており、その分、慎重な検討プロセスが先行しているからです。

6．実務上のポイント

休職していた従業員が復職する際に起こりうるトラブルや、それに伴う法律上の問題点が、比較的幅広く議論されており、休職や復職の対応の際、参考になります。

また労務管理の観点から見た場合、Ｘは、創業者の息子として原職にこだわりが強かった（世界のホビー業界で高く評価されていた製品の企画を、役員として担当していた）ようですが、新しい会社はＸをホビーに関する業務から外したかったのでしょうか。創業者が退社しても、従業員として残っていたＸを企画担当から外すことに、Ｘが抵抗したことと、休職・復職問題や退職勧奨問題が重なったため、話がこじれたようです。

Ｙとしては、Ｘと合意のうえ、Ｘが役員を辞める際に退職金として4000万円を支払った（支払ったこと自体は争いがありませんが、その支払いが遅れたかどうか、という点が、本事案でも争われています）ことで、円満に解決することを期待していたようですが、結果的にトラブルに発展してしまいました。

円満に解決するために労務管理の観点からどのように対応すべきだったのか、もしかしたら正解は無いかもしれませんが、考えさせられる事案です。

動画で確認！

Allegis Group Japan（リンクスタッフ元従業員）事件

●────────── 東京地裁令4.12.22判決（労働判例1295号90頁）

この事案は、会社Xの従業員Dの退職の際、Dの就職をサポートした会社Yの従業員らがXに押しかけて抗議活動を行った事案で、XはYに対し、①業務停止による損害（復旧まで含めると2日だが、そのうち業務停止していた5時間分の人件費相当額）と、②Dの引継拒否（Yの従業員らがDに引継拒否をさせた）による賠償を求めた事案です。

裁判所は、Xの請求を否定しました。

1．事実認定

①は、事務所立ち入りによる業務妨害であり、②は、Dに引継拒否させたことによる業務妨害です。

裁判所は、①について、立ち入って業務妨害した証拠がない、そもそもYの従業員を呼ぶことをDに許可したのはXである、などとしてXの主張を否定しました。②について、Yの従業員らがDに引継拒否させた証拠がない、としてXの主張を否定しました。

このように、法律上は、事実認定の問題として処理されました。

2．実務上のポイント

さらに、労務管理の問題として見ると、D退職の際のXの対応が注目されます。

具体的には、前記1.の事実認定に影響はないにもかかわらず、裁判所は、XがDの退職の際に、❶XがDの退職を認めないと伝えたこと、❷退職を強行すると、Dに損害賠償を請求すると伝えたこと、❸損害賠償額は500万が見込まれると伝えたこと、❹Dに対してこれを承諾する趣旨の書類へのサインを求めたこと、という経緯を認定しています。

従業員の退職は自由であり（民法628条、労基法137条など）、❶はこれに反しかねません。また、労働契約の不履行による違約金や賠償の約束も禁止されており（労基法16条）、❷～❹はこれに反しかねません。

本事案の解決のためには、本来関係のない事実について、あえて事実認定して示しているのは、違法性を疑われる労務管理に対する警告的な意味があるのかもしれません。

動画で確認！

第6章

労働債務・労働条件

労働債務・労働条件　2023年の特徴

労働債務・労働条件に関し、様々な問題が議論されています。

第１に、従業員が特定の労働条件を要求した事案（「学校法人茶屋四郎次郎記念学園事件（東京福祉大学・授業担当）」「国・人事院（名古屋刑務所）事件」「関西新幹線サービックほか事件」）が３つ、紹介されました。

第２に、会社が従業員に諸費用を負担させることの当否が争われた事案（「住友生命保険（費用負担）事件」「大陸交通事件」「大成建設事件」）が３つ、紹介されました。

なお、（労働債務・労働条件の１つですが）賃金に関する裁判例は、別に章を改めて紹介します。

なお、「学校法人茶屋四郎次郎記念学園事件（東京福祉大学・授業担当）」では、ハラスメントや人事権（内部通報）、合意退職（退職勧奨）が、問題になっています。

また、「弁護士法人甲野法律事務所事件」は労働者性に、「大器キャリアキャスティングほか１社事件」は労災に分類しましたが、労働債務・労働条件も議論されています。また、「国・川越労基署長（サイマツ）事件」は労災に分類しましたが、労働者性や労働債務・労働条件も議論されています。

学校法人茶屋四郎次郎記念学園（東京福祉大学・授業担当）事件

東京地裁令4.4.7判決（労働判例1275号72頁）

本事案は、大学教員Ｘが、大学Ｙとの訴訟などを通して合意した内容に反し、授業を担当させなかったことや、そのことをハラスメントの問題として対応するように求めたのに適切に対応しなかったことによって損害を被った、としてＹに対し損害賠償を請求したものです。

裁判所は、授業を担当させなかった点と、ハラスメントへの対応のうち検討結果の連絡が遅れた（８か月）点について、Ｙの責任を認めました。

１．授業の担当

裁判所は、授業を担当させるべき義務に関し、最初に、原則的には、授業を担当させる義務はないが、授業を担当することが学問研究を深化・発展させる場合には、教員の権利としての側面があるから、例外的に授業を担当させる義務が生じうる、という趣旨の判断を示しました。

そのうえで、ＸとＹの合意内容の検討を行いました。

すなわち、ＸとＹは、裁判上の和解などのなかで、週４回以上の講義を担当することやその決め方などについてかなり詳細に合意している点を認定したうえで、「当事者の合理的意思解釈として」授業を担当させる義務がある、と結論付けました。

「権利としての側面」という表現から、大学教員は当然に授業を担当する権利がある、と評価する余地もありますが、授業を担当すべき合意の存在を詳細に検証している点から、具体的な請求権と言えるためには、このような明確な合意などの事情が必要である、と評価すべきでしょう。本事案ではかなり具体的に合意されていたため、具体的な請求権として認定することに特に問題は無さそうですが、本事案よりも曖昧な約束しかされていない場合にどのように判断されるのか、今後の動向が注目されます。

2．内部通報

ＹによるＸの通報への対応について、担当部会が、訴訟進行中であることや紛争の内容が法的に判断されるべきものであることなどを理由に、部会の審理対象ではないと判断しました。Ｘの通報について、当該部会は審理・判断をしない、という結論を出したのですが、裁判所はこの点について、当該部会の判断に問題ないと評価しました。

実際に、訴訟などで別に争われている問題であり、Ｘが権利主張する機会が現実に存在していましたから、この結論も特に問題は無さそうですが、法的な手続きで争われるのに適さず、社内の内部通報手続以外に従業員の問題提起や意見表明の機会が無いような場合など、本事案よりも審理・判断をしない理由が明確でないような場合にどうなるのか、今後の動向が注目されます。

また、当該部会の判断した結果（審理・判断をしない、という結論）のＸへの通知が、結果が出てから８か月後だった点について、裁判所は、会社のハラスメント対応の在り方について、以下のように述べており、注目されます。

すなわち、会社が負う「良好な環境の維持確保に配慮すべき義務」として、「ハラスメントなど従業員の職場環境を侵害する事案が発生した場合、事実関係を調査し、事案に誠実かつ適正に対処し、適切な時期に申告者に報告する義務を負っている」という一般的なルールを示したのです。フィードバックする義務を正面から認めたのです。

けれども本事案では、8か月も報告されなかった、という事情がある一方で、この遅延による損害は5万円（＋弁護士費用1万円）と、かなり小さく認定されていることから、フィードバックする義務違反がどのような場合に認められるのか、賠償金額はどの程度なのか、等について、今後の動向が注目されます。

3．実務上のポイント

仕事をさせる義務に関しては、いわゆる「窓際族」「追込み部屋」のように、仕事を干して自主退職に追い込む行為の違法性は、従前から認められています。この場合も、仕事をさせる義務の違反、という面が含まれると言えそうです。

他方、単に仕事をさせない、という意味での債務履行の受領拒否、という面を超え、従業員に対する積極的な侵害行為としての面もあり、簡単に両者を同列で論じることはできません。

それでも敢えて両者の違いを整理してみると、大学教員に講義を担当させないような事案では、講義を担当するという権利の内容が、一般の従業員の仕事を干す事案に比較すると、より具体的（例えば担当課目が限定されるなど）であると整理できそうです。さらに、これと関連しそうですが、一般の従業員の場合の方が、会社の人事権行使に際し、一般的に裁量の範囲が広く、したがって違法性を認定するためには、会社側の積極的な悪意などが必要になる、と評価することもできそうです。

このように見ると、仕事をさせる義務は、会社が有する人事権の裁量の範囲とも連動する、と整理できそうです。すなわち、大学教員の場合には、大学側の裁量の範囲が狭く、仕事をさせる義務が認められやすいが、一般の従業員の場合には、会社側の裁量の範囲が広く、仕事をさせる義務が認められにくい、と関連付けられるように思われます。

もちろん、このような整理から何か直ちに問題が解決されるわけではありませんが、このような見方もある、として参考にしてください。

動画で確認！

国・人事院（名古屋刑務所）事件

東京高裁令4.6.14判決（労働判例1276号39頁）

この事案は、刑務所で勤務するＸが、一時期、夜勤を外されたところ、人事院Ｙに対し、夜勤に戻すように「行政措置要求」をした事案です。１審２審いずれも、Ｘの請求を否定しました。

１．１審の判断構造

１審の判断構造は、以下のとおりです。

① 勤務条件

勤務条件に該当すれば、措置命令を求めることができる。

② 管理運営事項

①の例外として、管理運営事項に該当する場合（≒現場に裁量が与えられている人事権の行使）には、措置命令を求めることができない。

③ 例外

②の例外として、「勤務条件の側面から捉えて措置要求の対象と解することができる場合」には、措置要求の対象となる（この表現は、どこかトートロジーのようにも思われますが…）。

④ 当てはめ

パワハラを理由とする主張について、Ｙの対応に、「裁量権の逸脱・濫用」が認められず、「業務上必要かつ相当な範囲を超える言動」に当たらないことから、③に該当しない（したがって、①にも該当しない）。

平等取扱いの原則・人事管理の原則違反を理由とする主張につ

いて、「裁量権を逸脱、濫用してなされたもの」ではなく、③②該当しない（したがって、①にも該当しない）。

このように見ると、１審では、「管理運営事項」に該当する場合でも、裁量権の逸脱・濫用があった場合には、措置命令が認められる、すなわち、③の例外ルールは、裁量権の逸脱・濫用があったかどうかによって判断されることが分かります。

このように、３段階で判断する構造となっているのです。

２．２審の特徴

これに対して、２審は、１審と少し違う表現で簡潔に判断しており、特に判断構造については、２段階なのか３段階なのか、分かりにくいところがありますが、以下のように整理できます。

まず判断構造ですが、２審は１審と同様、３段階となっています。

すなわち、①勤務条件であれば措置命令を求められるが、②管理運営事項であれば措置命令を求められない、③しかし、②の例外として「勤務条件の側面から捉えて是正」すべき場合には、措置命令を求めることができる、④本事案は、③に該当しない、という判断構造です。

けれども、③の例外を判断すべき判断枠組みが、１審と異なります。

すなわち、１審では「裁量権の逸脱・濫用」がキーワードとなりますが、２審では「勤務条件の側面から捉えて是正すべきかどうか」がキーワードとなります。裁量権の逸脱・濫用、という概念を介して判断するのが１審であり、このような中間概念を介さず、①の「勤務条件」に該当するかどうかを直接検討しているのです。

このように、③の段階で、①の段階と同じキーワードを使って判断をしているのですから、結果的に、①②の２つのルールのいずれかの選択になっています。この意味で、２段階で判断している、と評価することも可能でしょう。

２審の判断も同じ結果となったので、１審と２審の判断構造の違いによって、どのような差が生じるのか分かりませんが、キーワードが違うことから、以下のような差が生じるかもしれません。

すなわち、個別の事案に関し、「裁量権の逸脱・濫用」がない場合でも、人事制度自体に関わる重要な問題が含まれる場合には、２審の判断枠組みに従うと、措置命令を求められることができるように思われます。この意味で、構造的な問題かどうか、というより本質的な点が判断の対象となり、措置命令の制度趣旨に沿った判断が可能になる面があるように思われるのです。

他方、２審では、「勤務条件の側面から捉えて是正すべきかどうか」、すなわち人事制度自体に関わるかどうか、という抽象度の高いキーワードが用いられているため、簡単にこれを認定できないかもしれません。１審の示した「裁量権の逸脱・濫用」も抽象度が高いキーワードですが、行政機関として有する権限を認定し、それが濫用されているかどうか、という判断プロセスが示されますので、２審のキーワードよりも、認定される可能性が高いかもしれません。

３．実務上のポイント

判断構造の違いを理解することが難しいため、判断構造の検討が長くなってしまいましたが、本事案が措置命令の対象になる余地はあるのでしょうか。措置命令制度の在り方に関する、より本質的な点も検討しましょう。

本事案で措置命令が否定された実質的な理由は、以下の２点にあるように思われます。

❶　Xが、夜勤に戻す、という具体的な人事措置を要求したこと

❷　パワハラ・平等取扱いの原則・人事管理の原則違反について、「疑い」を指摘するにとどまっていること

ところで、措置命令制度は、（この判決では明示していませんが）公務員の人事権が制限されていることの代償として設けられたもので、典型的には、団体交渉に代わり、労働条件の検討を行政機関に命じるものです。

このような背景から見ると、上記①②の構造も理解できます。すなわち、①団体交渉に馴染むべき事項・多くの公務員に関係すべき勤務条件については、対象になるものの、②個別事案ともいうべき管理運営事項については、対象にならないのです。

そして、❶は典型的な個別事案であって、②管理運営事項に該当する（したがって、措置命令の対象とならない）と評価され、❷は勤務条件に該当することが十分示されていないことから、③①勤務条件に該当しない（したがって、措置命令の対象とならない）と評価されたのです。

このように整理すると、❶夜勤に戻す、という個人的な人事措置を要求せずに、❷パワハラ・平等取扱いの原則・人事管理の原則に違反する状況を作りやすい制度上の問題の是正を要求する（もちろん、そのような状況にあることを、十分な事実や証拠で説明することが必要です）、という主張・ロジックをXが採用していれば、措置命令の対象とされた可能性があったかもしれません。

措置命令制度の本質や趣旨に遡って検討すべき問題です。

動画で確認！

関西新幹線サービックほか事件

大阪地裁令4.6.23判決（労働判例1282号48頁）

この事案は、新幹線の車内清掃業務を行う会社Ｙの従業員Ｘらが、コロナ禍での便数減少・業務減少により、業務の多くが有給での自宅待機に換えられていたにも関わらず、出社勤務を命じられたことが、違法であるとして損害賠償などを求めた事案です。裁判所は、Ｘらの請求を否定しました。

1．判断枠組み

本判決でまず注目されるのは、判断枠組みです。

すなわち、原則として会社は出社するかどうかを命ずる裁量権があるが、その濫用があれば違法になる、というのが大きなルールですが、濫用の有無の判断枠組みについて、①業務上の必要性、②従業員に対する不利益の程度、③従業員間の負担の公平の3つを示し、さらに③については、❶「負担」の相違の有無、❷相違が生ずる理由及びこれに対する評価、❸相違の程度及び公平性に分けて整理しています。

ここの③従業員間の負担の公平について、これを③'不当な動機・目的の有無、と置き換えて判断する裁判例が多く見かけられます（有名な「東亜ペイント事件」最高裁第二小法廷昭61.7.14判決労働判例477号６頁）が、本判決は、紛争の実態に照らして、より実態に即した判断枠組みをアレンジしたと評価できるでしょう。ＸらのＹに対する不満は、自分たちだけが在宅勤務を取れなかった、というところに大きな原因があるようで、差別的な取扱いの有無や合理性をしっかりと議論して検討することが、紛争の実態に即した判断につながるからです。

2．事実認定と評価

結局、違法ではないという認定となりましたが、いったん有給の自宅待機を命じておきながら、後に、在宅勤務中の課題（簡単なレポートの作成）をしなかったことを理由に出社勤務を命じることになった、という経緯が、濫用かどうかの問題とされました。

①については、便数が減ったとはいえ実際に清掃業務は残っているのだから、出社を命ずべき「業務上の必要性」がある、と評価しました。②については、普段の業務と同じ、という趣旨でしょうか、「特別な負荷」ではない、と評価しました。③については、❶自宅待機よりも負荷が大きい点は認めましたが、❷自宅待機中の課題の内容が「資質の向上」「知識の定着」「能力の開発」に資するもので合理的であるとし、❸自宅待機が多く認められた従業員と比較して、実際に出社勤務を命じられた程度の違いは大きくなく、課題の負担も小さく（社員心得を見れば簡単に回答が作成でき、分量もＡ４で１、２枚でしかない）、自宅待機の権利があるわけではないとし、③全体として公平を害さない、と評価しました。

ここでは、課題提出について、「義務」ではないが、出社勤務を命ずる際の判断要素の一つとすることは問題がない、という評価もされています。Ｘから見ると、出社勤務が命じられ、実際に不利益（「負荷」）を受けているのだから、課題提出は義務であり、その義務違反としての出社勤務、という状況にも見えるでしょう。そのうえで、このような義務を負わせることはおかしい、そもそも義務がない、ということになれば、出社勤務を命ずることができなくなる、ということになるはずです。

けれども裁判所は、課題提出は義務ではないが、出社勤務を命ずる際の判断要素の一つである、とすることで、出社勤務を命ずること自体は違法でない、但し濫用があれば違法、と整理しました。つまり、出社勤務が違法かどうか、というオールオアナッシングの判断ではなく、ひどい場合には違法、という程度の問題として位置付けたのです。

オールオアナッシングの判断よりも、程度の問題として整理する方が、会社と従業員の利害を調整するうえで適切と思われますので、裁判所の示した判断は、ルールとして見た場合、妥当なルール設定、と思われます。

3．実務上のポイント

Xは、さらに、そもそも自宅待機は「有給休暇」であり、「権利」である、したがってこの権利を一方的に奪うことはできない、という主張もしています。この自宅待機＝「有給休暇」という法律構成は、課題を命じることができない（休暇であれば、完全に仕事から解放しなければならないから）、という議論にもつながり、前記の**1.**と**2.**で検討した点でXの主張を裏付けることにもなります。

このように、自宅待機を従業員の権利である、という見方をすると、この事案の見え方が全く異なってくることがわかります。

しかし、裁判所は繰り返し、自宅待機は権利でない、と論じています。むしろ、自宅待機も業務の一環である、という位置づけです。だからこそ、業務として課題の作成・提出を命じても、また、出社勤務に切り替えても、人事権の範囲の問題と位置付けられるのです。

そうであれば、課題提出も業務の一環であり、業務指示に基づく義務である、と正面から認めても良さそうですが、何か直接のペナルティーが伴うわけではなく、普通に日常的にも行われる業務上の指示の一つにすぎない、と整理しているのでしょうか。

実際、業務上の指示には、違反すればペナルティーが課されるような深刻なものばかりではありませんし、人事考課も全て業務上の指示に違反したかどうかだけで評価するものではありませんから、業務上の指示によって義務が発生するかどうか、という観念的な議論には、あまり意味があるように思えません。

とは言うものの、指示と矛盾するような対応をしたり、他の裁判例で問題となったような、あまり意味のない草むしりだけを指示したりすることは許されませんから、不合理な業務指示を出さないようにしなければなりません。

また、コロナ禍の影響で、在宅勤務が広がり、一部ではそれが定着してきたようですが、在宅勤務を「権利」と受け止めている従業員も少なからずおり、会社側の認識とのずれによって生じてしまうトラブルの一例としても、参考になります。

動画で確認！

住友生命保険（費用負担）事件

京都地裁令5.1.26判決（労働判例1282号19頁）

この事案は、生命保険会社Ｙで保険の営業を担当している従業員Ｘが、営業活動にかかる様々な費用が給与から控除されていることが違法であるとして、その賠償を求めた事案です。裁判所は、請求の一部を認め、一部を否定しました。

1．判断枠組み

労基法24条が、費用の控除を例外的に認めていますが、これに該当して費用控除が有効となるかどうかの判断枠組みについて、２つの判断枠組みを示し、そのうち２つ目の判断枠組みに基づいて、控除の適法性が検討されています。

１つ目は、「労働者が当然に支払うべきことが明らか」であり、「労働者にとって判別可能な程度に特定されている」場合です。

２つ目は、これに代わるもので、「自由な意思に基づいて控除することに同意したもの」です。そして、本判決ではこの２つ目の「自由な意思」該当性が、様々な費用控除に共通する判断枠組みとして、検討されています。

そして、この「自由な意思」が認められるためには、費用控除されることを一般的に認めた労使協定が存在しているだけでは足りず、これに基づく、労使協定・就業規則・個別同意のいずれかが必要であるとし、問題となる費用ごとに、これらの「自由な意思」があるかどうかを検討しています。

実務上、具体的な控除科目ごとに、従業員の個別の「自由な意思」による同意を取るのが最も安全、ということになるでしょう。

2．事実認定・評価

実際に、費用などの項目ごとに「自由な意思」があるかどうかが検討されているのですが、携帯端末や自ら選んで購入する物品の購入費については、自分で申請するべきものであるだけでなく、申請書類にX自身の印鑑が押印されていることや、長年、給与から控除されていたのにXは特に異議を述べてこなかったことも、「自由な意思」を認定する理由として指摘されています。印鑑の押印から意思を推定する手法は「二段の推定」と言われることがあり、合意を前提とする状況を知りながら黙認している場合に意思を推定する手法は「事後承諾」「黙示の承諾」と言われることがありますが、これらの事情も考慮して「自由な意思」を認めていることから、Xが明確に異議を述べた以降は、控除できない、という判断を示しました。

けれども、「二段の推定」「事後承諾」「黙示の承諾」によって「自由な意思」を認める方法は、近時の労働判例で見られる「自由な意思」と比較すると、かなり異質です。

すなわち、近時の労働判例で見られる「自由な意思」は、簡単には意思を認めないもので、単に形式上同意書類に押印しているだけでは足りず、例えば、労働者にとって不利な内容の同意について、どこが不利なのかを具体的に理解して納得し、それでも敢えて同意しているような事情まで必要、とされる場合が多く見かけられます。金融商品を消費者が購入する場合に、その商品の危険性を十分理解し、納得したうえで購入しなければ無効と評価される場合がありますが、それと似たような判断方法と評価できるでしょう。当然、「二段の推定」は使えないはずですし、「事後承諾」「黙示の承諾」も趣旨に合わないでしょう。

そこで、本判決が使う「自由な意思」という概念が、一般的に使われる「自由な意思」とどのような関係にあり、どのような影響を与えるのか、今後の裁判例が注目されます。

3．実務上のポイント

「事後承諾」「黙示の承諾」と言っても、包括的な合意で足りると言っているわけではなく、あくまでも個別の合意があるかどうか、個別の「自由な意思」があるかどうかが検討されています。この意味で、会社にとって慎重な対応が必要とされる面があります。

他方、上記2. のとおり、「自由な意思」という言葉らしからぬ柔軟な判断をしており、会社にとって労務管理を柔軟にできる要素と言えるでしょう。

けれども、一般的な「自由な意思」と異なることから、今後も同様な判断がされ、ルールとして定着していくのか、まだ不安定な状況にあると思われます。

動画で確認！

大陸交通事件

東京地裁令3.4.8判決（労働判例1282号62頁）

この事案は、タクシー運転手Xらが、給与から、①乗客がクレジットカードを利用したときのクレカ利用料金、②GPS搭載車や高級車の利用料金、③自分が起こした交通事故の賠償金の一部、を会社Yが給与から控除したことを無効、などとして争った事案です。

裁判所は、①③と②の一部（GPS搭載車利用料金）についてXらの請求を否定し、②の一部（高級車の利用料金）について肯定しました。

1．①クレカ利用料金の控除

乗客がクレジットカードを利用した場合、Yがクレジットカード会社に、料金の８％（当初。その後、徐々に減額）を支払うこととなっていますが、そのクレカ利用料金を控除した金額から、歩合給が計算され、Xらに支払われていました。

会社の業務に関する経費なので、会社が負担すべきではないか、とも見えます。

けれどもここでXらの給与から控除できるとした最大の理由は、基本給からその金額を丸ごと控除したのではなく、歩合給を計算する過程で控除した点にあるでしょう。

すなわち、歩合給は一種の成果主義であって、会社が得た収益に応じて計算されるものであり、クレカ利用料は、会社が得た収益の金額を計算する過程で控除されます。実際に売り上げた金額から税金や経費を控除した収益を、ＹとＸらで分配する、という計算方法が、歩合給の考え方に一致している点が重視されている（したがって、「賃金全額払いの原則」（労基法24条１項本文）にも違反しない）のです。

もちろん、他にも問題点はあります。

すなわち、クレカ利用料が控除される旨が明確でなかったため、後の就業規則を改定してその旨を明記したのですが、裁判所は、外見上「就業規則の不利益変更」だが、実態は従前の考え方を明確にしたにすぎず、労契法10条（就業規則変更前に入社した従業員との関係）又は労契法７条（変更後の従業員との関係）によって適法、とされました。

特に就業規則の変更（労契法10条）に関して言えば、②とも関わりますが、実質的に過去の取扱を明確にしただけであり、実質的には不利益変更ではない、という点は、同条の適用を否定する、というものではありません。この点は、同条適用の際に考慮される事情の一つにすぎず、これだけで同条適用が否定されたわけではないのです。

２．②特殊車両の利用料金

特殊車両の利用料金は、いずれも一日利用するたびに、300円が給与から控除されます。

さらにこれは、①のように歩合給の計算過程で控除されるのではなく、給与から控除されますので、賃金全額払いの原則の例外、という位置づけになりますから、その合理性の判断のハードルは、①よりも（Ｙにとって）高くなります。

この観点から見ると、②のうちでも高級車の利用料金の控除が違法とされたのは、納得できるでしょう。というのも、高級車の利用料金の控除に関し、一部の従業員は契約書を交わしていたのですが、Xらはこれを交わしていなかったからです。さらに、高級車の利用料金が控除されていたことをXらは長い間知っていましたから、不明確な合意を明確にした、という理屈（①の理屈と同じような理屈）や、「黙示の同意」（追認）があったという理屈によって、高級車の利用料金の控除が認められても良さそうに見えますが、裁判所は、高級車の利用料金の控除の際、「書面で明示の合意を取り付ける慣行」があった、等の理由でこのような理屈を否定しました。

①よりも、②の方が、賃金全額払いの原則の例外問題になるため、ハードルが高くなっているのです。

けれども、同じ②でも、GPS搭載車については控除を合理的としました。

これは、Xら自身が、GPS搭載車の利用料の控除の契約書にサインしていたことが大きなポイントでしょう。さらに、GPS非登載車を選ぶことができた、等の事情も、これを肯定する事情として指摘されていますが、ここで特に注目されるのは、単にサインしたかどうかだけでなく、GPS搭載車の利用料の控除について、十分説明されていて、運転手経験者でなくても十分その意味を理解できたはずである、という認定もされている点です。サインしたかどうか、という形式上の違いだけではない、ということを留意しましょう。

3．③賠償金の一部

賠償金の一部を控除する部分は、②で示した整理によれば、Xらの同意書面がないのでハードルが高くなりそうですが、結果的に控除を有効としました。

このことから、給与からの控除の有効性は、従業員がサインしたかどうかだけで決まらないことがわかりますが、それでは何が②（特に高級車の利用料金の控除）との違いを生んだのか、という点を検討します。

裁判所は、❶（直接のサインはないものの）就業規則（給与規定）や協定書（賃金控除協定書、損害賠償協定書）が有効に成立していること、❷プロセスとしても社内の安全衛生委員会と事故防止委員会の議を得ていること、❸控除すべき金額も、損害額（５万円程度）と控除額（その10％）である（≒客観的に明確で合理的である）こと、などを指摘しました。

さらに、裁判所は指摘していませんが、交通事故など起こして会社外の第三者に損害を負わせ、会社が損害を賠償したとき、会社は事故を起こした従業員に賠償金の求償ができます（民法715条３項）から、この点も合理性を認める背景にあるでしょう。事故を起こした従業員に、全額の責任を負わせることについては、これを否定的に評価し、金額を制限する裁判例が多く見かけられますが、そのような観点から見ても、10％の求償に止めている点は、やはり合理性を認める背景になるように思われます。

このように、② GPS 搭載車の利用料の控除の場合には、X らがどの程度納得していたのか、という点がポイントであるのに対し、③賠償金の一部の場合は、控除する金額の合理性がポイントである、と整理することができるように思われるのです。

４．実務上のポイント

労働判例誌の同じ号に掲載されている「住友生命保険（費用負担）事件」（京都地裁令5.1.26判決労働判例 1282号19頁）でも、給与からの費用などの控除の有効性が問題となりました。住生事件でも、控除の一部が適法であり、一部が違法、とされました。

この住生事件と共通すべきポイントとして、合意が必要とされる形式的な条件として、会社と従業員の間の合意や就業規則が存在するだけでなく、労使協定も必要とされる点です。ここでの事案ではあまり問題になりませんでしたが、労使協定が有効に成立していることも認定されています。

さらに本事案と比較して重要なポイントが、有効性を認めるハードルの高さです。

というのも、住生事件では「二段の推定」「事後承諾」「黙示の承諾」によって、合意が認められており、ハードルが低いと評価できますが、本事案では、特に②で指摘したとおり、明確な書面での合意が必要、とされており、ハードルが高いと評価できるでしょう。

ハードルの高さの違いが、ルールとして見た場合、両判決の間で矛盾していることになるのか、それとも両者の適用されるべき範囲や対象に違いがある（したがって矛盾していない）のか、両判決だけでは判断が難しい状況です。というのも、両判決とも、歩合給などから控除するものではない点で共通しますが、保険の営業職員の場合には給与全体に歩合給的な要素が含まれているように思われ、歩合給部分が明確に切り離された本事案と給与制度が異なるからです。さらに、歩合給の要素の影響の大きさや給与体系の違いだけでなく、他の要素も判断に影響を与えているかもしれません。

労働判例誌の同じ号の冒頭にも、諸費用の負担に関する裁判例の分析と検討がされていますが、今後、より議論が深まっていくポイントです。

動画で確認！

大成建設事件

東京地裁令4.4.20判決（労働判例1295号73頁）

この事案は、会社Ｙの海外研修制度で米国留学した従業員Ｘが、卒業後にＹを退職したため、留学前の約束（留学後５年以内に退職したら費用を返還する、など）に基づいて、ＹがＸに費用の返還を求めた事案です。その際、ＸからＹに対して、賞与や賃金、立替金、退職金などの請求権があったため、それが相殺された残額が請求されました。

裁判所は、Ｙの請求を認めました。

なお、ＸからＹに対して、留学費用の返還請求が無効であることを前提に、上記各請求権の支払いを求めており、裁判所は、この請求を否定しました。

１．消費貸借契約の成立

１つ目の論点は、消費貸借契約が成立したかどうかです。

裁判所は、誓約書（消費貸借契約は誓約書を提出したことによって成立した、と認定されています）に関し、Ｘが留学費用の消費貸借契約の内容について担当者にその内容を何度か確認するなどした点などを根拠に、消費貸借契約が成立した、と判断しました。

ここでは、意思表示の有効性に関しどのような基準が適用されるか、が注目されます。すなわち、近時の労働判例では、特に従業員にとって不利益な合意・同意をする際、「自由な意思」という高いレベルでの意思表示が求められることがあるからです。ところが裁判所は、「自由な意思」を基準とせず、通常の意思表示と同様に（敢えて判断基準を明示していません）判断しています。（別の論点に関する場面ですが）金銭消費貸借契約は雇用契約とは別の契約であると言及している部分があり、金銭消費貸借契約は雇用契約に関するものではなく、雇用契約上の不利益を与えるものではないことが、通常の意思表示の基準が適用された背景でしょう。もっとも、Xもこの点を特に問題にしていないので、「自由な意思」が採用されなかったのかもしれません。

2．消費貸借契約の有効性

２つ目の論点は、この消費貸借契約が労基法16条に違反するかどうか、という有効性の問題です。

労基法16条は、「使用者は、労働契約の不履行について違約金を定め、又は損害賠償額を予定する契約をしてはならない。」と規定されており、海外留学の費用負担に関する合意が、「労働契約の不履行」に関するものかどうか、「違約金」「損害賠償額を予定する契約」に該当するかどうか、議論の余地があります。

しかし本判決は、労基法16条が適用されるかどうか、については直接言及していません。「労基法16条に反するか否か」という論点設定をしているところを見ると、適用されるかどうかを問題にしている（直接適用性）ようにも見えますが、規定の文言ではなく、規定の趣旨に合致するかどうかを問題にしているところを見ると、適用されないことを前提に議論している（類推適用性）ようにも見えます。少なくとも言えることは、本事案では、「労働者の自由意思を不当に拘束して労働契約関係の継続を強要する」かどうか、が判断基準とされたのです。

そのうえで、①留学先やその内容の選定がXの自由だったこと、②X個人の経歴に資するものだったこと、③返済金額や条件が不合理ではないこと、④留学は業務でないこと、⑤その他、を理由として（もちろん、それぞれ具体的な事実と証拠によって慎重に認定されています）労基法16条に反しない、と判断しました。

ここで特に注目されるのは②と④です。これらは、多くの裁判例で表裏の関係として議論されています。すなわち、留学（事案によっては、留学ではなく研修）が業務であれば、無効とされる可能性が高くなり、業務ではなければ可能性が低くなる、とされ、個人の経歴に資することは、業務でない面を強くする要素、と整理されている裁判例が多いように思われます。

けれども、②と④は、どちらかという風に簡単に割り切れるものではありません。会社がわざわざ従業員に仕事をしない時間と相当の金銭的補助を与えて勉強させるのですから、将来、会社にそれが還元されることを期待しているはずです。単なるご褒美で、何の還元も期待せずに留学の機会を与える場合の方が稀でしょう。他方、従業員としても、例えば海外留学の経験やそこで得た資格（大学や大学院の卒業、MBA、現地の専門家の資格など）を、絶対にその会社のためにしか活用しない、と考えている人よりも、会社を離れた場合にも役に立つと考えている人の方が多いでしょう。

そうすると、②と④はそれぞれ独立して、しかもそれぞれ「ある」「なし」の二者択一的な判断がされるのではなく、②と④のいずれの要素が強いのか、という相対的・総合的な判断がされるべき要素である、と考えた方が、より実態に合致した判断方法のように思われます。

本判決は、形式上は②と④を分けて、それぞれの該当性を判断していますが、④で指摘した事実には②に関わるものも多く含まれており、実態は、②と④の相対的・総合的な判断がされている、と評価できるように思われます。

3．相殺合意の有効性

3つ目の論点は、未払いの賞与や給与等との相殺の合意が有効かどうか、という労基法24条1項に関する問題です。上記1の中で、誓約書の有効性が問題となりましたが、誓約書が、5年未満の退職の場合の相殺を認める内容だったことから、ここでも、誓約書の有効性が問題となりました。

裁判所は、前記1. と同様の事情を指摘して「自由な意思」がある、として相殺を有効としました。

先例となる最高裁判例（日新製鋼事件最高裁第二小法廷平2.11.26判決労働判例 584号6頁）が、相殺の有効性の判断基準として「自由な意思」を設定していることから、「自由な意思」がここでの判断基準になったのですが、上記1と同じような判断なのに、前記1. では「自由な意思」が判断基準とされていませんから、両者間で異なる判断基準となってよかったのかどうか、なぜなのか、もう少し詰めた議論がされるべきかもしれません。

4．実務上のポイント

各論点について、上記のとおりそれぞれ検討すべきポイントが残されていますが、留学や研修の費用の返還請求に関しては、それが転職の機会を奪うものかどうか、逆に本判決が前記2. で言うように、従業員の自由意思を制約するかどうか、労働契約継続を強要するかどうか、ということが、最終的な判断の分かれ目であることについては、ほとんどの裁判例で方向性が一致しています。

結局、会社が機会・資金を提供する際の条件として許容されるかどうか、という面と、従業員の職業選択の自由の制限として許容されるかどうか、という面の、バランスの問題です。

この観点から見た場合、本判決も他の裁判例と同様、会社側の事情と従業員側の事情として、どのような事情がどのように評価されるのか、という観点で、実務上参考になる事案です。

動画で確認！

第7章

賃　金

Labor case

賃金　2023年の特徴

賃金額がいくらか、が争われた事案が３つありました（「アンスティチュ・フランセ日本事件（１審）」「アンスティチュ・フランセ日本事件（２審）」「プロバンク（抗告）事件」）。

「吉永自動車工業事件」では、最低賃金違反が問題となりました。

いわゆる固定残業代（売り上げによって決まる歩合部分が原資になる場合など、必ずしも金額が固定されていない場合もあるため、みなし残業代と言うこともあります）が争われた事案が２つありました（「熊本総合運輸事件」「国・所沢労基署長（埼九運輸）事件」）。特に、「熊本総合運輸事件」は最高裁判例であり、新たな判断が示された部分もありますから、今後も、重要な裁判例となるでしょう。

「セルトリオン・ヘルスケア・ジャパン事件」では、事業場外労働に該当するかどうか（該当すれば、みなし労働時間が適用されます。上記みなし残業時間と異なり、本来の労働時間自体がみなされます。）、が問題となりました。

同一労働同一賃金が問題となった事案が３つありました。（「名古屋自動車学校（再雇用）事件」「社会福祉法人恩賜財団済生会事件」「医療法人佐藤循環器科内科事件」）。

「吉永自動車工業事件」では、最低賃金が問題となり、「エヌアイケイほか事件」「そらふね元代表取締役事件」では、賃金や損害賠償の債務の負担者が問題となりました。

なお、「賃金」に関する事項ですが、残業代などのルール適用がない「管理監督者」が問題となった裁判例は、章を改めて紹介します。

- セルトリオン・ヘルスケア・ジャパン事件（事業場外労働）／209頁
- 名古屋自動車学校（再雇用）事件（同一労働同一賃金）／212頁
- 社会福祉法人恩賜財団済生会事件（同一労働同一賃金）／216頁
- 医療法人佐藤循環器科内科事件（同一労働同一賃金）／220頁
- 吉永自動車工業事件（最低賃金）／222頁
- エヌアイケイほか事件（給与・損害賠償の責任負担者）／224頁
- そらふね元代表取締役事件（給与・損害賠償の責任負担者）／228頁

なお、「そらふね元代表取締役事件」では、管理監督者、「社会福祉法人恩賜財団済生会事件」では、人事権（ルール改正）の問題も、それぞれ議論されています。

また、「田中酸素（継続雇用）事件」は雇止めに分類し、「学校法人宮崎学園事件」と「Ciel Blue ほか事件」は人事権に分類しましたが、賃金についても議論されています。

アンスティチュ・フランセ日本事件（1審）

東京地裁令4.2.25判決（労働判例1276号75頁）

この事案は、フランス語学校Yの教員Xらが、Yに対し、更新後の契約条件ではなく更新前の契約条件に基づく給与の支払い（差額の支払い）を請求し、また、Xらのうちの1名が、Yに対し、担当講座数の減少に対する補償金の支払いを請求した事案です。

裁判所は、前半の、更新前の契約条件に基づく給与の支払いは命じませんでしたが、後半の、補償金の一部の支払いを命じました。

1．更新前の契約条件が適用されるか

本事案では、Xらは、労働組合を通してYと契約条件について交渉を続けており、契約の切り替えはそのような状況下で行われました。Yは、新しい契約条件での契約締結を提案したところ、Xらは、更新前の契約条件の適用を留保しつつ、新契約の締結に応じる旨の返答をしました。

Xらは、契約更新が成立したのだから、更新前の契約条件が引き継がれる旨の主張をしました。

しかし裁判所は、民法629条1項、労契法19条、いずれについても適用を否定し、更新前の契約条件が引き継がれない、としました。いずれも、それぞれの条文の定める条件が満たされない、という理由です。

すなわち、民法629条1項については、Yが、更新後の契約条

件に基づいて給与を支払い続け、労使交渉の場でも、更新前の契約条件に反対の意向を示し続けていたことから、異議を述べていた（したがって適用がない)、としました。

労契法19条については、Ｙが、別の条件での契約締結を提案していることなどの経緯から、１号２号いずれにも該当しない、としました。

より正確な表現については、判決の原文で確認いただきたいと思いますが、これらに共通するのは、従前の条件と明らかに違う条件をＹが提示し、Ｘらもこのことを交渉していたのだから、従前と同じ条件が漫然と引き継がれるわけではない、という交渉状況でしょう。

契約更新、という法律構成の下で、一般的には、契約が継続しているかどうかが議論されますが、本事案では、同じ契約条件が継続しているかどうかが議論されています。契約が継続していることについては、ＸらとＹの間に対立がありません。

しかし、契約更新、という法律構成が、ここでの議論に合致した法律構成なのでしょうか。

たしかに、自動的に旧条件が適用される、という意味で、契約更新が適用されると、Ｘらの期待する状態になります。

けれども、問題はＹの求める新しい条件が新しいルールになったかどうかです。Ｘらが新しい条件を受け入れていないのであれば、新しい条件が新しいルールにならないようにも思われます。

つまり、違う見方をすると、契約更新が成立しない、ということは、更新前の契約条件が当然には引き継がれない、ということを意味しますが、だからと言って当然に新しい条件が新しいルールになったことを積極的に根拠づけるものではないようにも見えます。典型的には、Xらが新しいルールとして承諾すれば、合意に基づいて新しい条件が適用されることになりますが、判決はこのような認定をしていません。なぜ新しい条件が新しいルールになったのか、についての検討と説明が少し弱いように思われるのです。

2．補償金

この点は、前年の7割は担当授業数を補償する、という合意をどのように評価するのか、すなわち、単に担当授業数を確保する義務をYが負うにすぎず、これに反しても補償する義務がない、と解釈するのか、本判決が示したように、補償する義務がある、と解釈するのか、という問題です。そして、収入保障の意味があること、（これを裏付けるように）適用除外の場合にだけ賃金等を支払わない、という規定があること、を根拠に、補償する義務が認められました。

わざわざ7割は保障する、と言っておきながら、何も補償しない、というのであれば、一体何を保障しているのか、その意味が無くなってしまいますから、金銭的な補償が明確に示されていなくても、裁判所の判断は合理的でしょう。

3．実務上のポイント

これが、無期契約の場合の就業規則の変更であれば、労契法10条や人事権の濫用など、給与条件の変更を会社が濫用していないかどうかが問題になります。

他方、本事案では、有期契約の更新・新契約の締結、という法律構成が問題となっており、無期契約か有期契約かによって、適用されるルールが全く異なってしまいます。

適用されるべきルールが異なっても良いのか、という点も、今後検討すべきポイントでしょう。

動画で確認！

アンスティチュ・フランセ日本事件（2審）

東京高裁令5.1.18判決（労働判例1295号43頁）

この事案は、フランス語学校Ｙの教員Ｘらが、Ｙに対し、更新後の契約条件ではなく更新前の契約条件に基づく給与の支払い（差額の支払い）を請求し、また、Ｘらのうちの１名が、Ｙに対し、担当講座数の減少に対する補償金の支払いを請求した事案です。

１審（本書186頁）２審いずれも、前半の、更新前の契約条件に基づく給与の支払いは命じませんでしたが、後半の、補償金の一部の支払いを命じました。

1．実務上のポイント

２審でも、新契約が締結されたことと、新契約の条件での契約が成立したことを認めていますが、なぜ新契約の条件で契約が成立したのかについて、積極的にその理由を説明していません。しかし、旧契約の条件での契約成立をＹが否定しているとしても、新契約の条件での契約成立をＸは認めていませんので、合意があったことだけを根拠にすることは難しいようにも思われます。

契約更新の際に、新条件について不満のある従業員が、とりあえず働きながらその条件について交渉したり争ったりすることは、ときどき見かけるトラブルですが、検討すべきポイントでしょう。

動画で確認！

プロバンク（抗告）事件

東京高裁令4.7.14決定（労働判例1279号54頁）

この事案は、求人情報に記載された給与を期待していたのに、会社Ｙからの内定通知書にはそれよりも低い金額の給与が示されていたため、給与額を訂正した内定通知書を返送するなどして、給与額について争っていた採用予定者Ｘが、内定通知書記載の条件での給与の支払いを求めた事案です。

裁判所は、Ｘの請求を否定しました。

1．契約の成否

１審２審いずれも、契約の成立を否定しました。すなわち、求人情報記載の条件はおろか、内定通知書記載の条件ですら、契約は成立していない、と判断しました。

この判断のポイントは２つあるように思います。

１つ目は、会社が、求人情報記載の条件と異なる条件を提案することが許されている、という点です。もちろん、「つり広告」のように、実際にそのような条件で採用するつもりが無いのに過大な条件で広告するようなことは、許されるわけがありません。

けれども、そのような悪質な場合でなければ、むしろ、採用予定者の能力や経験に応じた条件が設定されることは当然であり、特に採用のプロセスから見ると、期待した能力や経験に及ぶ候補者がいない場合でも、それで誰も採用しない場合があれば、他に当てはまる業務があるので異なる条件での採用を再提案する場合もあるでしょう。

この事案では、Ｙからの再提案について、１審・２審は、新たな契約の申込みとして有効であるとし、これに対応するＸの承諾がない、したがって契約は成立していない、と評価しました。Ｘは、会社からの再提案（内定通知書）について、わざわざ金額を訂正して返送しており、再提案を拒絶する意思が極めて明確に示されていますので、内定通知書の条件での契約成立が否定されるのは当然でしょう。また、今度は逆に、会社からの内定通知書の記載が明らかに求人情報の条件と異なり、求人情報とは別の契約交渉であることが明らかですから、求人情報の条件での契約成立も否定されたのです。

このように、会社が求人情報の条件と異なる条件を提示することが可能である、という点が、その後のプロセスの評価につながるのです。

２つ目は、求人情報の条件がそのまま労働契約の内容とされたこれまでの裁判例との違いです。

たしかに、求人情報で示された条件が労働契約の内容になるとして、求人情報の情報どおり処遇することを命じた裁判例は、相当数見かけます。

けれども、それらは労働条件が明確に定められていない事案など、会社と従業員の合意内容が明確でないような場合に適用されるルールです。たしかに、前記の「つり広告」に象徴されるような悪質な採用活動は許されませんが、かといって、募集から選考などのプロセスを通して、候補者に合った労働条件を定めていくことを否定するわけにもいかないでしょう。なぜなら、会社と従業員の労働条件は、「労働契約」を基本にしており、すなわち、当事者の意思に基づく合意が前提になっているからです。

その観点から本事案を見ると、ＸとＹの意思が（結果的に合意に至りませんでしたが）明確に示されており、不明確な意思の内容を求人情報の条件によって補充する必要が無く、本来の原則どおり両当事者が明確に示した意思に従って処理されるべき事案です。

2．実務上のポイント

この事案では、ＸからＹに対して損害賠償請求がされていません。

そのため、求人情報の記載が実際に後に再提案される内定通知書の条件と違う点を中心とする、募集活動の合理性について、何ら判断が示されませんでした。

しかし、雇用条件や労働契約の成否、という上記の問題の他に、このような募集活動の合理性自体も争われる可能性がありますので、最終的に雇用条件を明確に示しさえすればそれで良い、という安易な判断をしないように注意しましょう。

動画で確認！

熊本総合運輸事件

最高裁第二小法廷令5.3.10判決（労働判例1284号5頁）

この事案は、支給される給与の総額が実質的に決められている会社Ｙの従業員Ｘが、支払われるべき時間外手当等が支払われていないとして争った事案です。

１審は、①調整手当が、時間外手当等の計算の基礎となる基礎賃金に該当する、としてＸの主張の一部を認めたものの、②会社固有のルールに基づく手当（「本件割増賃金」と略称していますが、これは、調整手当と本来の時間外手当等に分けられます）によって、本来の時間外手当等を支払ったことになる（カバーする）、としてＸの主張の一部を否定しました。

図１　一審・二審での用語

本件割増賃金＝調整手当＋（会社の）時間外手当等
（会社の）時間外手当等⊃（本来の）時間外手当等

Ｙは①の判断を受け入れて、命じられた金額を支払いましたが、Ｘは②の判断を不服として控訴しました。２審は②について（その判断に必要な範囲で、①についても再検討しています）、１審の判断を維持しましたが、最高裁はこの２審の判断を否定し、再審理のために差し戻しました。

１．①と②の関係について

ここで、１審・２審と最高裁の判断を分けたのは、明確区分性・対価性、という概念の捉え方です。

明確区分性・対価性は、判例上、残業時間から計算された残業代等をそのまま支払うのではなく、固定額（固定残業代制度の場合）やその他の簡易な計算方法で支払うこととして、結果的に、残業代も含めた全体の金額を一定にしたり、残業代の計算を省略して簡易に支給額を決定したりする給与制度の場合、これが有効と評価されるために必要とされる要件として、一貫して要求されているものです。

すなわち、残業代等に代わるべき部分が、他の部分から明確に区分され、かつ、超過時間勤務の対価としての性格があることが必要であり、これが欠ければ、残業代等が支払われたとは認められなくなりますから、残業代等を追加で支払わなければならなくなります。

このように、明確区分性・対価性は、特に上記②に関する判断で用いられる概念でした。そして、１審・２審は、②に関して、明確区分性・対価性を認め、最高裁はこれを否定したのです。

ところで、②の検討の前に、１審・２審で注目すべき点を指摘しておきましょう。

それは、１審・２審は、①についても、明確区分性・対価性が必要とした点です（もしかしたら私の理解不足であり、本来は①のための概念だったのが、②の場面で用いられるようになったのかもしれません）。

そのうえで、①についてはこれを否定し、調整手当が基礎賃金に含まれる、と評価しました。すなわち、①の場合には、「時間外労働の対価としての」明確区分性・対価性、という表現を用い、これが満たされない、と評価しました。

他方、②の場合には、「時間外労働手当としての」明確区分性・対価性、という表現を用い、これが満たされる、と評価しています。

話をややこしくしているのは、冒頭の図のように、本件割増賃金・調整手当・(会社の) 時間外手当等の３つの概念があるからですが、この点を注意して、議論を整理してみましょう。

１審・２審は、①について、調整手当が基礎賃金に含まれる(判別可能性・対価性がない) とし、②について、調整手当は(本来の) 時間外手当等を含まないが、(会社の) 時間外手当等は(本来の) 時間外手当等を含む (判別可能性・対価性がある)、と判断しました。

最高裁は、①の判断をしていませんが、②について、調整手当や (会社の) 時間外手当等ではなく、本件割増賃金を問題にし、本件割増賃金には判別可能性・対価性がない、と評価しました。

①と②の両方で同じような明確区分性・対価性という言葉を使うことが適切なのか、という名称の当否の問題だけでなく、①該当性を判断する基準として何が適切なのか（１審・２審の判断は適切だったのか）等は、今後議論されるべき問題でしょう。

2．１審・２審と最高裁の構造

既に概要は上記1.で述べましたが、②について、少し掘り下げましょう。

１審・２審は、❶調整手当は (本来の) 時間外手当等を含まないが、❷ (会社の) 時間外手当等を問題にし、残業時間等がデジタコで把握されるなど、客観的に管理されており、就業規則の規定に基づいて基本給などから計算することができるので、明確区分性・対価性がある、としました。

これに対して最高裁は、❸調整手当や (会社の) 時間外手当等ではなく、本件割増賃金を問題にし、❹本件割増賃金には判別可能性・対価性がない、と評価しました。

このように論点を整理すると、実は、1審2審と最高裁は、全く異なる論点を議論しており、重なっていません（辛うじて、❸が❷の議論を前提から否定している、という意味で関連付けられる）。上記の図に当てはめてみましょう。

最高裁での用語との関係
❹本件割増賃金（最高裁、×）
＝❶調整手当（1審2審、×）＋❷（会社の）時間外手当等（1審2審、○）

この図を見て気づくのは、❶調整手当について判別可能性・対価性がないことは、1審2審も認めていますので、調整手当と（会社の）時間外手当等を一括して、すなわち最高裁のように本件割増賃金として検討すると、やはり判別可能性対価性が否定されるでしょうから、❶の部分だけを見れば、最高裁と1審2審は矛盾しないようにも見えます。

けれども、詳細に見ると、最高裁は❷について否定的な判断を示しています。次の段落で検討しましょう。

3．判別可能性・対価性の意味

最高裁は、❹本件割増賃金の判別可能性・対価性を否定した理由を、以下のように指摘していますが、特に最後の理由d）が、❷（会社の）時間外手当等の判別可能性・対価性に関する否定的な評価になります。

a）　給与制度の変更により、旧基本給≒新基本給＋調整手当、基本給自体は大きな減額

b)　本件割増賃金は、「想定し難い程度の長時間の時間外労働等を見込んだ過大な割増賃金」
c)　これらの変更内容を、変更の際、説明不十分
d)　本件割増賃金のうち、「どの部分が時間外労働等に対する対価に当たるか」が不明確

すなわち、この最後の理由d）が、判別可能性・対価性について言及し、不明確であるとしてこれを否定していますので、❷に関する１審・２審の判断に対する否定的な判断である、と評価できるのです。

けれども、１審・２審が❷（会社の）時間外手当等の判別可能性・対価性を肯定したのは、前提となる（実際の）時間外手当が、デジタコなどで客観的に測定され、就業規則の規定によって計算可能であることを理由としているようです。すなわち、金額それ自体について言えば、客観的に計算可能であることを意味し、計算されるべき時間外手当等について言えば、本件割増賃金の中から、計算して示すことができることを意味します。

これに対して最高裁は、上記の❸の部分で、調整手当と時間外手当の区別は、「本件割増賃金の内訳として計算上区別された数額に、それぞれ名称が付されているという以上の意味を見いだすことができない。」と述べたうえで、上記d）を述べています。デジタコで客観的に測定され、就業規則の規定によって計算可能であっても、本件割増賃金全体から見ると、判別可能性・対価性がない、という説明のようですが、ではなぜ判別可能性・対価性がないのか、１審・２審のどこが間違いなのか、について、計算上の区別、ということ以外に明確な説明はされていません。

このことから、判別可能性・対価性について、どのような判断が示されたと言えるでしょうか。

1つ目の見方は、「国際自動車事件」の最高裁判決（最高裁第一小法廷令2.3.30判決労働判例1220号5頁、15頁、19頁、労働判例読本2021年版336頁）と同様、残業代に相当する手当が他の手当と一体になっている場合には、判別可能性・対価性が否定される、という見方です。本判決のこの表現を文字通り読むと、このように評価できるでしょう。

けれどもこの見方は、その後に出された「トールエクスプレスジャパン事件」の判決（高裁判決ですが、最高裁がこの判断を支持しています。大阪高裁令3.2.25判決労働判例1239号5頁、読本2022年版384頁）に合致しないように思われます。というのも、後者は、残業代に対応する部分の算定について、前者と異なり計算過程で時間外手当以外の要素が混入していないこと等を根拠に、前者が適用されず、判別可能性・対価性は肯定される、としているからです。すなわち、残業代に相当する手当が他の手当と一体になっていただけでは、判別可能性・対価性は否定されず、両者が混ざっているような場合に否定される、というのが、両判決を統一的に把握した場合の最高裁の示したルールと思われるからです。

2つ目の見方は、したがって残業代に相当する手当と他の手当が一体となっていることが問題ではないのだから、それ以外の理由、すなわちa）～c）が理由となって、判別可能性・対価性が否定される、という見方です。すなわち、a）就業規則の不利益変更にもあたるような事情があり、b）極めて長時間の残業代を予め認めてしまうような金額であり、c）ルール変更のプロセスが不適切であるような場合、という不当な事情が重なった場合である、ということになります。

この2つ目の見方によれば、判別可能性・対価性には、以下の

３つの異なるルールが含まれる、と整理できるでしょう。

i)　本来の意味の判別可能性・対価性、すなわち残業代に相当する部分がはっきりわかるかどうか

ii)　残業代相当部分とそれ以外の手当が混ざっているかどうか

iii)　a）～c）のように、不当な事情が（複数）あるかどうか

このうち、i）が判別可能性、ii）が対価性、iii）が合理性（＝不当でないこと）、とでも言えるでしょう。

今後のルール、という観点から見た場合、一連の最高裁判決が積み上げてしまったような、i）～iii）を全て「判別可能性・対価性」という同じ言葉で括ってしまうのではなく（連続性と正当性を確保するため、最高裁の立場としては止むを得ないのかもしれませんが）、３つそれぞれ異なるルールとして明確に区別した方が、より好ましいように思われますが、いかがでしょうか。

４．実務上のポイント

Ｙの給与体系は、当初、従業員への支給額が一定に定められていて、その内訳として、そこから基本給・基本歩合給を控除した額を時間外手当としていました。しかし、労基署から労働時間管理を適正にするように指導されたことを踏まえて、就業規則を変更し、給与体系を改めました。その結果、従業員が受け取る金額に大きな変更はないものの、内訳が大きく変更されました。すなわち（概要）、基本給・基本歩合給が大幅に減額され、労基法37条などに基づいて計算される（会社の）時間外手当等を支払うこととされ、さらに調整手当という手当が設けられました。冒頭のとおり、（会社の）時間外手当等と調整手当を合わせた本件割増手当が設けられたのです。

Ｙからすると、労基署に問題であると指摘されて給与制度を

整備したところ、今度は裁判所から問題であると指摘された、一体どうすればよかったのか、と思うかもしれません。

しかし、手取り金額を一定にし、労働時間の管理を省力化しようという観点から、給与制度を設計する場合に、残業時間を受け止める手当部分を設定するには、単に計算上それが判別できるだけでなく、その計算方法や、導入プロセスまで配慮しなければならない、ということが示されたと言えるでしょう（上記ii）とiii））。

他方、合わせて明らかになったのが、残業時間の長短に関わらず手取額が変わらないような給与制度が、どのような場合に有効になるのか、というルールについて、未だ裁判所の判断が定まっていない、という点です。

本事案で最高裁が示したのは、手取額が変わらないような給与制度は全て違法、ということではないと思いますが、けれどもとてもハードルが高い、ということは言えるでしょう。

今後の動向を注視する必要があります。

動画で確認！

国・所沢労基署長（埼九運輸）事件

東京地裁令4.1.18判決（労働判例1285号81頁）

この事案は、運送会社のＫの運転手Ｘが長時間労働によって不安定狭心症を発症し、これが労災に該当すると労基署Ｙに認定されたものの、その金額・計算方法に不満があるとして、労災の決定の取消しを求めた事案です。

特に問題になったのは、「運行時間外手当」と称する手当です。

裁判所は、①この手当によって時間外手当、深夜勤務手当、休日勤務手当等（「残業代等」）がカバーされていないこと、②むしろこの手当には基本給相当部分も含まれること、を認定し、Ｙの決定を取り消しました。

1．「固定残業代」の判断枠組み

ここでの論点は、Ｋの残業代に関するルールと運用が有効だったのか、という点です。

単純化すると、もしこれが有効であれば、①残業代等がカバーされ、その分の支払義務が発生せず、②さらに、基本給相当部分もＫの定めたとおりとなります。これを基礎に計算される残業代等が想定以上に大きく膨らみませんから、労災の金額も正しくなり、Ｘの請求が否定されるはずです。

しかし、裁判所は、固定残業代に関する近時の裁判所の判断枠組みに従って、Ｋのルールが有効ではない、と判断しました。すなわち、❶固定残業代として支払われる部分は、労基法の定める残業代等の計算方法に必ずしも従う必要がなく、それを上回っていればよいこと、❷有効であるためには、残業代部分が何時間の残業に相当するのかを判別できる「判別可能性」が必要であること、❸この判別可能性が認められるためには、残業の対価としての性格があること（「対価性」）、を踏襲しています。この点で、最近示された「熊本総合運輸事件」（最高裁第二小法廷令5.3.10判決労働判例 1284号５頁、本書194頁）と同様の判断枠組みが示されています。

この３つの要素からなる判断枠組みは、それ自体を見れば、訴訟上のルールとして定着してきたように思われます。

けれども、そこで検討されている内容を見た場合、もう少し議論が整理されるべき点があるように思われますが、その点を以下で検討しましょう。

２．就業規則の規定

この判断枠組みの下で、実際にどのように有効性を判断したのかを検討しましょう。

裁判所はまず、Ｋのルールの規定で用いられた表現・文言から、残業代等が、当該手当てによってカバーされていない、と認定しました。

これは、Ｋの就業規則のうちの以下の規定の解釈です。

第36条（割増手当の支払い）

　　前条までに定める割増手当については、原則として、（中略）運転職に対しては、職務時間外手当、運行時間外手当、特別手当として支給する。ただし、所定の計算方法によって算出された金額に満たない場合は、その差額を支給する。

ここで裁判所は、「『原則として』という留保が付されていることからすれば、これをもって運行時間外手当が、法定内時間外勤務、法定外時間外勤務、深夜勤務及び休日勤務に対する対価であると認めることはできない。」と判断しました。

しかし、このような解釈に一般的に合理性が認められるとは思われません。

というのも、「原則として」とは、ただし書きの示す例外ルールに対比されるべき原則ルールを示す言葉であり、当該手当てでカバーされない部分は追加して支払われる、という例外ルールに対比されるべき原則ルールですから、当該手当てでカバーされる部分は追加して支払われない、ということを示す言葉です。つまり、「原則として」という単語は、カバーする手当の種類に関わる単語ではなく、カバーする金額に関わる単語であり、カバーする手当の種類に関しては、裁判所の判断とは逆に、「法定内時間外勤務、法定外時間外勤務、深夜勤務及び休日勤務」という言葉によって明確に示されている、と評価するのが、この規定の構造に、文法的に合致するはずです。

実務的にも、固定残業代のルールを規定する際、カバーされない金額は追加で支払われることを明示すべきであるとされていますから、その旨をただし書きで示すために、この規定のように定める場合が多いでしょう。けれども、ここで、「原則」「ただし」という言葉を使って、原則ルールと例外ルールを定めると、その規程の本来の趣旨・意図に反して、ルール自体が無効と評価される危険があることを、この判決が示してしまいました。

今後、固定残業代のルールを規定にする場合、どのような表現にすべきか、非常に難しい問題が提起されたのですが、この事案に対する判断として見る限り、裁判所は、当該規定が残業代等をカバーしない、という解釈を示したことになります。

3．違法性の根拠

次に、この規定の有効性に関して裁判所は、a）基本給部分を実際の勤務時間（月平均所定労働時間）で割ると、一時間当たりの基本給が最低賃金を下回ること、b）当該手当部分を、a）×1.25で割ると、すなわち何時間分の残業をカバーしているのかを計算すると、131.38時間となり、過労死認定の参考基準となる月間100時間を超えること、c）Xの入社後、基本給部分と当該手当部分が修正された、すなわち基本給部分が14万1800円から5900円増額され、当該手当部分が14万9900円から5900円減額されたが、このことから当該手当部分に基本給に相当する部分が含まれると評価されること、を理由に、有効性を否定しました。

ここで、最低賃金を下回る点a）や、過剰労働につながりかねない点b）を見ると、ルール自体の内容の合理性が問題にされており、前記❷❸のいずれにも、直接は関係しないように思われます。

さらに、基本給部分と当該手当部分の割付方法に若干の修正のあったことc）が、なぜ「対価性」を否定する根拠になるのかについて、裁判所は、当該手当ての一部を基本給に振り替えること自体が、当該手当てに基本給に相当するものが含まれることを表している、したがって❸「対価性」がない、と評価しているようです。

けれども、当該手当部分に基本給に相当するものが含まれていると評価する積極的な理由は何も示されていません。割付方法を変更し、当該手当部分の一部を基本給部分に移すことは、基本給に相当する部分が含まれている場合に容易にできるとしても、基本給に相当する部分が含まれていない場合には不可能である、というものでもないはずです。そもそも、❸「対価性」という概念は、いったい何を意味するのでしょうか。❶計算方法はどうでもよくて、金額が残業代等をカバーしていればよく、❷何時間の残業をカバーしているのか明らかであればよい、とされているのに、❸「対価性」が必要という場合、❸「対価性」とは一体何がそれ自体の内容として残されるのでしょうか。より具体的には、基本給部分と残業代等に相当する部分が混ざってはいけない、という場合、基本給部分と残業代等に相当する部分は、いったい何を意味するのか、その内容が説明すらされず、曖昧なまま議論されています。しかし、この概念が曖昧で、何を目的にしているのか、意味や趣旨がはっきりしない状況では、❸「対価性」がない、と言ったところで、何も説明していないことと同じです。この❸「対価性」という言葉だけが根拠であるのに、その言葉の意味や理由が何も説明されていないからです。

結局、a）とb）が、K（≒Y）の主張を否定する大きな根拠であり、労働法に違反する事態を招きかねない、という点が、Kのルールを無効とする実質的な根拠と言えるでしょう。

4．実務上のポイント

理論的に見ると、この判決は、❸「対価性」という基準が、固定残業代のルールの有効性の判断基準として適切なのかどうか、という問題を提起しているように思われます。

さらに、改めて前記2.の議論をふり返ると、b）のところで、当該手当が残業時間の何時間分にあたるかを検討しているように、当該手当に残業代等が含まれることを前提に検討していますし、そもそも、「原則として」という言葉の無理な解釈を前提に、当該規定が残業代等を含まない、という解釈をひねり出しているのに、a）～c）の議論にこの解釈は何も影響していません。

前記2.の議論は、そもそも必要のない議論だったのではないか、とも思われるのです。

さて、このような理論的な問題の他に、実務的な観点からも指摘すべきポイントがあります。

それは、仮に❸「対価性」という基準が今後も通用するとしても、本事案のa）b）は、「不当性」とも言うべき内容であり、基本給と残業代等が混在しているかどうか、という問題とは明らかに異質な内容です。さらに、この❸「対価性」自体が、❷「判別可能性」と明らかに異なる内容です。基本給と残業代等が混在しているかどうか、という手当の内容や趣旨を掘り下げていくにつれ、手当の金額や時間が判別しにくくなっていくからです。

そうすると、❶〜❸の問題は、以下のように整理すべきではないかと思われます。

すなわち、残業代の計算方法は、労基法の計算方法と異なっていても構わないが、以下の条件を満たさなければならない。

i）その金額が、労基法で計算される金額を上回らなければならない（❶は、そのまま維持）。

ii）判別可能でなければならない（❷は、その意味を広げすぎず、本来の意味のまま維持）。

iii）対価性がなければならない（❸は、❷の一部ではなく、独立した条件と位置付けて、維持）。

iv）不当性があってはならない（❸から独立させて、明確にする）。

このように整理すると、本事案は、固定残業代のルールが有効となるためには、iv）「不当性」があってはならない、という判断を示した例として位置付けることができるでしょう（ちなみに、上記で引用した「熊本総合運輸事件」も、本事案と同じように「不当性」に関する裁判例である、と評価できますが、ここではその指摘にとどめます)。

動画で確認！

セルトリオン・ヘルスケア・ジャパン事件

東京高裁令4.11.16判決（労働判例1288号81頁）

この事案は、医薬品会社Ｙで、いわゆるMR（医療情報担当者）と言われる営業業務を担当していた従業員Ｘが、みなし労働時間制を口実に給与（残業代など）が一部不払であると主張し、未払分の支払いなどを求めた事案です。

１審は、みなし労働時間の適用を認め、Ｘの請求をすべて否定しました。２審は、みなし労働時間の適用を一部否定しましたが、結果的に１審を維持しました（Ｘの請求を否定しました）。

1．「労働時間を算定し難い」

ここでは、労基法38条の２の１項の「労働時間を算定し難い」が最大の論点となりました。すなわち、MRの業務の特性でもあるようですが、Ｘは、自分自身の判断で訪問先を決定・交渉し、訪問先に直行・直帰しており、Ｙのオフィスに立ち寄ることもほとんど無いようでした。

他方、Ｙは労務管理のシステムを導入し、スマホやパソコンによって自動的に、あるいは簡単な操作によって、業務の開始時間と終了時間や、位置情報をＹが把握できるようになりました。

けれども１審は、システム導入後も、「労働時間を算定し難い」として、みなし労働時間の適用を認めました。

すなわち、Ｘにスケジュールについて大幅な裁量が与えられていることのほか、例えば簡単な日報や位置情報が共有されても、勤務状況を具体的に把握できなかったこと（残業承認を判断する十分な情報ではなかった、という趣旨のようです)、等を理由に、「労働時間を算定し難い」と認定しました。明確に根拠として指摘していませんが、Xが位置情報システムを切ったまま、出退勤の手続を行っていた事実も指摘されています。

他方2審は、システム導入後は、「労働時間を算定し難い」に該当しないとして、みなし労働時間の適用を否定しました。

すなわち、上司として詳細な業務内容を報告させたり、日報などの様式を変更して報告事項を詳細にしたり、貸与スマホなどを操作して情報を入手したりして、業務内容を把握することが「可能」である、等という点を強調し、「労働時間を算定し難い」に該当しない、と認定しました。

1審と2審を比較すると、1審は、現実的に時間管理されていたかどうか、を問題にしているのに対し、2審は、時間管理可能性があるか、を問題にしています。

2. 実務上のポイント

結果的には、2審もXの請求を否定しています（残業していた証拠がない）が、事業場外のみなし労働時間制度の適用を一部否定した点は、実務上重要です。

すなわち、「労働時間を算定し難い」という用語だけを見れば、単に「できるかどうか」という可能性の話ではなく、それが「難しいかどうか」という現実的な程度や蓋然性まで要求されているように読めます。その意味で、2審の判断は、この用語を（会社にとって）厳しく解釈しているようにも思われます。

けれども、会社には従業員の労働時間を把握する義務があり（安衛法66条の8の3）、（労働時間を把握しようと思えば把握できた）会社がその義務を履行していないのに、「労働時間を算定し難い」という主張を認めることも、難しいでしょう。

このように、1審と2審、いずれも理由がありますので、今後、事業場外みなし労働時間制度のルールがどのように定まっていくのか、注目されるポイントでしょう。

さらに、最近の社会的な状況も考える必要があります。

すなわち、コロナ禍で在宅勤務が増加し、オフィスの外で働く場面が急激に増加しました。それに伴い、（Yも導入したように）オフィスの外にいる従業員の勤務状況を把握できるようなシステムも高度化し、浸透してきました。

もし仮に、2審の判決が、従業員の勤務状況を把握できる可能性さえあればそれで「労働時間を算定し難い」場合に該当しない、という趣旨なのであれば、今後、みなし労働時間制度を導入できる場面は、かなり大幅に狭まることになりかねません。

どのような事情によって判断されるのか、ぜひ、判決を直接読んで、確認してください。

動画で確認！

名古屋自動車学校（再雇用）事件

●――――――最高裁第一小法廷令5.7.20判決（労働判例1292号５頁）

この事案は、定年後再雇用された従業員Ｘら２名が、その処遇が低く、正社員との不合理な差別であるとして、会社Ｙに対し同一の処遇や損害賠償を求めた事案で、１審２審はその一部を認めました。特に基本給と賞与に関し、１審２審は、60％を下回る範囲を違法とした点が注目されます。

これに対して最高裁は、基本給と賞与に関して、違法とした判断を破棄して２審に差戻し、審理し直すことを命じました。

１．旧労契法20条

（期間の定めがあることによる不合理な労働条件の禁止）

第二十条　有期労働契約を締結している労働者の労働契約の内容である労働条件が、期間の定めがあることにより同一の使用者と期間の定めのない労働契約を締結している労働者の労働契約の内容である労働条件と相違する場合においては、当該労働条件の相違は、労働者の①業務の内容及び当該業務に伴う責任の程度（以下この条において「職務の内容」という。）、②当該職務の内容及び配置の変更の範囲③その他の事情を考慮して、不合理と認められるものであってはならない。

一般に、①「労働者の業務の内容及び当該業務に伴う責任の程度」のことを、「職務の内容」と略称し、②「当該業務の内容及び配置の変更の範囲」のことを、「変更の範囲」と略称し、これに③「その他の事情」を合わせた全体のことを、④「職務の内容等」と略称します（④＝①＋②＋③）。

2．１審２審の判断構造

１審２審は、①と②が同じであり、③だけで合理性を判断するところ、合理性を認める事情が足りない、という判断をしているようです。すなわち、定年後再雇用された従業員も、定年前の正社員も、①同じ仕事をし、②配置転換の可能性なども同じ（両方とも、配置転換が予定されていない）であり、他方、③高年齢雇用継続給付金と老齢厚生年金が受給可能であるとしても、賃金センサス上の平均賃金を下回るような金額は、生活保障の観点から低すぎる、という趣旨の判断が示されています。

①と②が同じ場合のルールは、実は、旧労契法20条廃止に伴って新設されたパート法の８条・９条のうちの９条に規定されたルールと同様であり、旧労契法20条と同じ構造の同８条（上記のように①～③を比較する構造）よりも、合理性の判断が厳しくなります。すなわち、同８条では「不合理と認められる相違を設けてはならない」と規定されているのに対し、同９条では「差別的取り扱いをしてはならない」と規定されているのです。

このことから、１審２審は同９条の適用について明言していないものの、これを意識して判断したようにも見えるのです。

3．最高裁の判断内容

これに対して最高裁判決は、①～③の違いを重視していません。

その代わりに重視しているのは、基本給や賞与の性質・（支給する）目的と、労使交渉の（結論だけでなく）具体的な経緯です。

すなわち、特に基本給について詳しく説明していますが、❶勤続年数に応じて額が定められる勤続給、❷職務の内容に応じて額が定められる職務給、❸（役付手当等と同様の）功績給、❹職務遂行能力に応じて額が定められる職能給、の性格を有する可能性がある、と指摘し、これらの性質が確定しないと目的も確定しないし、定年後再雇用の場合には、正社員の場合と、これらの性質や目的が異なる、と判断しました。そのうえで、1審2審は❶しか考慮していない、とその問題点を指摘しました。

さらに、労使交渉の具体的な経緯も考慮することを、明示しています。

けれども、❶だけでなく、❶～❹の要素も考慮して検討する場合、具体的にどのような方法で検討されるのかは明らかでありません。

例えば①②を、1審2審は同じ、と評価していますが、❶～❹の要素を考慮することで、職務の内容（①）や変更の範囲（②）が異なっている、というように判断構造自体が変わってくるのでしょうか。もしそうであれば、パート法に置き換えると、9条ではなく8条と同様に判断されることになるでしょう。

あるいは、①②が同じで③だけの問題、という判断構造は変わらないが、合理的かどうか、という評価の際に❶～❹の要素が考慮され、合理性が認められやすくなる、ということでしょうか。もしそうであれば、パート法に置き換えると、9条と同様の構造の下で判断されることになるでしょう。

4．実務上のポイント

特に賞与・退職金に関し、「大阪医科薬科大学（旧大阪医科大学）事件」（最高裁第三小法廷令2.10.13判決労働判例 1229号77頁、読本2021年版40頁）と、「メトロコマース事件」（最高裁第三小法廷令2.10.13判決労働判例 1229号90頁、読本2021年版47頁）は、賞与制度・退職金制度を詳細に分析し、「正職員としての職務を遂行し得る人材の確保やその定着を図るなどの目的から、正職員に対して賞与を支給することとした」制度である、と評価しました。正社員の確保・定着目的を認定したのです。

そのうえで、①～③が同一かどうかについても、それぞれ詳細に検討して、いずれも同一ではない、としたうえで、最終的に合理性も認めました。

本判決は、大阪医科薬科大学事件やメトロコマース事件に言及していませんが、これらの判決が示したような方法で判断することを期待しているように思われます。もしそうであれば、基本給や賞与に関し、定年退職前の正社員と、定年退職後の再雇用の従業員について、制度設計上Ｙが考慮した事情を、より広く考慮することになるでしょうから、合理性が認められる可能性が高くなるように思われます。

基本給や賞与は、他の手当と異なり、会社の人事政策がより直接的に反映される制度であり、人事制度のフレームとなる部分ですから、より慎重に合理性を検証する必要があります。本判決は、大阪医科薬科大学事件やメトロコマース事件と平仄を揃え、かつ、合理性をより慎重に検証する方向を示すものと思われますので、これによって、議論が整理され、判断の方向性が明確になっていくことが期待されます。

動画で確認！

社会福祉法人恩賜財団済生会事件

山口地裁令5.5.24判決（労働判例1293号５頁）

この事案は、病院Ｙが、パート法改正による同一労働同一賃金のルール明確化に対応し、合理的でない諸手当や給与体系を見直したところ、手取額が減少した従業員Ｘら９名が、ルール変更を無効と主張して争った事案です。裁判所は、ルール変更を有効とし、Ｘらの請求を全て棄却しました。

１．論点の設定

ここでまず注目されるのが、有効性を判断するための論点の設定です。

すなわち、就業規則の変更の有効性に関する労契法10条の検討に先立ち、「専ら人件費削減を目的とする」かどうか、が論点として設定され、検討されています。

この「専ら人件費削減を目的とする」ことがなぜ論点として独立して検討されたのか、というと、これが認められれば、これだけでルール変更が無効となる（可能性がある）趣旨の判断が示されているからです。

たしかにＹは、一度立てた変更プランを、人件費が大きくなりすぎるという理由で再検討した経緯があり、人件費に制約がありました。

しかし国家公務員でも廃止された手当を廃止したり、古い家族観を前提とした手当（家庭のある男性にだけ支給される手当など）を廃止したりしつつ、他方、若手従業員のサポートを厚くするなど、諸手当や給与体系を改善する目的であった、と認定されました。

実際に違法と判断されなかったうえに、他の裁判所でも同様の判断がされる保証もないので、「専ら人件費削減を目的とする」＝無効、という図式が一般的なルールになるとは限りませんが、少なくとも制度改定の目的が重要な要素となることは間違いないでしょう。しかも、その目的は単なる建前ではなく、実際にそれが具体化されているかどうかが重要です（次の論点で極めて詳細に検討されています）。

同一労働同一賃金のルールに合わせて改定する場合、それがただの口実であると言われないように、制度の合理性を慎重に検討する必要があります。

２．労契法10条

２つ目の論点が労契法10条です。

労契法10条は、判断枠組みが条文に明記されており、就業規則が周知されていることに加え、「労働者の受ける不利益の程度」「労働条件の変更の必要性」「変更後の就業規則の内容の相当性」「労働組合等との交渉の状況」「その他」を判断枠組みとして、合理性を判断します。この裁判例も、この判断枠組みに従って事実・証拠を整理しています。

ここで特に注目されるのが、例えば「労働者の受ける不利益の程度」「変更後の就業規則の内容の相当性」に関し、廃止されたり追加されたりする手当の実際の金額や、人数、等が具体的な数字によって検証されている点です。ルール変更の影響は、観念的なものだけでは足りず、財務的・統計的な手法で具体的に検証されているのです。

また、改正目的との関連性・合理性の検証も、古い制度のどこに問題があるのか、新しい制度がどのように目的に合致するのか、を具体的詳細に検証しています。例えば賃貸住宅の住宅手当の変更については、金額が減るグループ、増えるグループ、支給されないグループごとに、その合理性（特に、減額される場合にはそれが許容される範囲かどうか）を検証しています。

特に最後の部分は、他のグループとの相対的な比較もされており、同一労働同一賃金のルールに配慮した検討がされています。

3．実務上のポイント

同一労働同一賃金のルールは、厚労省のホームページでも詳細な検証アイテムが紹介され、詳細になってきている一方、これに反するルールを違法とする厳しい内容の裁判例が数多く出されており、会社経営上も非常に重要な問題です。

本判決は、同一労働同一賃金に合致するかどうか、というパート法８条・９条の議論の他に、そのためのルール変更が適切だったかどうか、という労契法10条の論点を問題提起しています。

このように聞くと、チェックするポイントが倍になって大変、と思うかもしれません。

けれども、上記**1. 2.** に関し、実際に判決文を丁寧に読むと、同一労働同一賃金での判断、すなわち不平等が疑われる諸手当や制度に関し、個別に検討すること、その際、有期契約者と無期契約者の間に差を設ける目的と、実際の内容の合理性を検証すること、を、労契法10条の判断枠組みの中で実践していることがわかります。

すなわち、ルール変更の場合には変更前のルールと変更後のルールの比較、という視点が必要となる点が異なりますが、その点も含めて、個別の制度ごとにその目的と内容の合理性を、詳細に検討している点は同じです。

したがって、古い制度のどこが合理的でないのかをしっかりと説明できるように準備しておくことも必要ですが、新しい制度の合理性をしっかりと検討しておけば、両者に共通する重要なポイントを押さえることになります。

同一労働同一賃金の観点から、古い給与制度を改めることは、法的なリスクを減らすことにもなりますが、やり方を間違えると逆に法的リスクを高めてしまいます。本判決は、どのように法的リスクを減らすのか、同一労働同一賃金のルールに合致させる機会に給与制度を刷新する際にどのような配慮が必要なのか、を考えるきっかけになります。

動画で確認！

医療法人佐藤循環器科内科事件

松山地裁令4.11.2判決（労働判例1294号53頁）

この事案は、在職中に死亡した従業員Kの遺族Xが、使用者だった病院Yに対し、夏のボーナスの支給を求めた事案です。裁判所は、Xの請求を認めました。

1. 権利性

最初の問題は、ボーナスが権利として確定していたかどうかです。多くの裁判例で、ボーナスは会社がその金額を決定するものだから、決定するまでは権利と言えない、という趣旨の判断をしているからです。

けれども本判決は、権利として確定していたと評価しました。それは、長期欠勤していたなどの事情がない限り、月給の1.5か月分が常に支払われていたからです。

ボーナスの権利性が例外的に認められる場合について、参考になります。

さらに、一般的には権利性がないが、例外的に権利性が認められる場合として、昇給・昇格の請求権があります。一般に、昇給・昇格は人事考課などによって決まりますが、経営側の裁量の範囲が多く、何か条件が満たされれば自動的に昇給・昇格しません。したがって、一般的には昇給・昇格の請求権は権利性がないのですが、まれに、一定の条件が満たされれば自動的に昇給・昇格する場合もあり、そのような場合には権利性が肯定され得るのです。

2．在籍要件

けれども本事案では、もう一つ問題がありました。それは、多くの会社で導入されている、ボーナス支給のための在籍要件です。これは、所定の日に在籍している者に限ってボーナスが支払われる、というルールです。そして、Yにも在籍要件が導入されており、Kはこの所定の日よりも前に死亡したため、在籍要件が満たされない状態でした。したがって、ルールを機械的に適用すればXの請求は否定されるはずでした。

けれども本判決は、解釈によってXの請求を肯定しました。その理論構成を確認しましょう。

まず、在籍要件のルール自体は合理性があり、有効と評価しました。この点だけを見ると、Xの請求が否定されてしまいそうです。

けれども次に、病死の場合には退職時期を自分で選んだわけではない（所定の日を超えて生存することを選べるわけではない）こと、ボーナスの趣旨（給与の後払としての性格や功労報償としての性格）に照らすと、所定の日近くまで働いていたならば、ボーナスに対する期待が合理的なこと、を指摘し、公序良俗（民法90条）を根拠にボーナスの支払請求を認めました。

3．実務上のポイント

このように整理すると、上記1.2.いずれも、本来であれば認められないところを例外的に認めた結果、請求が認容されたことになります。

同様の判断が常になされるという保証はありませんが、裁判所が機械的な判断ばかりするわけではないことがわかる裁判例です。

動画で確認！

吉永自動車工業事件

大阪地裁令4.4.28判決（労働判例1285号93頁）

この事案は、日額6000円で勤務していた元従業員Ｘが、最低賃金を下回る給料しかもらっていなかったとして、会社Ｙに対し、差額の支払いを請求した事案です。裁判所は、Ｘの請求を概ね認めました。

1．実務上のポイント

実務上、最も重要なポイントは、最低賃金を下回る給与しか支払われていなければ、差額の支払いが命じられる、という点です。この点は、特に問題ではないでしょう。

けれども、この事案では、最低賃金を下回る部分の請求を、Ｘが事前に放棄していたかどうか、という点も問題になりました。

すなわち、ＸはＹに対し、本事案に先立ち、解雇予告手当の支払いを求める訴訟を提起しており、そこでＹとの間で、Ｙによる解決金の支払いと、Ｘによるその他の請求の放棄（技術的に厳密に言えば、債権債務の不存在の確認）等を内容とする和解が成立していました。この請求放棄の合意によって、本事案で議論されている最低賃金との差額分の請求も放棄された、というのが、Ｙの主張です。

けれども裁判所は、この主張を否定しました。

それは、①自由な意思による放棄が必要だが、②この和解の際、最低賃金との差額の問題を意識していなかったのだから、自由な意思がない、したがって請求は放棄されていない、というのが、その趣旨です（より正確な言い回しは、判決で確認してください）。

最近の裁判例では、「自由な意思」という言葉がよく使われます。取引行為のように、例えばハンコが押してあればそれで合意が推定される、という形式面を重視して判断するものではなく、実際に契約内容（特にその中でも自分にとって不利な内容）を十分理解し、納得していたかどうか、という実質面を重視するものですが、この「自由な意思」が、どのような場合に要求されるのか、その範囲は明確になっていません。

その中で、本事案でも「自由な意思」が必要とされたのですが、本事案で「自由な意思」が必要とされること自体は、（最近の裁判例の傾向を前提とする限り）特に異論がないでしょう。というのも、最低賃金法は強行法であり、本人の意思がどうであれ、適用されるべきルールであり、本人が必要ないと認めていたとしても、強行的に、最低賃金が保障されるべきなのですから、Xの立場から見た場合、例え法律によって最低賃金が確保されるとされていても、それを放棄する場合には、かなり高度なレベルでの合意が求められるからです。もし、簡単に放棄を認めれば、簡単な書類にハンコだけ押させて、最低賃金との差額の放棄ができてしまい、そうすると、強行法の意味が無くなってしまうのです。

本事案で問題になったのは、訴訟上の和解であり、裁判所も関与した、法的にも効力の強い合意（例えば、和解調書には強制執行する権限が与えられています）なのですが、それでも、「自由な意思」が必ず認められるわけではない、という点が、実務上のもう一つのポイントでしょう。

動画で確認！

エヌアイケイほか事件

●――――――――――――――――大阪高裁令5.1.19判決（労働判例1289号10頁）

この事案は、銀行口座が差し押さえられるなどのトラブルによって、別法人Ｙ２に経営を移した会社Ｙ１やその経営者ら（Ｙ３～Ｙ５）に対して、従業員Ｘが給与等が未払になっているとして、その支払いを求めた事案です。１審は、会社に対する請求は一部認容しましたが、Ｙらに対する請求は否定しました。Ｘだけが控訴したため、２審では、Ｙ３～５に対する請求だけが問題とされましたが、２審は、Ｙらに対する請求も一部認容しました。

1．論点の概要

Ｙ１に対する請求が基礎となり、その責任負担者をＹ２、Ｙ３～５に拡張している、という構造になっています。

すなわち、まずＹ１に対する請求に対するＹらの反論ですが、これは、❶減給にＸが合意していた、❷実際に働いていた日数が少なかった、❸固定残業代として技術手当が支払われていた、❹技術手当の支払いは160時間／１か月を超えた場合にだけ支払う約束だった（しかし、超えていない）、❺Ｘは指示に違反して働いた、❻Ｘが立て替えた費用は仕事に関係がなかった（だから、補償する必要がない）、というものです。

これに対して１審（２審は１審の判断がそのまま維持されている）は、いずれも比較的簡単に会社やＹらの反論を否定し、Ｘの請求を肯定しています。証拠も根拠も薄く、軽くあしらっているような印象です。

すなわち、❶証拠がない、Ｙら自身が減給した認識がないと証言している等、❷日割で計算する契約となっていない、仕事が減ったのがＸのせいだという証拠もない等、❸固定残業代とする明確な規定がない等、❹証拠がない、160時間未満でも支払われた実績がある等、❺休憩をとるような指示はされていない、基本給の対象となる労働時間を減らせば既に発生した残業代を払わなくて良いという解釈は認められない等、❻業務に関する費用である等、の理由で、会社やＹらの反論を否定しました。

次に、ここで認められたＸの責任を、会社だけでなくＹ２が負うかどうか、が問題となりました。

すなわち、❼前の会社と後の会社は実質的に同一で、法人格否認の法理が適用される、❽後の会社が前の会社の責任を併存的に引き受けている、という点です。

これに対して１審（２審ではＹ２が当事者から外れているので、問題になっていない）は、❼法人格否認の法理の適用を認めています。会社法に関する論点であり、非常に興味のある点ですが、労働法の議論から外れるので、ここでは検討を省略します。実務上は、複数の会社に跨る労働問題が生じると、法人格否認の法理の問題も議論の対象となり、その適用が肯定される場合があるのだ、ということが参考になります。

他方❽は、証拠がない、という理由だけで簡単にＸの請求を否定しました。

しかし❽が否定されても、❼が肯定されたので、Ｙ２の責任が肯定されたのです。

最後に、Ｙ３～５に対する請求では、❾会社法429条による役員の個人責任が問題になりました。この点は、１審と２審で判断が分かれたところですので、章を分けて検討しましょう。

2. 会社法429条

❾も会社法の問題ですが、役員の個人責任が追及されることが最近の労働判例で多く見かけるようになってきており、労働法上の論点といえる状況ですので、合わせて検討します。

本来、会社と役員は、法律上「別人格」ですので、会社の責任を役員も負うことは、原則としてありません。役員が個人責任を負うのは、例外的な場合に限られます。もし役員個人が常に責任を負うことになれば、役員のなり手がなくなってしまうでしょうし、経営者が思い切った経営判断をすることを躊躇ってしまって、会社が事業機会を逃してしまい、事業が縮小していってしまうでしょう。

けれども、例外的に役員も個人責任を負う場合があり、その一つとして会社法429条があります。

この点、1審は、①Xは❶〜❻によって請求が認められているから損害がない、②Y3〜5には、Xを害する意図でY2に業務移管したのではない（Xの債権行使を妨害する意図がない≒故意・重過失がない？）、という理由で、会社法429条の適用を否定しました。

これに対して2審は、①'実際に支払われていないから損害がある、②'Y1在籍中については、小さな会社（従業員10人弱）であるなど、給与等の未払いを知っていた、あるいは容易に知り得た（≒故意・重過失がある？）が、Y2在籍中については、減額した状況を継続しただけであって、Y3〜Y5に悪意・重過失による任務懈怠はない、と判断し、Xの請求のうち、XがY1に在籍していた時期の分についてだけ、認容しました。

法人格否認の法理が認められているのに、Ｙ１在籍時の責任とＹ２在籍時の責任で判断が異なる理由は、あまりスッキリと納得できないのですが、経営者の責任を個別具体的に検討していく、という基本姿勢は合理的であり、今後の参考になります。

３．実務上のポイント

なお、ＸがＹ２に在籍していた分の責任について、Ｘは２審で主張を追加していますが、２審は主張の追加を否定しました（時期に遅れた攻撃防御方法だから）。１審の法律構成と異なる（したがって、改めて審理しなければならず、遅延する）というのが主な理由です。

全体について経営の観点から見た場合、給与等に関し、よほど切羽詰まっていたのか、かなり強引に減額や支払拒否を行っている様子が浮かんできますが、従業員への給与の支払いなどは、労働法が様々なルールを設けて確保し、強制しようとするほど重要なものであるだけでなく、経営の苦しい時に従業員のやる気を削ぐことは、人員の減少やモチベーション・生産性の低下など、結局会社自身の首を絞めることでもあります。

そして、新しい会社を作っても、従業員に対する責任を全て免れることはできず、経営者個人の責任まで認められかねない、という厳しい判断が示されました。

特に、経営状況が厳しい時に会社が従業員をどのように処遇すべきなのか、非常に参考になる事案です。

動画で確認！

そらふね元代表取締役事件

名古屋高裁金沢支部令5.2.22判決（労働判例1294号39頁）

この事案は、介護事業を営んでいた会社の元従業員Ｘが、当該事業の廃止に伴って退職した後、未払の残業代等の支払いを、元代表取締役Ｙに対して求めた事案です。

裁判所は、１審２審いずれも、Ｘの請求の多くを認めました。

1．管理監督者性

最初に議論されている問題は、Ｘが管理監督者に該当するかどうか、という点です。

ここで裁判所は、①経営者との一体性、②労働時間の裁量、③賃金等の待遇、という一般的に管理監督者性を判断する際の判断枠組みを採用して事実を整理し、検討しました。近時の裁判例では、多くの裁判例が①経営者との一体性を重視しており、本判決も比較的高いハードルを設定しているようです。すなわち、ケアマネージャーの管理をしたり、再建のためのケアマネージャー採用の提案をしたりしていても、具体的な業務を指示していたわけではなく、実際にケアマネージャーの採用に関与していたわけでもないことも指摘されており、Ｘが経営者と一体であるのか、決して積極的ではありません。①〜③の総合判断ですので、①単体で結論を出していませんが、少なくとも経営者との一体性があるとは判断していないのです。

②③については、より積極的に非該当であることを判断しています。

すなわち、②については勤務時間が徐々に増加していたこと、③についてはマネージャー就任後も手取額に大差がないこと、が主な理由となっています。

管理監督者性の認定は、特に①が厳しくなっている傾向がありますが、本判決もこの傾向から外れるものではないようです。

2．Yの責任

Yの責任は、会社法429条に基づく責任です。近時、会社から十分賠償されない事案で、経営者や役員に対して責任追及する場面が増えており、会社法429条は労働法である、と位置付ける意見もあります。

ここで特に注目されるのは、Yの責任を認めた部分と否定した部分がある点です。

すなわち、社労士から管理監督者には残業代を支払わなくて良いと言われて、ろくにその内容を確認せずにXを管理監督者とした点は、責任があるとしつつ、Xの日頃の残業時間を把握していなかった点は、労務管理までY自身が関与していなかったとして責任を否定しました。

経営者や役員が全ての業務について責任を負うわけではないことがわかりますが、それは、会社の規模や組織構造によるものであり、どのような組織構造や役割分担がされていれば、どのような場合に責任を負うのか、を考える一つの参考になります。

3．実務上のポイント

給与や残業代の未払いについて、会社の責任を追及する場合には、労働契約や労働基準法などによって当然に発生するものですから、任務懈怠や故意・重過失は問題になりません。

しかし、経営者や役員の責任の場合には、任務懈怠や故意・重過失が必要となります。

けれども、人事は経営の重要な要素ですから、本判決で労働時間の管理に関する責任が否定されているのはむしろ例外的と言えるかもしれません。

個人にも責任が拡張されていますが、その範囲は会社の責任と必ずしも同一ではないので、注意が必要です。

動画で確認！

第8章

管理監督者

管理監督者　2023年の特徴

管理監督者について、２件裁判例がありました。このうち、「三井住友トラスト・アセットマネジメント事件」では、部下がいない管理職者も同様の判断枠組みが適用されるのかどうか、判断枠組みの具体的な内容、について議論されており、注目されます。

・三井住友トラスト・アセットマネジメント事件(部下のいない管理職)／233頁
・国・広島中央労基署長（アイグランホールディングス）事件（判断枠組み）／236頁

なお、「三井住友トラスト・アセットマネジメント事件」では、労働時間も議論されています。
また、「そらふね元代表取締役事件」は賃金に分類しましたが、管理監督者も議論されています。

三井住友トラスト・アセットマネジメント事件

東京高裁令4.3.2判決（労働判例1294号61頁）

この事案は、一度雇止めされたが、訴訟によって雇止めを無効とされて復職し、その後も専門職として勤務してきた従業員Xが、未払残業代の支払いを会社Yに対して請求した事案です。

1審は、請求の一部を認めました。2審は、1審よりもさらに広く、請求の一部を認めました。

1．管理監督者性

1審で、Xの管理監督者性が否定されたため、2審で、Yは、部下のいないスタッフ管理職者について、経営との一体性を問題にすべきではない、という趣旨の主張をしました。部下がいないのだから、経営と一体になって経営に関わることを、管理監督者の判断枠組みとすべきではない、ということのようです。

けれども2審は、1審と同様、経営との一体性も判断枠組みになると判断しました。そのうえで、1審と同様にXの管理監督者性を認めました。

近時、判断枠組みは事案に応じて柔軟に設定される傾向があり、その観点から見れば、部下のいないスタッフ管理職の場合には、それに適した判断枠組みを柔軟に設定しても良さそうに思われますが、2審はそのような判断をしませんでした。スタッフ管理職の場合に管理監督者と認められる場面が極めて限定的になってしまうようにも思われますが、今後、どのような判断枠組みでどのように判断されていくのか、注目されるポイントです。

2．早出残業

労働時間性に関し、1審は、居残残業については労働時間と判断しつつ、早出残業については労働時間ではないと判断しました。

けれども2審は、早出残業についても、労働時間と判断しました。ここでは、マーケット情報の収集や、所定の事前チェック業務について、業務に関係するうえに、早朝の出社を咎めることもなかった点などを主な根拠に、指揮命令下にあり、労働時間である、と認定しました。

実際にXが担っていた業務の負荷や業務密度は、非常に低かったようですが、その点はあまり重視されずに労働時間性が認定されています。何か仕事に関わる口実があれば労働時間と認定されてしまう懸念があり、実際には逆に、早出残業の労働時間性を否定する裁判例が多く認められるなか、今後、この2審判決のように労働時間の認定を広く認めることになっていくのか、注目されます。

3．実務上のポイント

Yとしては、一度雇止めしたXが、高い給与を得ながら、情報収集や情報提供などのかなり負荷の小さい、しかも収益に直接貢献しない業務を担当しており、さらに残業代の支払いまで求めてきたのですから、かなり不満を抱いたように思われます（だからこそ、1審の判断に対して控訴したのでしょう）。

Xの入社が8月（年度途中）であり、年俸が約1200万円と高額であり、更新拒絶が問題となる有期契約であったことから、何か専門性が期待されて中途採用された者であるように思われますが、Yの業務が合わなかったのか、収益に直接貢献しない業務が与えられていました。

　中途採用者に関するトラブルは、労働判例の中にも比較的多く見かけますが、その対応として参考になる事案です。

動画で確認！

国・広島中央労基署長（アイグランホールディングス）事件

東京地裁令4.4.13判決（労働判例1289号52頁）

　この事案は、会社Ｋでの経理部長Ｘが仕事を原因に精神障害を発病した（この点は特に争いがない）ものの、労災給付金について、労基署Ｙが、Ｘを管理監督者と評価し、残業時間に相当する分の時間を考慮せずに給付基礎日額を決定したため、給付金を少なく支給したとして、労災の支給決定の取消（≒再計算）を求めた事案です。

　裁判所は、Ｘの請求を認めました。

1．判断枠組み

　管理監督者（労基法41条２号）の判断枠組みについて、裁判所は、ここでの管理監督者は「経営者と一体的な立場」にある従業員である、と解釈したうえで、①「職務内容、責任及び権限」、②「労働時間や出退勤の裁量」、③「賃金等の待遇」の３つの判断枠組みで判断するとしました。

　さらに、そもそもの「経営者と一体的な立場」については、❷「労務管理」に関するもので、❶「経営方針や経営上の決定」への関与は必須でない、との判断を示しました。

　従前、裁判所が「経営者と一体的な立場」を重視する場合は、管理監督者の認定される場合が非常に狭くなる（ハードルが上がる）傾向がありました。すなわち、①～③がそれなりに認められる（例えば、担当する部下の数が多いとか、店舗を一つ任されているとか）だけでは足りず、会社経営のかじ取りに関わっていることまで必要、と言うことが多かったからです。明確に議論されてきたものではありませんが、裁判所が「経営者と一体的な立場」を重視する場合には、あたかも経営の一陣として会社経営に深く関与していなければ、管理監督者に該当しない、という傾向がみられるように思われます（例えば、「コナミスポーツクラブ事件」東京高裁平30.11.22判決労働判例1202号70頁、労働判例読本317頁）。

けれども、本事案の裁判所は、❶会社経営のかじ取りまで必須ではない、とし、❷「労務管理」に関するものだけで足りる、という趣旨の判断を示しました。

すなわち、❶これまでの厳しい判断の傾向を明確に否定して、経営の一陣として会社経営に深く関与していることまでは必要ない、としました。これまでの傾向に対しては、経営に関する権限と責任を負う取締役などの役員が、文字通りその権限と責任を果たしていれば、もはや従業員の立場にありながら管理監督者と認定されることなど、あり得ないのではないか、とすら言う人もいました。

しかし、労基法41条２号が管理監督者の存在を制度として認めているのですから、その適用可能性が否定されてしまうような解釈や運用は認められるべきではありません。このように、管理監督者の制度の存在意義を改めて確認する意味で、この判決は合理的でしょう。今後は、❶で示された方向性が、実際の判断枠組みやその運用・評価の中で、どのように具体化していくのか、が注目されます。

この観点から見ると、❷で、❶の方向性を具体化する１つの考え方が示された、と評価できます。

すなわち、❷「労務管理」に関して、「経営者と一体的な立場」

に該当すれば、管理監督者に該当する、という考え方です。典型的には、人事を所管する部門の部門長（人事部長など）であり、しかもそれが経営にも関わる案件を日常的に担うような場合でしょう。

本事案に話を戻すと、経理部長であるＸは、このような典型的な場合に該当しないため、詳細な検討と評価が必要となります。裁判所は、Ｘが役員会に出席していないだけでなく、その下位組織である経営会議にも２回程参加したにすぎないこと、部員の業務配分などは部下があれば発生する業務にすぎず、他方、Ｘには労務管理や人事考課の権限すらなく、「経営者に代わって労務管理の権限を分掌」していないこと、業務上の権限として与えられた権限も、仕分け業務だけであること、等を主な根拠として、「経営者と一体となって労働時間規制の枠を超えて活動することが要請」されていない、したがって管理監督者に該当しない、と結論付けました。

２．実務上のポイント

仮定の話ですが、ここでＸが管理監督者に該当するためには、さらに何が必要でしょうか。２つ、考え方があるように思われます。

１つ目は、経理部長として、業務を配分するだけでなく、部員の労務管理や人事考課を行う権限と責任を与えることです。経理部の運営全般について、経営陣から任された、という形になるからです。実際、裁判所の示した、「労務管理」に関して「経営者と一体的な立場」にある、という基準に合致するように見えます。

けれども、最近の「経営者と一体的な立場」を重視する裁判例の中には、労務管理や人事考課を行う権限がある場合ですら管理監督者ではない、と判断したものがあります。例えば、前記コナミ事件では、支店の経営を任されている支店長であっても、管理監督者ではない、と判断しました。

この観点から翻って本判決の意味を考えた場合、名目上部長であるだけでなく、実際に労務管理や人事考課の権限まで与えられていれば、管理監督者に該当する（したがって、コナミ事件のような狭い判断はしない）、という方向が示された、と評価することも可能でしょう。これまでの厳しい方向性が否定された、という評価です。

しかし、コナミ事件と同様に「経営者と一体的な立場」という実態を重視していることから、そこまで大きな方向転換がされたと評価することは、難しいようにも思われます。

２つ目は、部門の管理に納まらない業務の権限と責任を与えることです。

本事案では、Ｙの上場のために、内部統制上の弱点とされた財務の権限濫用可能性を減らすために、財務と経理を分離させ、経理の独立性を確立させるために、経理の専門家であるＸをヘッドハントしたのですが、Ｙ内部で、実際には経理部がそこまで独立性を確保していませんでした。例えばＸは、財務などを幅広く所管する管理本部長の部下、と位置付けられており、財務と経理が対等な関係にあるとは言いにくい状況でした。裁判所も、わざわざこのような経緯や状況を認定しているのですから、逆に言うと、この点が改善されていれば、Ｘも管理監督者と評価された可能性がある、と言えそうです。実際、財務部を牽制するような機能は、経営が果たすべき機能であり、もしＸが経理部長としてこのような権限と責任を負うことになれば、「経営者と一体的な立場」にあると評価することもできそうです。

けれども、経理部門の独立性や、経理部長による牽制機能を正式な職務と位置付けるような職務権限の明確化が図られるとしても、それは「労務管理」に関するものではありません。「労務管理」に関する「経営者と一体的な立場」、という表現と一致しないように思われるのです。

このように見ると、❷によって何かヒントが与えられたようにも見えますが、ここで示した２つの考え方いずれもしっくりとはまらないことから考えると、❷の内容は依然として漠然としていますから、より検討が必要です。

本判決の内容をもう一度整理しましょう。

「経営者と一体的な立場」という言葉が重視されるとしても、❶その判断は従前より緩やかになり得る、❷具体的には、「労務管理」という一部業務に関するものである、とは言うものの、❸具体的な程度や、❹具体的な権限・責任は、未だに明確ではなく、今後の動向が注目される点となります。

動画で確認！

第9章

労働時間

Labor case

Labor case

労働時間　2023年の特徴

特に、シフト作成のプロセスの中で、年休取得権が侵害されたかどうかが問題となった裁判例が2つあり（「JR東海（年休）事件」「JR東海（年休・大阪）事件」）、注目されます。

・JR西日本（岡山支社）事件（ノーワークノーペイ）／243頁
・国・天満労基署長（大広）事件（指揮命令）／246頁
・JR東海（年休）事件（年休取得権の侵害）／248頁
・JR東海（年休・大阪）事件（年休取得権の侵害）／252頁

なお、「国・天満労基署長（大広）事件」では、労災も議論されています。

また、「三井住友トラスト・アセットマネジメント事件」は管理監督者に分類しましたが、労働時間も議論されています。また、「医療法人社団誠馨会事件」は労災に分類しましたが、労働時間やハラスメントも議論されています。

JR西日本（岡山支社）事件

岡山地裁令4.4.19判決（労働判例1275号61頁）

この事案は、鉄道車両の運転手Xが、自分の担当する車両の入線するホームの番線を間違えたために、運転手交代のための引継業務開始が2分遅れた、という理由で2分に相当する給与が減額された（後に、1分相当分、支払われた）事案です。裁判所は、Xの請求（最終的には1分に相当する賃金）の支払いを認めました。

1. ノーワークノーペイ

会社Yの主張のコアとなる部分は、「ノーワークノーペイ」と言えるでしょう。引継の仕事を2分間しなかったのだから、「ノーワーク」だ、ということです。

けれども裁判所は、これも仕事だ、と評価しました。ある程度のミスなら当然想定されることだし、そのようなミスのリカバリーのための業務も当然想定されることだから、番線を間違えたと気づいて、正しい列車に乗るために急いで移動したり、引継業務で後れを取り戻したりしていた、このようなリカバリーも立派な業務である、というロジックに整理できるでしょう。

労働時間を、分単位で細切れに判断すること自体、容易でないうえに、Xがサボっていたわけではないので、Yの主張が認められることは、もともと難しいように思われます。ミスやリカバリーも仕事である、という評価は、全ての場合に通用するかどうかはともかく、少なくとも仕事として評価される可能性が現実的に存在することがこの裁判例で示されたことになります。今後の労務管理の際、注意すべきポイントです。

2．実務上のポイント

経営問題として見ると、この程度のミスで、しかも1分2分の単位で給与を減額する会社も、あまりないでしょう。計算や管理の手間で、かえってコスト高になるし、このような細かくて厳しい管理による従業員のモチベーションの低下も心配だからです。

それでも、JR 西日本がこのような細かくて厳しい管理をしてきた理由は何でしょうか。

それは、ダイヤに従って正確に列車を運行することが至上命題だから、と言えるでしょう。経営には、さまざまな経営課題があり、全ての経営課題に完璧に応えることはできませんから、優先順位を付けて対応していくことになりますが、ダイヤに基づく正確な列車運行の優先順位が非常に高く設定されていたのでしょう。

このような、業務品質に関する強いこだわりは、一面で日本製品やサービスの高さにつながり、特に、これは全国の鉄道について言えることですが、来日した外国人が日本の鉄道の正確性に非常にびっくりする、とよく報道されます。

けれども、過剰な業務品質が、製品やサービスを高価なものとしてしまい、逆に競争力を低下させたり、業務内容が高度化専門化してしまい、人材の流通を難しくしたり、従業員の処遇を良くすることができなかったり、という様々なマイナス面も指摘されています。

本事案も、会社が業務品質（ダイヤどおりの運行）に徹底的にこだわっている様子と、そのことによるデメリットが示されたもの、と評価できます。

経営上の教訓として見た場合、業務品質にこだわった施策を打つ場合には、そのマイナス面も考えるべきである、ということができるでしょう。

動画で確認！

国・天満労基署長（大広）事件

大阪地裁令4.6.15判決（労働判例1275号104頁）

この事案は、写真の専門家から、さらにマーケティングプランナーと業務の幅を広げてきたKが、自宅で自殺したため、遺族Xが労災申請したところ、労基署Yが非該当と判断したため、Yの判断を取消すよう訴訟を提起した事案です。裁判所は、Xの請求を否定しました。

1．労働時間

注目されるのは、労働時間の認定です。

Xは、仕事に関連する作業をしている時間は労働時間である、という趣旨の主張をしましたが、裁判所は、会社が仕事として指示したような、指揮命令下での作業しかこれに含まれない、というルールを明確に示しました。そのうえで、個人所有のパソコンでの業務や自宅での業務を禁じているのに、Kが個人所有のパソコンで仕事のメールのやり取りをしていたとしても、指揮命令下での作業とは言えないこと、多くの時間、個人のブログの更新などの作業をしていたこと、などから労働時間に該当しない、と判断しました。

一般に、Xの主張するように、仕事に関連する作業をしていれば、その時間は労働時間である、と考えている人が多くいるようですが、業務は会社の指示によって発生するのですから、労働時間かどうかを判断する際に、会社の指揮命令の有無を考慮することは当然のことです。もちろん、黙示の指揮命令もあり得ますから、業務指示が明確な指示の形でされるとは限りませんが、残業は時間外手当を多くもらうための従業員の権利である、かのような発想は間違いであることを確認してください。

2．実務上のポイント

労働時間以外の要素も、労災認定の条件である因果関係（業務起因性）を認定するうえで重要であり、従業員がストレスを感じたであろうエピソードごとに、そのストレスの有無や程度を、丁寧に検討しています。

本事案では、Kが担当していた取引先の業務に関し、そのキャラクターや舞台裏の様子を、個人のブログで無断で掲載し、取引先から削除を求められるなど、自らの「非違行為」によって引き起こしたストレスが多く見受けられ、裁判所はそれらのストレスを、業務上のストレスに該当しない、あるいはストレス強度が小さい、と認定しました。

この点も、仕事に関連するストレスの全てが業務上のストレスである、というわけではない、という評価が可能ですから、労働時間の認定と共通する面があるように思われます。

動画で確認！

JR 東海（年休）事件

東京地裁令5.3.27判決（労働判例1288号18頁）

この事案は、東海道新幹線の乗務員（運転手、車掌）達Ｘらが、年休を思い通りに取得できなかったことが違法であるとして、JR 東海Ｙを相手に争った事案で、裁判所は、Ｘらの請求の一部を認容し、Ｘらの個別事情に応じて３万円～20万円の損害賠償を命じました。

1．年休決定のプロセスと、担当者のミス

東海道新幹線は、臨時列車なども含め一日約300本～約430本運行され、意外と変動が大きく、早朝から深夜まで時間帯も広いことから、乗務員の勤務時間は１か月単位の変形労働時間制によって管理されていました。毎月のシフトを決める際に、年休も合わせて決めることとなっており、①前月10日までに、シフトの案が示され、②20日までに年休の希望を提出させ、③25日までに勤務表を確定させ、④実際の勤務日の５日前に具体的な業務内容（特に、予備担当者の業務内容など）を確定させる、というプロセスを踏んでいました。年休の希望に関し、例えば冠婚葬祭目的の場合を優先させるなどのルールに基づいて、割り当てを行い、Ｙなりに公平性を確保するための工夫がされていますが、それでも全ての乗務員が納得する運用はできなかったのです。

実際、Ｘらのうちの１名については、年休希望の届出の処理をしなかったというミスがあり、この点は違法であると評価されました。

けれども、このように乗務員全体について、シフト自体の決定

と年休の決定を一体として処理するプロセス自体については、様々なプロセス構造上・運用上の問題が議論されましたが、多くの部分で、一般的に合理性が認められました。

すなわち、Xらに対して、年休申込みを、個別ではなく「年休申込簿」に記載する方法で申請させる点や、Yが年休の決定を上記④のプロセスで示すことや、本来の休日の指定を優先させて、本来の休日となった日については年休指定がなかった、という扱いにすることや、上記プロセスを通してYによる時季変更権の行使が行われているという状況それ自体について、違法性はない、と裁判所は評価したのです。

2．制度設計上の問題

けれども、特に上記④のプロセスに関し、一律に勤務日5日前まで時季変更権行使の可能性が残されている点について、裁判所は違法である、と評価しました。

これは、「事業の正常な運営を妨げる場合」に限って時季変更権が行使できる、とする労基法39条5項但し書の規定と、これが具体的には、時季変更権の行使には「客観的・合理的な理由」があり、「社会通念上相当」で、「権利の濫用」にならないことが必要という解釈と、そのための判断枠組みとして示された「労働者の担当業務、能力、経験及び職位等並びに使用者の規模、業種、業態、代替要員の確保可能性、使用者における時季変更権行使の実情及びその要否」などの諸般の事情を「総合考慮」する、という規範に基づいて出された結論です。

裁判所は、Yの経営上の事情に対しても理解は示していますから、勤務日5日前まで、全員が未確定な状況にあることが問題なのであって、改善すれば適法となる余地があるように見えますが､公平性を確保し､乗務員への業務配分の一体的・統一的な運用を確保する要請を維持しつつ､個別の配慮を行う制度の設計と運用のためには､Ｙの制度変更も含め､かなり工夫が必要でしょう。

また、裁判所は他の論点、すなわち年休の割当てについて、Ｙが相当の配慮をしていると評価しています。

この点は、同じ労基法39条５項但し書の判断に関し、具体的には「使用者としての通常の配慮」があれば違法ではない、という解釈を示し、この規範に基づいて出された結論です。そして、これら２つの論点で、結論が逆となったのです。

論点の違いから、光を当てるポイントが異なる、ということでしょうが、このような異なる規範が用いられている理由は、それぞれが既に示された最高裁判決に基づいている、ということの他明確に示されておらず、果たして規範を異にすることの合理性があるのか、むしろ両者とも同じ規範を用いるべきだったのではないか、等の点について、今後議論が深まることが期待されます。

３．人員不足

さらに注目されるのは、同じ労基法39条５項但し書に関し、「恒常的な要員不足の状態にあり、常時、代替要員の確保が困難である場合」には、時季変更権を行使できない、という解釈が示され、これに基づく検討の結果、時季変更権の行使が違法、と評価されている点です。

この解釈の理由について、明確に説明されていませんが、従業員の年休取得権を確保するのが会社の義務であり、それを確保できない状況にあること自体が、義務違反である、というような趣旨の判断が前提になっているのでしょうか。

けれども問題は、一般論としてそのような義務があるとしても、その義務を果たしたかどうかを判断する基準として見た場合には、上記2.の後半で指摘したような「使用者としての通常の配慮」かどうか、という基準を採用することも、理論的には成り立つように思われます。特に、新幹線の運転手は、免許が必要であるなど、簡単に育成・確保できませんので、裁判所が示したような厳しい基準によると、運転手を十分確保するまで、Yはシフトを組めない、ということになりかねません。あるいは、待機すべき業務を多く設定するなどの対応があるかもしれませんが、そうすると交替が発生しないのに業務と位置付けられる日が全体的に増加してしまい、従業員の取得可能な休日が逆に減ってしまったり、人件費が増加しすぎたりしてしまいます。

たしかに、人員不足は個別従業員の責任ではなく、その影響を従業員にしわ寄せするようなことは好ましくない、という価値判断は理解できますが、逆に、そのことの不都合が全て経営者の負担となるようなルールも、バランスを失するように思われます。

4. 実務上のポイント

年休の取得が、シフトの設定と複雑に絡み合っているため、管理や運営の観点から、会社側に十分な配慮が求められる、ということでもあります。

この判決で回答が示されたわけではありませんが、考慮すべきポイントが、かなり明確になってきました。シフト制に関し、制度設計や運用の観点から、年休にも配慮して、合理性を検証する機会になるでしょう。

動画で確認！

JR東海（年休・大阪）事件

大阪地裁令5.7.6判決（労働判例1294号5頁）

この事案は、東海道新幹線の乗務員（運転手、車掌）達Xらが、年休を思い通りに取得できなかったことが違法であるとして、JR東海Yを相手に争った事案で、裁判所は、Xらの請求を否定しました。

1．関連事件との比較

年休取得に関しては、おなじJR東海を被告とする訴訟で、「JR東海（年休）事件」の判決が好感されています（東京地裁令5.3.27判決労働判例1288号18頁、本書248頁）。

そこでは、本判決と異なり、①制度設計上の問題として、Yによる時季変更権の行使が、その日の5日前まで可能であることが違法であるとし、②人員不足により恒常的に有給消化できない状況にあったことが違法である、と判断しました。

他方本判決は、①②いずれも合理性を認めました。本判決で、この2点は、Yの時季変更権行使の違法性を判断するための判断枠組みのうちの2つと位置付けられているようですが、少し分かりにくい判断枠組みの構造になっています。結局のところ、諸事情を総合考慮して判断する、ということであって、判断枠組み自体が重要ではなさそうですので、判断枠組みの構造よりも、この①②の評価の違いが、今後さらに議論されていくポイントになると思われます。

なお、本事案では有給の申込時期や効果発生時期、時季変更権の行使時期も問題となりました。この事案でも、前記東京地判と同じように、毎月のシフトを決める際に、年休も合わせて決めることとなっており、❶前月10日までに、シフトの案が示され、❷20日までに年休の希望を提出させ、❸25日までに勤務表を確定させ、❹実際の勤務日の5日前に具体的な業務内容（特に、予備担当者の業務内容など）を確定させる、というプロセスである、と認定されました。その後の議論がこのプロセスを前提に成り立っており、Xらが提起した、非常に多数の論点を議論していますが、ここではその点の検討を省略します。

2．制度設計上の問題（①）

本判決は、就業規則の文言が5日前までの時季変更権行使を阻害しないとも判断していますが、実際の時季変更権行使の運用実績も、合理性の根拠としています。すなわち、半数以上が❸までに行われている点が、合理性の根拠とされています。

前記東京地判は、運用実績について言及しておらず、逆に、Y側の時季変更権行使の必要性を検討しています。すなわち、5日前までに急に手配された臨時列車の数と、そのために必要な臨時乗務員の人数から、1年間で平均すると1日当たり0.16人であることや、急な病欠があるとしても出勤予備制度で対応可能である、と認定し、①の合理性を否定しました。

このように、本判決では従業員側の不利益を問題にし、前記東京地判は会社側の必要性を問題にしていますが、理論的に矛盾するものではないので、いずれの事情も考慮して判断すべきである、という意見も出てきそうです。今後、①の合理性をどのような事情で判断するのか、という点も重要なポイントになるでしょう。

３．人員不足（②）

②については、前記東京地判・本判決いずれも、運用実績などの統計的なデータを詳細に分析しており、検討にかなりのスペースを割いています。多くの違いがありますが、一番大きな違いは、何を重視しているかという点でしょう。

すなわち、前記東京地判は、各事業所が設定した基準人員数を重視しています。この基準人員数は有給休暇消化にも配慮して設定されますが、基準人員数を達成しても、有給をすべて消化できないのに、それすら達成されなかった、という評価がされているのです。

他方本判決は、事業所が異なるため認定が異なる面もありますが、基準人員数は目安にすぎない、としたうえで、確保すべき乗務員数の計算は、日によって運行列車数も変化するので、基準人員数から単純に計算できない、としています。さらに、出勤予備の人数も、本来の５人を確保しきれていない日が多いことを、人手不足の根拠とするＸの主張に対し、出勤予備の人数も目安にすぎず、しかも、たしかに５人確保できたのは27.8％だが、４人以上確保できたのは94.7％であり、目安は達成されている、と評価しました。

このように、Ｙが定めた基準人員数を絶対的な基準と位置付ける（前記東京地判）か、単なる目安と位置付ける（本判決）か、の違いが、逆の結論につながっているポイントです。

４．実務上のポイント

結果的に、Ｙの主張が認められましたが、前記東京地判のように、Ｙの制度設計や運用に関し、一部合理性を否定する裁判例もあります。

従業員のシフト管理は、本事案のように規模が大きく、資格管理や臨時業務対応などの複雑な配慮が必要な場合には、非常に難しくなりますが、従業員の権利（ここでは有給休暇取得権）に十分配慮しなければならないことが、より明確に示されました。近時のIT技術の進化により、従業員の権利に対する配慮をより高めたプロセスや運用が可能かどうか、検討するきっかけになるでしょう。

動画で確認！

第10章

人事権

人事権　2023年の特徴

人事権に関し、配置転換が問題となった裁判例が3つありました(「NEC ソリューションイノベータ（配転）事件」「地方独立行政法人市立東大阪医療センター（仮処分）事件」「インテリムほか事件」)。

減給が問題となった裁判例が2つあり、「学校法人宮崎学園事件」では、給与制度改正に伴う減給、「Ciel Blue ほか事件」では、特定従業員の減給、がそれぞれ問題になりました。

・NEC ソリューションイノベータ（配転）事件（配転拒否）／259頁
・地方独立行政法人市立東大阪医療センター（仮処分）事件（配転）／263頁
・インテリムほか事件（配転等）／267頁
・学校法人宮崎学園事件（給与制度改定）／272頁
・Ciel Blue ほか事件（減給）／277頁
・アイ・ディ・エイチ事件（懲戒処分）／282頁

なお、「NEC ソリューションイノベータ（配転）事件」と「アイ・ディ・エイチ事件」では、解雇、「学校法人宮崎学園事件」と「Ciel Blue ほか事件」では、賃金も問題となりました。

また、「アメックス（降格等）事件」は多様性に、「社会福祉法人恩賜財団済生会事件」は賃金に、「東京三協信用金庫事件」はハラスメントに分類しましたが、人事権に関しても議論されています。「学校法人茶屋四郎次郎記念学園事件（東京福祉大学・授業担当)」は、労働条件に分類しましたが、ハラスメントや人事権（内部通報)、合意退職（退職勧奨）も議論されています。「不動技研工業事件」は競業避止義務に分類しましたが、解雇や人事権（懲戒処分）も問題となりました。

NECソリューションイノベータ（配転）事件

大阪地裁令3.11.29判決（労働判例1277号55頁）

この事案は、会社Ｙの大阪事務所閉鎖に伴い東京への配置転換を命じられたＸがこれを拒んだために懲戒解雇された事案で、Ｘは、配転命令が違法であることを理由に懲戒解雇が無効である、などとして争いました。

裁判所は、Ｘの請求を否定しました。

1．判断枠組み

問題となった配転命令は、Ｙグループの経営状況の悪化に伴う事業の統合・整理に伴うものです。

裁判所は、配転命令の違法性の判断枠組みとして、「東亜ペイント事件」（最高裁第二小法廷昭61.7.14判決労働判例 477号６頁）の判断枠組みを採用しました。すなわち、①原則として配転命令は有効だが、②例外として無効となる場合として、❶業務上の必要性がない場合、❷不当な動機・目的でされた場合、❸従業員に「通常甘受すべき程度を著しく超える不利益」を負わせる場合を挙げ、これらへの該当性を検証しました。配転命令の有効性に関する一般的な判断枠組みが適用されていることが分かります。

けれども、本事案の配置転換は事業の統合・整理に伴うものであり、実際、Ｘの同僚の何名かは早期退職優遇制度を活用して退職しています。そこで、❶〜❸の判断枠組みの中で事実が整理され、検討されているものの、その中身としては、整理解雇の４要素で重視されているような要素、例えば事業を閉鎖したり、Ｘ

を配置転換したりする必要性があったのか（人員整理の必要性に相当するでしょう）、X本人の意向を聞いたり、配転や退職の条件を説明したりする機会が、どこまで丁寧に行われたか（解雇回避努力義務や解雇手続きの妥当性に相当するでしょう）、などが詳細に検討しています。

このように見ると、❶～❸の判断枠組みは、典型的な配転命令だけでなく、本事案のようなリストラの一環としての配転命令の場合にも柔軟に応用されることが分かります。

2．事実認定

Xは従前から言動に問題があったようで、Yは非常に丁寧にXに説明を試みています。判決でも、関係する従業員への説明会が開催されたことだけでなく、X個人への説明を何度も試みています。判決で具体的な日付が示されている面談が5回、メールなどでのやり取りについて、「ア」～「ホ」の30回（1回につき、Y側からのメールだけの場合もあれば、Xとやり取りのあった場合もあるので、メールの通数ではなく、やり取りの機会の数、と理解できます）が認定され、さらに主な面談については、具体的なやり取りの様子が詳細に認定されています。

そこで特に印象的なのは、XがY側の呼びかけに応じようとせず、非常識な罵声を浴びせたり、メールを送ったりすることを繰り返していること（例えば、「分かり切ったことを何度も聞くな」、「配慮しろ」、「頼んだ覚えはない！自宅に来たら、警察呼ぶ！帰れバカ！と、お伝えくださいませ」「Mから、何も聞いてないの？」「罪を重ねたければ、いくらでもどうぞ」「そんなんじゃ、話にならんわ」「Mに騙されてる？じゃなくて、確信犯？」「お前は役員失格だ」「仕事を探すのがお前らの仕事だろう」など）、それにもかかわらず、上記のようにＹ側は何度もＸとの対話を試みており、丁寧な対応に終始していること、です。

これのようなＸの言動には、裁判所も、「暴言ないし社会人としての礼節を欠いた不適切な表現を用いている」等と評価し、「原告の勤務態度には問題があり、事務処理能力や人事評価も低いものであったというほかない」と断じています。そのうえで、このような評価が、上記❶～❸の中で、さまざまな面でＹ側にとって有利な事情として判断に大きな影響を与えています。

例えば、❶に関し、Ｙ側がＸの人事配置について配慮しようにも、提案できる別の勤務先が限定されてしまう、❷に関し、Ｘを退職させようなどの目的・意図がなかった、❸に関し、Ｘの家族の健康問題について、Ｙ側からの度重なる質問に満足に回答していなかったから、配転の際にＹ側が考慮すべきＸの家族の健康問題も限定的である、などという形で、裁判所の判断に影響を与えているのです。

Ｘの悪質な言動に感情的にならず、冷静に対応を続けたことが、事実認定にどのような影響を与えたのか、参考になるポイントです。

3．実務上のポイント

かと言って判決は、Ｘの悪質な言動から、簡単にＸの主張を退けているわけではなく、Ｘの主張を一つ一つ非常に丁寧に検討しています。

例えば、家族の健康問題とされる長男の自家中毒に関し、長男の症状について３名の医師、自家中毒について４名の医師の意見を聞いたうえで、大阪から東京に引っ越しても、東京で然るべき医師にサポートしてもらえば対応できる、として❸「通常甘受すべき程度」を超えない、と結論付けています。

悪質な言動に対して冷静に対応することの重要性は上記のとおりですが、それだけでなく、人事処分の有効性が争われる場合に問題となり得る問題点をしっかりと検討しておくことも、重要です。

動画で確認！

地方独立行政法人市立東大阪医療センター（仮処分）事件

大阪地裁令4.11.10決定（労働判例1283号27頁）

この事案は、救急医療の中でも特に、難易度の高い手術などを専門とする（三次救急）医師Xが、病院Yの院長との確執などをきっかけに、同じ救急医療でも難易度の低い対応（二次救急）に配置転換された事案です。Xは、新しい担当が業務でないことの確認と、従前の業務をYが妨害しないことを命ずる仮処分を求めたところ、裁判所はXの請求を認めました。

1．２つの法律構成

裁判所は、Xの請求を認めるに当たり、２つの根拠を示しています。

１つ目は、職種限定合意があった、そしてXの配転はこの合意に違反し無効である、という根拠で、２つ目は、仮に職種限定合意違反でないとしても、配置転換は権限の濫用である、という根拠です。

それぞれ単体でも十分、配置転換を無効とするものですが、この手続きが「仮処分」手続であって、本来の訴訟手続きで慎重に判断したわけではないからでしょうか、慎重を期して、２つの根拠が示されたのでしょう。

2．職種限定合意

１つ目の法律構成は職種限定合意ですが、これは所定の業務だけが担当業務として限定する合意で、専門家を雇う場合によく見かけます。実際、私もいくつかの会社で社内弁護士として勤務していました（労働契約）が、その際、いずれの会社でも、法律業務だけ担当することが合意されていました。これは、職種限定合意が明文で明らかにされている場合です。

他方、XY 間では、このような明文での職種限定合意はありません。

けれども、三次救急を担当する医師が不足している状況で、そのことを明示して募集し、実際に X も三次救急の経験が豊富であったこと、等の背景を踏まえ、明文で合意していなくても職種限定の黙示の同意がある、と認定されたのです。

かと言って、明文での合意がなくても良いのか、と簡単に受け止めてはいけません。

特に職種限定合意は、採用した従業員が会社の業務や社風に合わない場合などに、その従業員の配置転換ができない、ということになり、会社に大きな負担を与えることになりますから、簡単には黙示の合意が認められません。この事案のように、会社側と従業員側の両方に、専門性を前提とすべき事情がはっきりと認められることが必要であり、当然、医師や大学教授など、極めて専門性が高い場合に限定されます。

この事案は、どのような事情が黙示の合意を認定すべき背景事情になるのか、を見極めるうえで参考になります。

3．権限の濫用

配置転換の濫用について、本判決は、有名な東亜ペイント事件（最高裁第二小法廷昭61.7.14判決労働判例477号６頁）の示した判断枠組み、すなわち①業務上の必要性、②従業員の著しい不利益、③会社の不当な動機・目的、の３つの事情で判断することを示しました。

とは言うものの、実際にこの事案を分析して評価する過程で、③については言及していません。Yの側の不当な動機・目的を問題にするまでもなく、①Xを二次救急に回す必要性がない（Yの主張する二次救急と三次救急の連携強化の必要性は名目的なものと評価される、など）、②三次救急の専門家としての認定を受けるための必要な手術経験が積めなくなるなど、Xの不利益が著しい、という点が、ポイントです。

会社による処分の有効性は、今回の配置転換の他にも、解雇や更新拒絶、降格など様々な場面で争われ、裁判所は、いずれも数多くの事情を総合的に評価して判断します。

それぞれの場面に応じて、判断枠組みは多様です（裁判所は、事案に応じた判断枠組みを柔軟に設定する傾向があります）が、①②に典型的に示されるように、基本となるのは、①会社側の事情と、②従業員側の事情です。

すなわち、天秤の図をイメージすると分かり易いのですが、一方の皿に会社側の事情、他方の皿に従業員側の事情、支点に当たる部分に、その他の事情（プロセスが特に重要）、を当てはめ、さらに、事案に応じてポイントとなる事情（東亜ペイント事件では、③不当な動機・目的）を追加している、と整理すれば、多くの場合、判断枠組みをより具体的に理解することができます。

4. 実務上のポイント

判決が詳細に認定した事実を見ると、Xは、病院の三次救急部門の所長と事務長に対峙していたようです。Xが三次救急に戻るように様々な活動をしている最中に、所長が退職し、三次救急に関わる医師や関係者がXの復帰を求める嘆願書を提出しており、それでもＸを三次救急に戻さなかったのは、事務長の意地が大きな要因だったのでしょう。

組織内の派閥や人間関係が原因となったトラブルは後を絶ちませんが、それが本事案のように、上下関係で問題となる場合には、構造上、どうしても上司の側の主張が重視される誘因が働きます。

もちろん、経営の観点から行うべき検討や判断は、現場と異なる面があり、現場の見解と対等に比較しなければならない、と言うものではありません（公平）が、客観的な合理性の裏付けのない経営判断はやはり問題です。経営の判断が現場の判断と異なり得るとしても、「公正」であるべきであり、Ｙにはそのような「公正」性を担保すべきプロセスや客観性が足りなかったのかもしれません。

労務管理上の問題としても、学ぶべきポイントです。

動画で確認！

インテリムほか事件

東京高裁令4.6.29判決（労働判例1291号５頁）

この事案は、医療関係の営業職の経験豊富なＸが、医薬品などの開発を行う会社Ｙに、営業の腕を買われて転職したが、特にその社長との相性が悪いのか、支給されていた業務用のスマホを取り上げられ、３回にわたって減給され、昇給もなく、インセンティブ手当が支給されず、営業担当を外され（担当先を他の社員に引継ぎ、新規開拓を命じられ）、そのわずか半年後に監査室に配置転換されました。

Ｘはこれら全てについて違法であると主張し、Ｙに対して賃金の差額や損害賠償の支払いを請求しましたが、裁判所は、スマホを取り上げたことの違法性、減給の違法性、監査室への配置転換の違法性を認めました。

１．違法とされなかった論点

昇給の否定と、インセンティブ手当の不支給については、具体的な金額等を約束する規定がなく、Ｙの裁量に委ねられている点を主な理由として、違法ではない、と判断しています。

明確に昇給が約束されていて、昇給が具体的な権利と評価できる場合には、昇給権が発生し、昇給を請求できる（法的にも、その請求が認容される）場合があります（「社会福祉法人希望の丘事件」広島地裁令3.11.30判決労働判例 1257号５頁、読本2023年版178頁）が、これは極めて例外です。というのも、一般に昇給は非常に多くの事情を総合的に評価して判断するのが普通であり

（限られた事情だけで自動的に昇給が決定・計算される会社は、非常に限られています）、その場合、自動的に権利の内容が確定するような、具体的権利性が認められないからです。

インセンティブ手当は、賞与と同様、昇給よりも一層、権利性を肯定される場合は限定的になると思われます。会社の業績が良い時に限られるなど、従業員の勤務状況だけで決まらない、というルールが採用される場合が、昇給の場合よりも一層多いと思われ、その分、具体的権利性がより認めにくいからです。

このように、昇給の否定とインセンティブ手当の不支給を違法としなかった裁判所の判断は、Yのルールに照らすと、これまでの裁判例の傾向から見ても特に問題のない判断のように思われます。

また、営業担当外しの違法性については、一般論としては違法となる可能性を残しつつ、営業担当を外す合理性を認め、違法性を否定しました。そのために裁判所は、新たに新規開拓を命じる分野がYの業務の1つであって、他方、Xにも新規開拓業務などの経験があること、等を主な理由としており、会社の業務の実態や従業員の適性を、具体的事実に基づいてしっかりと認定した上で判断しました。

営業担当内部での担当替えであり、従業員の経歴などへの影響も比較的小さいことも重要なポイントかと思いますが、担当替えの合理性を裏付ける具体的な状況をしっかりと確認しておくことが、実務上の重要なポイントであることがわかります。

2．スマホ取り上げの違法性

他方、同様に会社側に比較的広い裁量が認められるべきこの問題について、裁判所は違法であると評価しました。営業担当外しの場合とどこが違い、どこに違法となるべき境界線があるのでしょうか。

スマホ取り上げのエピソードを具体的に見ると、ここでは営業担当者達（X だけでない）が問いかけに即座に反応しなかったことを怒った社長が、感情的な理由で行ったものである点と、取り上げる必要性・相当性がない点（直ちに「報連相」を求める、としつつ新たに支給されるガラケーではこれができない、など）が主な根拠とされています。経営者の感情的な理由を正面から認定する裁判例は、ハラスメントなどの不当な言動の場合ではなく、会社の人事上の措置が問題となる本事案のような場合には、あまり見かけないように思われますが、スマホ取り上げの理由があまりにも後付けであることから、このような評価がされたのでしょう。

さらに、賠償金額（慰謝料）として30万円（＋１割の弁護士費用）を命じた点も注目されます。仕事で使う道具を取り上げたことは、従業員の業務を阻害する、という積極的な面と、働きやすい環境を整える義務に違反する、という消極的な面と、両面から評価可能ですが、仕事しにくい状況にされたことの精神的な苦痛が30万円である、という水準は、今後、議論されるべきポイントになるでしょう。

いずれにしろ、経営者の感情的な判断や言動のリスクについて、参考になる判断です。

３．減給と配転の違法性

これに対して減給・配転については、経営者の感情的な言動とは認定されていません。

また特に減給については、減給の制度自体は合理的である、と評価されています。基準やプロセスが適切に定められている、というのがその理由です。本事案での減給の決定は、Xが年俸制であることもあってプロセスが少し複雑で、Yが減額した条件を提示し、Xには個人業績のレポートを提出させたうえで協議し、それでもまとまらない場合には、最終的にYが給与額を決定する、というプロセスになっています。もしこれらのルールが定められていなかった場合、すなわち会社が自由気ままに減給できるような内容の場合には、減給の制度自体が違法と評価される可能性が残されているようにも読めますので、注意が必要です。

そのうえで、3つの減給に共通する判断として、これらの判断の前提となる事実が合理的でない（例えば、減給に関し、Xのレポート内容を一方的に理由も告げず否定）ことと、プロセスが合理的でない（例えば、減給に関し、Xの異議に対する弁明などの機会を与えていない）ことが主な理由とされています。

また、配転についても、その内容とプロセス（営業として適さないことの指導などがなされてこなかった点など）が主な理由とされました。

特に、その内容の判断に関してみると、営業担当外しを違法ではない、と判断した場面と同様の判断枠組みで、しかし結論としては逆に違法である、と判断しました。すなわち、従業員側の事情として、Xは社会人としてずっと営業でキャリアを積んできて、Yにも営業としての経歴と能力が買われたこと、監査業務は経験がなく、しかも営業担当外しから半年しか経過していないこと、他方、会社側の事情として、Xが監査室で活躍する可能性について、Yが主張しているだけである（裁判所は、この主張を裏付けるべき事実を何も指摘していない）こと、が主な理由となります。

営業担当外しと比較すると、特に大きな違いがあるのが、X

の経験が生かされず、キャリアに与える影響が大きい、という点です。同じ人事権の行使でも、従業員に与える影響の大きさの違いによって、当該措置の必要性・相当性の求められる程度が異なってくる、と評価することも可能でしょう。

このように、人事権の行使の違法性について、会社の判断・措置の内容の合理性とプロセスの合理性が、それぞれの措置の種類やインパクトの大きさに応じて、具体的な事実に基づいて評価されることが、ここでの判断から明らかになります。

4．実務上のポイント

即戦力として期待された中途採用者が、会社と合わずに冷遇されていき、トラブルになる、という事例が、最近少しずつ増えてきているように感じます。トラブルの内容は、本事案のような各種人事上の処分の場合もあれば、ハラスメントの場合、解雇の場合などもあります。

けれども共通するのは、ミスマッチです。

一方で会社側が、中途採用者に過大な期待を抱いてしまい、他方で中途採用者が、自己の経歴や能力を盛ってしまうような場合は、このミスマッチをより深刻にしてしまいます。

終身雇用制を前提とした硬直的な労働市場を柔軟化・効率化・実効化し、人材の流動化を高め、産業構造の変化を適切に促進する環境を作るために、労働市場の整備が重要であるとされ、実際に様々な取り組みがなされていますが、中途採用者と会社のミスマッチを減らしていくことも、重要な要素なのです。

動画で確認！

学校法人宮崎学園事件

福岡高裁宮崎支部令3.12.8判決（労働判例1284号78頁）

この事案は、定年を超えて１年ごとの有期契約で雇用されていた大学教員Ｘが、給与制度改定後の更新契約によって給与が約２割減額されたため、従前の給与との差額の支払いを大学Ｙに対して求めた事案です。

１審は、Ｘの請求を否定しましたが、２審は逆に、Ｘの請求を概ね認めました。

1．１審と２審の違い

１審と２審の違いから先に整理しておきましょう。両者の一番大きな違いがどこにあるのか、という点ですが、一番大きいのは、Ｘ側の不利益の評価です。

すなわち、１審ではＹの経営が非常に厳しい状況にあり、経営再建のために人件費削減の必要性が高かった、と評価していますが、２審もこの点について、概ねそのまま同じ評価をしています（高度な必要性は無いが、必要性は相当高かった、という微妙な表現ですが、１審の判断を正面から否定する部分はありません)。

そのうえで１審は、有期契約者の減給可能性が予め明記されていたこと等を主な理由に、人件費削減の必要性の方を重視したのですが、２審は、Ｘの不利益が大きい点を重視し、Ｘの請求を認めました。

そこで、１審の判断を中心に、人件費削減の必要性を判断する際のポイントを検討し、次に、２審の判断を中心に、給与削減される労働者の受ける不利益を評価する際のポイントを検討しましょう。

2．人件費削減の必要性

ここではまず、Ｙの経営状況を、特に財務状況を中心に検討しているところがポイントでしょう。ここでは、①どのような指標を重視するか、②いつの時点で判断するか、③経過なども考慮するのか、について裁判所が着目しています。

まず、①どのような指標を重視するのか、という点です。

１審・２審いずれも、消費収支差額（収入から、校舎・備品等の取得費や教育研究・管理運営等の事業活動費を控除した額）、定員充足率、人件費依存率（授業料等収入に対する人件費支出の割合）を中心に、さらに長年にわたって継続的に取り組まれてきた人件費抑制策を考慮しています。

特に、人件費依存率は、教育事業を営むＹの経営状況を見極める指標として、財務分析の観点から見て、きっとかなり有効な指標なのでしょう。事業の内容に応じた指標で、財務分析がされる点が注目されます。例えば、「学校法人梅光学院（給与減額等）事件」（山口地裁下関支部令3.2.2判決労働判例 1249号５頁、労働判例読本2022年版57頁）も、同じく学校での人件費削減の有効性が争われた事案ですが、帰属収支差額、資金剰余額（帰属収支差額①に減価償却費を加えたもの）、流動比率（流動負債に対する流動資産の割合）、流動資産超過額（流動資産から流動負債を差し引いた金額）、固定比率（純資産に占める固定資産の割合）、純資産構成比率（資産に占める純資産の割合）、有利子負債率（資産に占める有利子負債の割合）、外部負債に対する金融資産の倍率、外部負債の金融資産超過額、換金可能な金融資産、有利子負債＋長期借入金、資産に占める純資産（自己資金）の割合、といった指標が用いられて、合理性が検討されました（学校敗訴）。

次に、②評価すべき時点です。

これは１審でだけ触れられていることですが、定員充足率や人件費依存率が（裁判所は、改善傾向は認められないとしていますが）仮に改善傾向であるとしても、それは給与制度改定後の変化であって、給与制度改定の必要性を左右しない、と評価しています。

次に、③経過です。

１審・２審いずれも、長年さまざまな人件費抑制策を講じてきた点を、人件費削減の必要性を判断すべき事情と位置付けています。ずっと取り組んできても苦境を脱出できないことが、本格的な人件費削減の必要性を裏付ける事情である、ということでしょうか。

より大規模で、よりインパクトの大きいリストラ（例えば、大規模な整理解雇）の場合には、さらに、このような人件費削減の必要性だけでなく、人員削減をした場合としない場合のシミュレーションなど、人件費削減の必要性だけでなく、危機的状況を回避するための経営上の選択肢として、人件費削減の合理性まで説明できることが求められる場合があります。

２審が１審の判断を覆したのは、Xの被る不利益の方が大きい、という点ですが、その背後には、不利益をXに負わせることが合理的かどうか、という意味で、人件費削減の合理性が問題にされている、と見ることもできそうです。

3．労働者の受ける不利益

１審は、最低限の保障があったわけでなく、むしろ有期契約者の給与は理事長が決定できるなど、減額されることが予め示されていた点を重視し、Xに「大きな不利益があるとはいえない」としました。

けれども2審は、概要、以下のような事情を指摘しています。

❶ 年俸20%削減。

❷ これまでの人件費削減策は、緩やか（見送った年もある）で、小さい（せいぜい2%）。

これに対し、Xについては、一挙に20%、経過措置・代償措置なし、無期契約者は対象外。

これは、無期と有期の間に不均衡、さらに有期の中でも不均衡。

❸ Xが教授に昇進し、重責を担うようになった時期に、20%減額。

❹ 50%削減された従業員と比較できない（前提条件が違う）。

❺ 生徒減少などで2割程度負荷が減った、という事象は、Xだけの問題ではない。

❻ 給与以外の諸手当も、比較すべき前提条件が違う。

ここで特に注目されるポイントの1つ目は、有期契約者であるXが、無期契約者よりも、さらに他の有期契約者よりも不利益が大きい点です（❷❹❺❻）。

これは、同一労働同一賃金の原則と同様の視点です。また、上記2.の最後で触れたように、経営の責任で回避すべき経営危機の不利益をXに負わせて良いのか、という意味で、人件費削減の合理性の問題に関連すると見ることもできそうです。

2つ目は、❷に関し、Yによる人件費削減の努力が不十分であったために、Xの給与が一挙に20%も削減された、という意味も読み取れるでしょう。これは、整理解雇の場合に要求される判断枠組み（整理解雇の4要素）で言えば、解雇回避努力に相当します。

このように、労働者の不利益に関し、1審のようにXとYの間の関係だけで見るのではなく、他の従業員や会社の経営再建の在り方全体との関係で見る、という意味で、より広い視野で評価された、と整理することができるでしょう。

4．実務上のポイント

判断枠組みは、労契法10条に示されたものがベースとなっています。Xの雇用条件は、毎年の契約で決まるものですが、その背景にある統一的な雇用条件がそのまま契約内容となっているため、就業規則の変更と同じ状況にあるからです。

けれども、特に前記3. で指摘したように、整理解雇の4要素で示されたような事情が、本事案では特に労働者の不利益、という広い枠の中で考慮されています。

最近の裁判例では、事案に応じた柔軟な判断枠組みが設定されることが多くなっており、本事案でも、労契法10条の判断枠組みをアレンジする（整理解雇の4要素に近づける）ことも可能だったはずですが、1審・2審はそこまで踏み込みませんでした。

その代わり、特に2審は、整理解雇の4要素で示されるような事情を考慮して、柔軟に判断しています。

従業員に不利益を与える会社側の判断の有効性が議論される場合には、判断枠組みも重要ですが、どのような事情がどのように検討されるのか、という具体的な中身が重要です。その意味で、本判決が重視した事情と、その評価方法も、今後の参考になります。

動画で確認！

Ciel Blue ほか事件

東京地裁令4.4.22判決（労働判例1286号26頁）

この事案は、従業員10名程度の輸入事業会社Ｙに勤務するＸが、不当に減給（月給83万円→75万円）された、等として、賃金の差額と、慰謝料（精神的損害の賠償）の支払いを求め、これに対してＹがＸに対し、経費と称して騙し取った金銭（600万円超）の返還を反訴として求めた事案です。裁判所は、Ｘの請求を概ね認め、Ｙの請求を否定しました。

1．就業規則の不存在と減給の可否

Ｙには就業規則がなく、Ｙが賃金を一方的に減額できる規定がありません。それでもＹはＸの減給が有効であると主張したのですが、Ｙが従業員の給与を減額できる場合として、裁判所は、①自由な意思による合意がある場合と、②就業規則以外の形式（どのような形式なのかは議論すらされていませんが）で、減給制度が存在する場合の、２つの可能性を検討しています。

けれども、裁判所は結果的に両方ともＹの請求を否定しました。

理論的な議論の可能性として参考になります（もちろん、より重要な問題はこの議論を裏付ける事実や証拠があるかどうか、という以下の議論ですが）。

2．自由な意思

①については、たしかに、Ｘの側もしっかりと自己主張して

いるような発言がありました。すなわち、売上が戻れば給与を元に戻す、と持ち掛けたところ、Xが、「今年よりやったら元に戻すのではなくて、それより上げてもらえますか」と発言しており、何もかも言いなりになっていた、というわけではなさそうです。

けれども、❶それでも後に裁判を提起しているくらいなのだから、この発言だけで同意したとは認められない、❷上司にあたる人物が当時Xに対して相当立腹していて、Xは逆らえなかった、❸書面などの客観的証拠も存在しない、という比較的簡単な認定で、Yの主張が否定されました。

ここで特に注目されるのは、自由な意思による合意の成否が検討されている中で、Xが合意したかどうかが問題とされる会話の場面でのやり取りなどが、それほど詳細に議論されていない点です。これは、会話が録音されていなかった、ということもあるでしょうが、Xが多少迎合的な発言をしたとしても、それだけでは合意があったとは認められない、という意味でYの側から見た場合のハードルが非常に高かった、ということを意味するように思われます。つまり、ハードルがもう少し低ければ、Xの発言内容次第で減給の合意が認められるでしょうから、より慎重にXの発言内容が検討され、判決の中でもその内容が詳細に検討し、認定されていたでしょう（したがって、この部分の判決もかなり詳細になったでしょう）が、そうではないことが、裁判所が事実や証拠にそれほどこだわっていないことからうかがわれます。

そもそも、労働法の分野で「自由な意思」が必要とされる場合の「自由な意思」の内容ですが、例えば「山梨県民信用金庫」事件では、労働者がその判断によって受ける不利益を具体的に認識し、しかも、それでも構わないということを真に納得していることが必要、という趣旨の判断が示されました。これは、単に合意書にサインしているレベルや形式だけでは足りず、合意の内容が問題とされ、しかも自分が負うことになる不利益の理解と受容が必要、というレベルになります。

本事案で「自由な意思」の内容は具体的に示されていませんが、それを具体的に示して検討する以前のレベル、ということでしょうか。たしかに、上記のとおり裁判所は、❸書面すらなかった、という点を数少ない根拠の1つとして指摘しています。

自由な意思にとても届かない、との評価も止むを得ない事案だったと思われますので、その意味で結論に異論はありませんが、❶については合理性に疑問があります。

というのも、訴訟を提起すれば「自由な意思」が否定される、とも読めてしまうからです。もしそうであれば、訴訟が提起されれば「自由な意思」が全て否定されることにすらなりかねず、労働者は本事案のように非常に簡単な事実の立証で、合意を全て否定できることになってしまうからです。

訴訟を提起した、という事実が、自由な意思を否定する事情と評価されるにしても、本事案のように非常に限られた事実だけで自由な意思を否定することは、自由な意思のハードルを（会社側から見て）あまりにも上げすぎることにならないのか、今後、議論が重ねられるべきポイントでしょう。

3．減給制度の不存在

②について裁判所は、2段階で判断しています。

すなわち、1段階目として、減給できるという制度があるかどうか、という点です。

裁判所は、実績に応じた昇給や減給がされていなかった、というそれまでの運用だけを理由に、そのような制度はなかった、と認定しています。給与、という労働契約の基本となる部分について、就業規則や合意も無いのにこれを認めることは、やはりとてもハードルが高いのでしょう。ここでも、会社のこれまでの運用実績、という理由だけで簡単にこれが否定されています。

次に2段階目として、仮にこのような制度があり、減給もある程度可能であるとしても、本事案では減給が認められない、と認定しています。

ここでは、❶Xの売り上げ減少は、Xが取り扱っていた商材の取扱をYが取りやめたことにあって、Xに原因がないこと、❷売り上げの減少の指摘や、減給の可能性の指摘などがなかったこと、❸会社全体の収益は、黒字化の後も上がっており、減給の必要性がなかったこと、の3つが根拠とされています。

ここで注目されるのは、従業員にとって不利益な会社の処分の有効性が問題になる場合の判断枠組みです。

すなわち、一般的で汎用性の高い判断枠組みとして、天秤の図があります。これは、天秤の一方の皿に会社側の事情、他方の皿に従業員側の事情、天秤の支点部分にその他の事情（特にプロセス）を振り分けて整理し、全体のバランスを評価する判断方法です。そして、❶が従業員側の事情、❸が会社側の事情、❷がプロセス（その他の事情）に、それぞれ対応するのです。

もちろん、この3つの判断枠組みには、通常であればそれぞれ数多くの事実や証拠が整理されるところで、本事案では、ここでもとても簡単に判断されているのですが、それでも、基本となる事実はしっかりと押さえられていることがわかります。

4．実務上のポイント

総じて言えるポイントは、いずれの論点についても、裁判所が比較的簡単に、Ｙの主張を否定している点でしょう。就業規則や合意がない中で、給与等の重要な条件を、十分な裏付けや合理性もないまま一方的に変更している、という実態があれば、本人の同意を口頭で取ったという形式だけでは、到底合理性が認められない、という評価が背景にあるように思われます。

同様に、接待費などの搾取も否定されました。

他方、ハラスメントの有無については、ＸがＹ側の重要人物と出張して、怒りを買ったことから始まり、搾取が疑われ、これを否定したところ九州への配転が命じられた、という経緯を認定し、50万円（＋弁護士費用５万円）の損害賠償を命じました。

直接の言動は、ここでも詳細な議論や検討がされていませんが、それでも損害が認定されたのは、これまでの論点とは逆に、給与や勤務地など、働くうえで重要な要素や条件についての一方的な変更は、それだけで精神的に大きな影響を与える、ということが前提認識にあるように思われます。

このように見ると、減給を認める方向でも、逆に慰謝料を認める方向でも、いずれも会社から見た場合に高いハードルが設定されていること、そのハードルの高さはどこから来るのかということについて、参考になる事案です。

動画で確認！

アイ・ディ・エイチ事件

東京地裁令4.11.16判決（労働判例1287号52頁）

この事案は、在宅勤務をしていた従業員Ｘが、他の従業員とのチャットで会社Ｙの社長の悪口を書き込んだことが引き金となって、それをモニターしていた社長から懲戒処分を受け（但し、Ｘの反論を受けて撤回されました）、（在宅ではなく）出社命令を受け、減給処分を受け、解雇された事案です。訴訟では、Ｘに対して給与が支払われるべきだったのか、逆にＸは給与を返還すべきだったのか、が議論されましたが、裁判所は、給与の返還を求めるＹの主張を否定し、給与の支払いを求めるＸの主張の一部を認めました。

1．民法536条２項

Ｘは、出社命令に従うことができない（子育てがあり、片道３時間かけて通勤できない）ことから、出社命令に従っていませんでしたが、それでも給与の支払いを求めました。出社命令に従わなかったのだから給与が支払われないようにも思われますが、裁判所は、Ｘの勤務条件から検討し、出社命令が無効であると評価し、給与の支払いを命じました。

すなわち、子育てと両立する仕事を探していたＸに対し、社長自身、必要なときには出社もあるが基本は在宅勤務であると認めていて、実際に入社以降約10か月間、在宅勤務だったこと、を主な理由に、在宅勤務が基本であって、出社命令は必要がある場合に限られる、と認定しました。勤務場所に関し、XY 間に特約があった、ということでしょう。このように、①原則ルールとして、在宅勤務、②例外ルールとして、必要性があることを条件に、出社命令可能、というルールが示されました。

そのうえで、必要性がない、と判断しましたが、その前提となる事実として、以下のような事実を指摘しています。

❶　業務上無用な会話をしていたが、長時間でなく、出社勤務でも雑談ぐらいはするだろうから、出社させて管理する必要は無い。

❷　デザイン業務にはパソコンを操作しない場合もあり、パソコンを操作していない時間が多少あったとしても、出社させて管理する必要は無い。

❸　社長は、Xとメール上で非難しあった5時間後に出社命令を出しており、出社させる必要は無い。

必要性を否定すべき事実が少ないようにも見えますが、出社命令が例外と位置付けられていることから、出社の必要性を裏付ける事実は、Yの側からより多く、より積極的に示すべきであり、Y側から十分な事実が示されなかった結果、事実が少なくなってしまった、と言えそうです。

そのうえで、出社命令は効力がなく、Xが出社しなかったのはYの「責めに帰すべき事由」（民法536条2項）であり、給与請求権は消滅しない（Xが給与を請求できる）、という結論に至ったのです。

通常の人事上の措置であれば、ここまで厳格な「必要性」がなくても、会社が命じることが可能でしょう。むしろ、人事権の行使は①‘原則として、会社の裁量であり、②’例外として、それが濫用に該当する場合には無効、というルールになりますから、Yが出社命令の合理性を裏付ける事実を事前に確認しておく、という意識が全く無かったのかもしれません。原則ルールと例外ルールが逆に設定されている点が、会社による管理の甘さと相まって、結論に大きな影響を与えているように思われるのです。

2．労働時間

ここは、XとY、いずれもパソコンの稼働状況と違う労働時間を主張しています。すなわち、Xは、より長時間働いていた、と主張し、Yは、より短時間働いていた、と主張しています。

これに対して裁判所は、いずれの主張も十分証明されていない、として否定しました。そのうえで、この点に関する両者の請求を否定しています。例えば、デザイン業務はパソコンを立ち上げなくても行うことができるから、パソコンを使っていない時間を労働時間から控除することを否定しつつ、Xが主張する労働時間程実際に業務を行っていたことが証明されていないとして、Xの主張も否定したのです。

なお、固定残業代のような規定もあり、裁判所は、この規定の効力も論点として指摘していますが、結局、この規定の効力について何の判断も示さずに、Xの残業代請求やYの給与返還請求を否定しました。固定残業代の規定の有効性以前の問題、と整理されたのです。

3．減給

さらに、減給の有効性も問題になりました。

この論点も、ルールの構造は前記1.と同様です。すなわち、就業規則の規定から、減給が認められることが例外であり、そのための条件として用いられている「懲戒処分を受けた」かどうか、「著しく技能が低い」又は「勤務成績ならびに素行不良」かどうか、が検討されています。

このうち前者は、前記のとおり社長自身が懲戒処分を撤回した、という認定なので、該当しないことが簡単に認定されています。

問題は後者ですが、ここまで指摘されてきた事実が繰り返し指摘されています。すなわち、民法536条２項のＹの「責めに帰すべき事由」に該当しないこと（前記1.）、Ｘが労働時間の虚偽報告をしたとは言えないこと（前記2.）、業務に関係のないやり取りも「素行不良」というほどではないこと（前記1.）、が理由として指摘されています。

ここでも、Ｙの側が減給の合理性の事情を十分指摘できなかったのです。

4．実務上のポイント

人事権の行使は、会社の裁量とされる場合が比較的多くあります。その場合には、会社の人事権の行使が濫用に該当するのか、という問題になり、濫用に該当するかどうかを従業員の側が証明しなければなりません。

けれども、従業員との合意内容（前記1.）や就業規則の規定（前記3.）により、条件が満たされた場合にしか会社の人事権行使が認められない場合もあり、この場合には、条件を満たしたことを会社の側が証明しなければなりません。

しかも、合意の仕方や就業規則の記載方法によって、この原則ルールと例外ルールを簡単にひっくり返すことができるかというと、簡単ではありません。例えば減給は、従業員の生活に重大な影響を与える問題であり、就業規則の規定方法だけによって、会社の裁量で自由に減給できるとは認められない可能性が高いように思われます。

人事権は会社に固有のものであって、その裁量によって自由に行使できる、と簡単に決めつけないようにしましょう。

動画で確認！

第11章

競業避止義務

競業避止義務　2023年の特徴

「REI 元従業員事件」では、退職後に競業避止を約束した事案ですが、合意が例外的に無効となるかどうかを判断する判断枠組みが示されています。

「不動技研工業事件」では、退職後に転職した本人ではなく、その在職中に競業会社を設立する相談をしていた（結局、退職しなかった）従業員たちに対する懲戒処分の有効性が争われました。

・REI 元従業員事件（義務違反否定）／289頁
・不動技研工業事件（義務違反否定）／292頁

なお、「不動技研工業事件」は競業避止義務に分類しましたが、解雇や人事権（懲戒処分）も問題となりました。

REI元従業員事件

東京地裁令4.5.13判決（労働判例1278号20頁）

この事案は、翻訳業務経験があり、システムエンジニアとして勤務していた中国人従業員Ｙが、退職後に会社Ｘと締結した守秘義務契約のうちの競業避止義務に違反して、Ｘの取引先で勤務していたことから、契約に基づいて３か月分の給与に相当する損害賠償を請求した事案です。

裁判所は、Ｘの請求を否定し、逆に、Ｙに対する未払賃金の支払いを命じました。

１．契約の有効性

Ｙは日本語の理解が十分でなかった、などという理由で、合意が成立していない、無効である、と主張しています。

しかし裁判所は、Ｙが日本の大学で心理学を学び、翻訳の仕事をしていた経歴、契約文言の平易性、退職後の合意であって、XY間に上下関係がないこと、既にＹが転職していた状況にあったこと（競業避止の内容を具体的に理解すべき状況にあった、という意味でしょう）、などを根拠に、合意が有効だった、と評価しました。

日本語能力を鑑定したわけではありませんが、当時の状況などを踏まえてＹの理解の程度を認定しており、語学力や理解力をどのような方法で判断するのか、参考になります。

2．競業避止義務違反

まず規範（適用されるルール）です。

合意だから全て無制限の拘束力があるのではなく、制限されています。すなわち、原則ルールとしては、合意のとおり競業避止義務が発生します（Yは転職の機会を制限されます）が、例外ルールとしては、競業避止義務が発生しません（Yは転職の機会を制限されません）。

どのような場合に例外ルールが適用されるのか、という基準が問題になりますが、裁判所は、①競業避止義務によって「守られるべき使用者（X）の利益」、②「従業員（Y）の不利益の内容及び程度」、③「代償措置の有無及び内容」、④その他、を⑤「総合考慮」し、⑥その制限が「必要かつ合理的な範囲を超える場合」には、無効になる、という基準を示しました。

そのうえで、①（Yの職務内容等を詳細に検証）開発担当のシステムエンジニアに競業避止義務を課す合理性がないこと、②職種や地域の限定がなく、転職を禁じられるYの不利益が大きいこと、③給与と交通費しか支給されておらず、転職を制限される代償が無いこと、④禁止期間が1年に限定されているにしても、⑤全体としてみると、⑥必要かつ合理的な範囲を超える、と評価しました。

あわせて、同様の理由から、Yは違法な競業を行っていない、したがって公序良俗にも違反しない、と評価しています。

3．実務上のポイント

上記1.で、裁判所が、退職後の合意である点を指摘している点は、この事案に特徴的なポイントでしょう。在職中に競業避止義務を約束した場合よりも、意思決定の際の自由度が高い、ということでしょう。したがって、退職後の合意である点は、合意の有効性を認める方向で働く事情と評価できます。

けれども、これがどれだけ重要な意味を持つのかは明らかではありません。これが決定的な理由になったとは思われませんが、仮に本事案で、競業避止義務が退職前に合意された場合、結論が逆になるほどのものだったでしょうか。

今後、退職後に競業避止義務が合意された、本事案と同様の事案が生じた場合、どのように評価されるのか、注目されます。

動画で確認！

不動技研工業事件

長崎地裁令4.11.16判決（労働判例1290号32頁）

この事案は、会社Ｙから独立して、競合する別会社を設立した元従業員Ｉの呼びかけに応じ、Ｉ在籍中から別会社設立の検討などに関与した従業員Ｘ１、Ｘ２、Ｘ３に対し、関与の程度などに応じて、順次、懲戒解雇（＋普通解雇）、降格処分＋配置転換、諭旨解雇（＋普通解雇）の各処分を行った事案で、Ｘらは Ｙの従業員として元の地位にあることの確認や、未払賃金・不法行為に基づく損害賠償の支払い等を求めた事案です。

裁判所は、Ｘらの請求を概ね認めました。

1．理論構成

いずれの処分も無効、という結論は同じですが、理論構成が人によって異なります。

まず、解雇の効力が問題になったのはＸ１（懲戒解雇）とＸ３（諭旨解雇）です。

Ｘ１については、就業規則の懲戒事由のうちの一部に該当する（部下に転職の意向を確認した行為）としました。その他の行為については、就業規則の規定に「正当な理由なく頻繁に」という文言があることを理由に、規程違反（命令違反など）が「明白であること」が必要であるとし、Ｉとの協議等の準備行為等は、（服務規律違反ではあるものの）懲戒事由としてみた場合には明白ではないとして、懲戒事由に該当しないとしました。特に後者について、服務規律違反の有無と、懲戒事由該当性とで、同じ行為であっても結論が異なっており、就業規則の規定の仕方の違いにもよるのでしょうが、ペナルティーである懲戒処分をする場合にはより謙抑的である、という姿勢が垣間見れます。就業規則の規定の仕方が同じ場合（例えば、服務規律の規定を懲戒事由の規定がそのまま引用するような場合）にも、同様に謙抑的で異なる判断がされるのか、注目されます。

そのうえで、懲戒事由に該当する行為（部下への転職意向の確認）について、結局誰も転職しなかったことなどを重視して、懲戒権の濫用に該当する、と判断しました。

つまり、X1に対する懲戒処分については、1段階目として懲戒事由への該当性が問題とされ、それに該当する一部の行為について、2段階目として懲戒権の濫用の有無が問題とされたのです。

他方X3については、いずれも1段階目の検討で結論が出されました。すなわち、いずれの行為も懲戒事由に該当しない、と判断されました。ここでもX1の場合と同様、服務規律に違反する行為（ここでは、Iに対して引き連れていけそうな部下の名前を伝えて、Iの行為を助長した行為）について、懲戒事由についてだけ規定されている「重大な行為」という文言に該当しないとして、懲戒事由には該当しない、という判断をしている点が注目されます。

これらに対して、X2（降格処分＋配置転換）は、降格処分は懲戒処分としての降格処分であって、X1と同様の判断構造となっています。すなわち、服務規律違反を認めたものの、懲戒事由についてはその一部だけが該当するとし、さらにその処分も、影響力が小さい（ついてきそうな部下の名前を伝えたが、本人も転職に消極的であった、等）として、同じく懲戒権の濫用である、と評価しました。

このように、首謀者Ｉと異なり、それに協力したにすぎず、その影響も小さく、実際にＹを退社しなかったＸらに与えた懲戒処分については、懲戒処分の前提となる服務規律に違反するかどうか、次に少しハードルの高い懲戒事由に該当するかどうか、そして最後に懲戒権の乱用に当たるかどうか、という段階を経て慎重にその有効性が判断されたのです。

2．実務上のポイント

裁判所が認定した事実のうち、ＩがＸらと共に競合会社を立ち上げようと協議を重ねる経緯の描写が、時系列に沿って淡々とその概要を述べているだけなのですが、それでも非常に膨大な量であり、Ｙとの対立が徐々に明確になり、退社・会社設立に向かっていくＩと、退社の決断ができずに、Ｉとの距離が少しずつ広がっていくＸらの様子が、はっきりとドラマのように目に浮かびます。

結局、Ｙに対するＩとＸらとの距離感の違いが、ＩによるＸらの引き抜きの失敗につながっている、と見れますが、ＸらもＩと同じような立場や距離感にあれば、結論は違ったかもしれません。その意味で、今後のためにもＸらに厳しい処分をしたいとＹが考えたのでしょう。一種の見せしめ的な要素があると言えそうです。

けれども、実際に従業員が退社して競合他社に転職したような場合（例えば、「福屋不動産販売事件」大阪地裁令2.8.6判決労働判例1234号５頁、労働判例読本2022年版141頁）は、解雇などの処分も有効になりますが、そうでない本事案では、影響が小さいとして会社による処分が無効とされました。もちろん、主導的な立場かどうか、等の事情も考慮されていますが、実際に会社経営にどのような影響を与えたのか、という点が重要なポイントのようです。

動画で確認！

第12章

ハラスメント

ハラスメント　2023年の特徴

ハラスメントでは、会社の立場から整理すると、２つの類型に大別できます。すなわち、❶会社がハラスメントの成立を肯定するような事案では、会社はハラスメントの被害者側に立ったと言えるでしょう。他方、❷会社がハラスメントの成立を否定するような事案では、会社は加害者側に立った事案と言えます。

会社のリスクを考えた場合、❶では、加害者から処分の不当性を争われるリスク、❷では、被害者から、加害者のハラスメントに伴う使用者責任などを追及されるリスク（民事労災に発展する可能性もあります）、がそれぞれあります。ハラスメント事案で、会社は加害者と被害者の板挟みになっている、という状況を理解しておくことが重要です。

「東京三協信用金庫事件」では、ハラスメントの加害者とされる者への懲戒処分の有効性が問題となりました（❶）。

「栃木県・県知事（土木事務所職員）事件」では、ハラスメントの被害者から、会社も損害賠償責任を追及されました（❷）。

- 東京三協信用金庫事件（５分間の会話でハラスメント該当性肯定）／299頁
- 栃木県・県知事（土木事務所職員）事件（退職勧奨の言動のハラスメント該当性否定）／303頁

なお、「東京三協信用金庫事件」では、人事権、「栃木県・県知事（土木事務所職員）事件」では、解雇や合意退職も議論されています。

また、「長門市・市消防長事件」「糸島市・市消防本部消防長事件」は解雇に分類しましたが、ハラスメントが解雇の引き金となっています。「学校法人茶屋四郎次郎記念学園事件（東京福祉大学・授業担当）」は、労働条件に分類しましたが、ハラスメントや人事権（内部通報）、合意退職（退職勧奨）も議論されています。「医療法人社団誠馨会事件」は労災に分類しましたが、労働時間やハラスメントも議論されています。

東京三協信用金庫事件

東京地裁令4.4.28判決（労働判例1291号45頁）

この事案は、総務部の管理職者A（女性）に対して他の管理職者Xがパワハラを行ったとして、会社YがXに懲戒処分（降職降格、始末書提出・記録化）を与えたことに対し、Xがこれを違法と主張し、元の地位にあることの確認や給与減額分の支払等を求めた事案です。

裁判所は、Xの請求を否定しました。

1. 事実認定

ここでは、システム導入の進行に関し、Aに対して内線電話で、強い口調で以下のような発言をした、と認定したうえで、これがパワハラ（Yの就業規則に定められた懲戒事由、労働施策推進法30条と同様な規程）に該当すると評価しました。

本件発言①

「あなたさ、重要なシステムのID、パスワードをメールで送ってるけどさ、何考えてるの。メールにベタベタ貼り付けて、CCに部長とGを入れて、勝手に送ってるけど、何のつもり。自分のやってることわかってんのかよ。係長のくせにそんなことも分からないで、何勝手なことしてるんだよ」

本件発言②

「外部から来てただでさえ周りから受け入れられていないのに、勝手なことしてさぁ。あなたが勝手なことをしてるって皆言ってるぜ」

本件発言③
「ついでだから言うけど、この前のＦへの態度「言いましたよね、言いましたよね」ってまくしたてるように言ったけど、あの態度も気に入らないんだよ」

この３つの発言は、録音されていたものではなく、Ａがメモしていたものでした。発言のニュアンスまで詳細に認定されることは、それが録音されている場合にはよくあることですが、当事者の主張が真っ向から対立している論点で、メモのような、同一性が技術的に担保されていない記録の記載が、そのまま事実として認定されることは、あまり見かけないように思われます。

これは、発言のあったその日にＡが記録した、という時間的に接近していたことだけでなく、これと対立するＸの証言が信用できないこと（不自然に変遷するなど）、むしろ、ＸのＡに対する「苛立ち」とこれらの発言が矛盾しないこと、Ｘの発言にショックを受けたＡの言動が自然であること、等が根拠とされています。

Ｘが真っ向から否定している会話について、否定されているＡのメモの記載が、そのニュアンスまで含めてそのまま「事実」として認定されたのですから、逆に言うと、Ｘの言動が全く信用されなかったことになります。

2．ハラスメント

さらに注目されるのは、この３つの発言だけでＸのハラスメントを認定した点です。

判決の中で裁判所は、周辺的な事情として、この３つの発言のあった翌日の会議で、ＸがＡに対してさらに厳しい言葉を投げかけたことなども認定されていますが、ハラスメントの成否を検討する場面で、裁判所は、この3つの発言だけを根拠に該当性を認めています。

これを認めた根拠は、①については、システムのIDやパスワードに関し、全社員分を送付していないのに、送付していた、という誤解を前提にAを非難しており、前提から不適切だったこと、②については、業務と関係なく、「自らのAに対する悪感情を他の職員の相対的な意見であるかのように置き換えてAが周囲の職員から受け入れられていない旨を告げてAの人格を否定するものであり、甚だ悪質というべきである。」と、非常に辛辣に評価されていること、③も、Xのメール送信と無関係で、「Aに対する悪感情の発露としてされたものと推認せざるを得ない。」と、これも厳しく評価されていること、が指摘されています。そして、この3日後にメンタルクリニックを受診した、という事実を指摘したうえで、時間としてはわずか5分程度であっても、全体として、「一方的かつ高圧的」「強度の心理的負担」「企業全体の職場環境をも悪化」「組織を破壊しかねない行為」などの表現で①～③を評価し、ハラスメント該当性（就業規則の懲戒規定該当性）を認めています。

このように、悪質な場合には、わずか3つの発言だけでハラスメントが認定される場合もある、という点が参考になります。

3．実務上のポイント

Xの主張によれば、ハラスメントをしたのはむしろAの方であり、Xはそれを注意しただけ、ということになるでしょうが、裁判所は逆の認定をしました。

Yは、被害者Aと加害者Xの間に挟まれ、対応に苦慮していますが、関係者全員からヒアリングを行い、懲戒委員会で慎重に審議するなど、慎重なプロセスを踏んでいます。

ハラスメントの申告があった場合、中立性を確保しながら適切なプロセスと判断を行うために、どのように調査し、判断していくのか、という点からも、参考になる事案です。

動画で確認！

栃木県・県知事（土木事務所職員）事件

宇都宮地裁令5.3.29判決（労働判例1293号23頁）

この事案は、双極性障害を負った公務員Xの退職願を受けて栃木県Yが出した免職処分の有効性と、退職勧奨を行った上司の不法行為に基づく国賠法上の責任を争った事案です。

裁判所は、免職処分は無効として、Xの公務員としての地位を認めましたが、Yの国賠法上の責任は否定しました。

1．法律構成

Xが公務員の地位を失うのは、Yの一方的な行政行為である免職処分によるため、退職願いは無関係であるようにも見えますが、免職事由がない場合には本人の意思に反する免職が無効になるため、退職願いは免職無効にならないための意思確認です。このことから、退職願いが本人の意思に沿っていない場合には、免職が無効になる、としました。

公共団体からの一方的な行為である免職と従業員からの退職願の関係を、どのように関連付けるのか、参考になります。

そのうえで、Xの免職の有効性について、Xは錯誤や詐欺も主張していましたが、裁判所は、錯誤や詐欺について検討せず、退職願いが「自由な意思」に基づくものかどうかを検討し、Xの主張を認めました。

「自由な意思」と錯誤・詐欺の関係ですが、「自由な意思」は、意思表示の成立段階の問題であり（つまり、「自由な意思」が否定されると、意思表示が成立しなかったことになります）、錯誤や詐欺は、意思表示が成立したものの、意思表示に欠陥（瑕疵）があることを理由に意思表示の効力を否定する問題ですから、本事案のように「自由な意思」が否定されてしまえば、錯誤や詐欺は問題になりません。その意味で、「自由な意思」と錯誤や詐欺の関係が明らかにされたものとして、参考になります。

もっとも、本事案と逆の判断、すなわち「自由な意思」があると認定され、すなわちかなりしっかりと本人の意思が確認されたが、それでも錯誤や詐欺が成立すると認定される場合があるのか、現実問題としてこれを正面から認めた裁判例はないように思われます。理論的に、議論する順番を整理するだけでなく、実際に、意思表示の効力が否定されるためのレベルや相互の関係については、今後、議論されていくべきポイントです。

2．自由な意思

自由な意思を否定したポイントは、①双極性障害による傷病休暇中で、実際に体調も悪い状態だったこと、②医師や家族の同席もなく、退職以外の選択肢も示されず、面談からわずか２日後に退職願が提出され、③面談は、Ｘの責任を追及するような比較的厳しい内容だったこと、④面談時にはＸが一貫して復職希望を表明していたこと、などです。

労務トラブルに関する裁判例で、特に、従業員が自分にとって不利益な判断をした場合に、単なる意思表示ではなく、よりレベルの高い「自由な意思」を求められることが多くなりました。そこでは、その従業員にとって不利益な事情をしっかりと理解し、それでも不利益を受け入れる覚悟で意思表示したかどうか、という観点から検討されることが多いようです。

しかし本判決は、重視しているポイントが異なります。退職すると収入が無くなる、など、Xが被る不利益が歴然としているからでしょうか、不利益な事情の説明や理解は問題にされていません。そのかわり、Xが復職希望から退職受け入れに変わる合理性が、様々な観点から検討されています。

「自由な意思」の判断方法につき、不利益の受け入れとは違う方法での判断として、参考になります。

3．実務上のポイント

国賠法の責任については、一方で自由な意思を否定する内容である（上記③）と認定されたのに、他方で国賠法の責任は否定しました。Xの「自由な意思」を阻害する一要素となるほど厳しい内容だが、ハラスメントと評価されるレベルではない、ということになります。

このように、Xの上司の言動の評価は、非常に微妙だったことがわかります。

そうすると、実際にXの上司がどのように話をしたのかが問題になります。実際に話した内容を見ると、主なものだけで、以下のように非常に厳しいものです。

・Xは過去に何度も傷病休職を取っており、復職のハードルが高いこと
・復職後、仕事の責任を果たせる覚悟があるのか
・何度も傷病休職を取っていることは、県職員に向いていないという見方もできる
・その間の給与に対し、県民の理解が得られると思うか
・職場に甘えてきたのではないか
・後進に道を譲るとの考え方もできる
・他の職員に負担がかかる、多忙時には深夜0時を超える残業も

あった
・今後も、忙しい状況が発生する可能性を踏まえて考えるように

これらを見ると、状況によってはハラスメントが成立し、不法行為や国賠法の責任が認められる場合もあるレベルでしょう。

単に、どのような内容の言葉を発したのか、ということだけでなく、Xがこれまで何度も傷病休職を取っていた、等の諸事情を総合的に判断して、ハラスメントでないと判断されたことがわかります。

したがって実務上、簡単に「NGワード」かどうか、等と片付けるだけでなく、状況や文脈など、諸事情をしっかりと把握して検討することが重要です。

動画で確認！

第13章

労　災

労災　2023年の特徴

まず、行政労災です。

行政労災では、特徴的な裁判例が多く紹介されました。「国・北九州東労基署長（TOTO インフォム）事件」では、メンタルの発症ではなく悪化の場合の判断枠組みについて、厚労省の判断基準と異なる判断枠組みを示しました。「国・札幌中央労基署長（一般財団法人あんしん財団）事件」では、労災支給の判断に対し、会社がこれに異議を述べる訴訟提起の可能性が議論されました。「国・川越労基署長（サイマツ）事件」では、経営者が従業員がするような業務をしていたときに労災支給対象となるかどうかが議論されました。「国・中央労基署長（クラレ）事件」では、海外の駐在員に関し、特別加入していなかった事案です。特別加入していなかったため、「出張」でなければ労災支給されない状況にありました。

次に、民事労災です。

「大器キャリアキャスティングほか１社事件」では、隠れて二重労働していた従業員に関し、長時間労働でのメンタル疾患に対する会社の責任を認めました。「新潟市（市水道局）事件」では、労働者側の過失を理由とする過失相殺を認めました。「医療法人社団誠馨会事件」では、メンタル発症に関し、長時間労働について責任を認めましたが、ハラスメントについて責任を否定しました。

〈行政労災〉

・地公災基金熊本県支部長（農業研究センター）事件（業務起因性、肯定）／310頁
・国・北九州東労基署長（TOTO インフォム）事件（業務起因性、肯定）／313頁
・国・札幌中央労基署長（一般財団法人あんしん財団）事件（当事者適格）／317頁
・国・川越労基署長（サイマツ）事件（特別加入、労働者性）／321頁
・国・中央労基署長（クラレ）事件（特別加入、「出張」該当性）／323頁

〈民事労災〉

・大器キャリアキャスティングほか１社事件（二重労働契約、長時間労働）

／325頁

・新潟市（市水道局）事件／330頁

・医療法人社団誠馨会事件／334頁

なお、「国・川越労基署長（サイマツ）事件」では、労働者性や労働債務・労働条件、「大器キャリアキャスティングほか１社事件」では、労働債務・労働条件、「医療法人社団誠馨会事件」では、労働時間やハラスメントが、それぞれ議論されています。

また、「国・渋谷労基署長（山本サービス）事件」は労働者性に分類し、「国・天満労基署長（大広）事件」は労働時間に分類しましたが、労災についても議論されています。

地公災基金熊本県支部長（農業研究センター）事件

熊本地裁令5.1.27判決（労働判例1290号５頁）

この事案は、実際に豚の飼育をしながら、飼育方法などを研究していた施設Ｋに勤務していた職員Ａが、敗血症によって死亡したが、Ａの遺族が、これは豚から人間に感染するロドコッカス・エクイ菌によるものであり、業務上の疾病であると主張して、労災の支給を求めたのに対し、労基署Ｙは、Ａが元々有していた素因（免疫対価状態）が原因であって、業務起因性（因果関係）が認められないとして、労災に該当しないと判断した事案です。Ｙの判断が誤っている（したがって、決定の取り消しを求める≒労災支給決定をする）ことを求め、Ｘが訴訟を提起したところ、裁判所はＸの主張を認めました。

1．ロドコッカス・エクイ菌の感染経路

Ｙは、感染防止のために様々な措置が講じられていた（マスクの着用など）ことから、豚の飼育に伴う作業を通して感染したのではない、と主張しましたが、裁判所はこれを否定しました。それは、ロドコッカス・エクイ菌が繁殖しやすい箇所（飼育環境、土壌）に日常的に接触していて、日常的にこれを吸入し得る状態にあったこと、感染防止措置も徹底されていなかったこと、職場以外で豚やロドコッカス・エクイ菌が繁殖しやすい箇所への接触が無いこと、複数の医師の意見書で業務を通して感染したと評価していること、等が理由となります。

疑われる原因である可能性が高く、他の原因が想定できない、

という事実を認定する方法は、原因認定の際によく用いられる方法であり、ここでの判断は合理的でしょう。

2．Aの素因とロドコッカス・エクイ菌の関係

問題は、敗血症に至る原因が、Aの素因によるのか、ロドコッカス・エクイ菌によるのか、という点です。どちらか一方だけが原因、とは言えないので、オールオアナッシングの選択の問題ではなく、いずれの影響の方が大きいのか、という程度の問題です。しかも、複数の医師の意見書が、異なる見解を示しており、専門家から見ても評価が分かれる問題です。

結果的に、ロドコッカス・エクイ菌が原因ではない、とする2つの意見書の結果ではなく、ロドコッカス・エクイ菌が原因である、とする2つの意見書の結果を採用したことになりますが、そこでは、裁判所も医学的に相当踏み込んだ判断をしています。

すなわち、両者の内容を比較する前に、ロドコッカス・エクイ菌が原因となりうることを認定しています。すなわち、ロドコッカス・エクイ菌がAの体内から検出されたこと、ロドコッカス・エクイ菌は免疫力が低下している場合だけでなく健常者も感染し得ること、が認定されました。

そのうえで、医師の意見書の比較検討が行われています。

まず、ロドコッカス・エクイ菌が原因とする2つの意見書から、特に注目されるポイントを指摘しています。すなわち、ロドコッカス・エクイ菌への曝露量が大きいことからAの素因の影響は小さいと評価できる点、Aの素因も、うがいや手洗いの励行で対応可能であって、日常生活や就労の制限が必要でなく、実際に制限がされていなかった点、を指摘しています。

次に、ロドコッカス・エクイ菌が原因ではないとする2つの意

見書について、医学的な反論を行っています。すなわち、白血球数、ヘモグロビン値、甲骨髄球値、など様々な数値の推移を検討し、免疫力が低下した状態（Aの素因）であり、健康な状態とは言えなくても、安定はしていた、と認定し、Aの素因の「影響した程度が高いものとはいえ（ない)」と評価しました。

このように、医学的な見解が対立する場面で、裁判所は医学的な観点から検討を行い、言わば正面からこの問題に対して判断を下しています。随分と勉強したはずで、頭が下がります。

3．実務上のポイント

労働問題に関する事案だけでなく、交通事故や医療過誤など、様々な分野で、医学的な論点が争われることがあります。原告と被告双方から、医学的な意見書が出されることが多くありますが、医学的な意見書が提出されるだけでは足りず、相手方の意見書の内容が医学的に誤っていることまで証明できなければならない、ということが理解できます。実務上、医師に診断書の作成を依頼する際、相手側の意見書への反論も、（それが同時なのか、後で追加で行うのか、は状況に応じます）お願いしておかなければならない、という点が、訴訟などの対応におけるポイントになります。

動画で確認！

国・北九州東労基署長（TOTOインフォム）事件

福岡地裁令4.3.18判決（労働判例1286号38頁）

この事案は、システム開発に関わる従業員Xが、うつ病・不安障害を発病したために休職し、復職後しばらく勤務した後、再度、うつ病・不安障害を発病して休職・退職した事案で、労基署Yが労災に該当しないと認定した事案です。Xは労災に該当するとしてYの判断の取消しを裁判所に求めたところ、裁判所は、Xの主張を認めYの認定を取り消しました。

1．判断枠組み

この判決は、労災の認定について非常に注目される判断を示しました。

それは、メンタルの労災認定に関する判断枠組みのうちでも、業務によって初めてメンタルを発病した場合ではなく、既にメンタルを業務外で発病していた従業員が業務によってこれを悪化させた場合の判断枠組みです。

このような「悪化」事案の判断枠組みは、従前から、原則として労災に該当しないが、例外的に「特別な出来事」に該当した場合に限って労災に該当する、というものでした。特に問題となるのは、この「特別な出来事」が、危なく死ぬかもしれないような、極めて重大な事態に直面した場合に限られている、という点です。そして、既に発病していたメンタルの影響と、業務上のストレスの影響のいずれによるものかの判断が極めて困難であること等の理由から、労災の認定基準として厚労省が採用しており、この認定基準を、多くの裁判所も判断基準として採用してきました。

すなわち、既往の業務外のメンタルが治っていた（寛解していた）場合には、初めて発病した場合の判断枠組みで判断し、治っていなかった場合には、この「特別な出来事」のある場合にだけ労災が認められることになります。既往のメンタルが治っていなかった場合には、労災認定される可能性が極めて限定的になるのです。

ところが本判決は、既往のメンタルが治っていたかどうかで形式的に異なった基準を適用するのは相当でない、という理由で、これまで一般的に採用されてきたこの判断枠組みとは異なる判断枠組みを採用しました。

それは、発病・悪化時点の「当該労働者の具体的な病状の推移、個別具体的な出来事の内容等を総合考慮した上で、業務による心理的負荷が、平均的労働者を基準として、社会通念上客観的にみて、精神障害を発病させる程度に強度であるといえ、業務に内在する危険が現実化したと認められる場合」かどうか、というものです。

つまり、初めて発病する場合と違うのは、冒頭部分、すなわち「当該労働者の具体的な病状の推移」を考慮事情に加える、という点だけで、初めてメンタルを発病した場合と同じ判断枠組みを用いる、という判断枠組みが示されたのです。

2．あてはめ

この判断枠組みに基づき、判決は労災を認定しました。

すなわち、私なりにポイントを整理すると、①既往のメンタルは治っていない（寛解していない）、②しかし、寛解に近い状態にあった、③困難なトラブル対応に一人で当たらなければならないなど、「強」程度のストレスがあった、④メンタルの悪化時期は③の時期であり、既往のメンタルの影響ではなく③の影響でメンタルが悪化したと評価できる、という判断が示されました。

もし、従前と同じ判断枠組みであれば、①によって、「特別の出来事」が必要となり、③も、いくら「強」と言っても死に直面したほど強度なものではありませんから、労災が否定されたでしょう。

けれども、上記の判断枠組みから、従前の一般的な判断枠組みに基づく評価（③）に加え、既往のメンタルの影響も考慮（④）して、労災を認定したのです。

このように、従前と異なる判断枠組みが採用されたことによって、労災認定の結論も異なった、と評価できるでしょう。

3．実務上のポイント

労働時間の認定について、毎日の労働時間を一々細かく認定できるだけの事実や証拠がないにもかかわらず、一般的な勤務状況等の間接的な事情から、平均的な勤務時間はこの程度だろう、という認定がされている点は、行政労災・民事労災のいずれでも共通して認められる判断方法です。事実や証拠が十分でないのに、原告の請求を認めるというのは、立証責任に関する原則的なルールから見るとおかしいのですが、従業員の労働時間を適切に管理すべき会社がこれを怠っていたのに、その不利益を従業員が一方的に負うことになるのは公正ではなく、平均的な勤務時間はこの程度だろう、というこのような事実認定は、労災の認定の際の一般的な認定方法として、実務上、定着しているように思われます。

他方、既にメンタルを業務外で発病していた従業員が業務によってこれを悪化させた場合の判断枠組みは、他の判決では見かけないもので、これが他の裁判でも採用されるものかどうかが、今後の運用上の問題として注目されます。

さらに、労災を一時的に認定する労基署が、この判断枠組みを採用するかどうかも問題です。労基署では、裁判官のような事実認定の訓練と経験を積んだわけではない行政官が、ブレずに判断するために設定された判断枠組みに基づいて、ある程度機械的・形式的に行うことが必要であり、上記③④で示されたような柔軟な判断を、全国の労基署の行政官に求めることが難しいように思われるからです。

裁判官が必ず判断してくれるのであれば、この判決が示すように、それなりに合理性があるかもしれませんが、労基署の行政官が判断する際に、判断者ごとのブレを押さえて、公正に判断してもらえるのか、という制度上の問題も含め、労災認定の実務に、どのような影響を与えるのか、今後注目すべきポイントです。

動画で確認！

国・札幌中央労基署長（一般財団法人あんしん財団）事件

東京高裁令4.11.29判決（労働判例1285号30頁）

この事案は、従業員が精神障害を発症させたことが、労災に該当すると労基署Ｙが判断し、労災支給処分を命じたことに対し、使用者である財団Ｘが、この労災支給によってＸの支払う労災保険料が高くなってしまう、したがって労災支給の命令の取り消しを求める立場にある（当事者適格がある）、という理論を前提に、労災支給処分の取り消しを裁判所に求めた事案です。

１審は、Ｘには当事者適格がない、という理由で労災支給処分が適切かどうかの判断に踏み込むことをせず、門前払いとしました（却下）。

これに対し２審は、Ｘには当事者適格がある、と判断しました。そのうえで、労災支給処分が適切かどうかについて審理されていないことから、これを審理するように１審に差し戻しました。

1．労災法・徴収法上の事業主

本事案で１審と２審の判断を分けたポイントは、労災法・徴収法（「労働保険の保険料の徴収等に関する法律」）の位置付けやそこでの事業主の位置付けの違いにあるようです。

すなわち、１審は、労災法・徴収法は労働者を保護する制度であって、事業主を保護する制度ではない、と繰り返し指摘しています。そのうえで、労災支給処分の取消請求権を事業主に与えるわけにはいかない、その代わり労働者と労基署が裁判で労災認定を争っている場合には、その裁判手続きに補助参加することが可能、と判断しました。労災保険制度は、本来は事業主が負担すべき労災への補償を、国が代わって支払うことで、「迅速かつ公正な保護」を図ることを目的とするのに、事業主からの取消訴訟を認めると、この迅速さが阻害されるからです。

特に重要なのは、理論構造です。

すなわち、最高裁判例によって示されたルールによれば、行政上の「処分の法的効果による権利の制限を受ける場合」、例えば処分により「公課の納付義務の範囲が増大するなど直接具体的な不利益を被る恐れがある場合」には、処分対象者（本事案では従業員）ではない場合（本事案ではX）であっても、当事者適格が認められることになります。

そして、実際に1審も、Xには「労働保険料に係る法律上の利益を有することは否定しがたい」と認定しており（労働判例1285号56頁左7行目）、この最高裁のルールによれば、本来、Xも当事者適格が認められるべきだったはずです。けれども、1審は上記の理由でXの当事者適格を否定しましたから、Xの当事者適格が否定されるのは、労災法・徴収法が根拠になります。すなわち、労災法・徴収法は、労災被害者を保護するための方法・制度として、単に労災保険を支給することだけでなく、事業主からの訴訟を禁止することも採用した、と評価したことになるのです。

これに対して2審は、最高裁のルールを引用したうえで、特に労災法・徴収法の目的や構造に触れることもなく、当然のことのようにXの当事者適格を認めました。2審がYの反論に対して答えている部分を見ると、実際にXの労災保険料が上がってしまうことを指摘し（4年で約760万円。Xに訴訟で争う機会を与える必要性を強調しているのでしょう)、さらに誤った労災保険の支給をただす機会を与えないと、事業主の間の公平性が害される、と指摘しています。

上記のような理論構成について言及されていないのは、1審の理論構成が強引すぎるからでしょうか。というもの、ざっと考えるだけで、以下のような問題を指摘できるからです。

・　保険金を受け取れる、という「権利」を設定する法律の中で、訴訟上の当事者適格を制限する、というルールを合わせて盛り込むことは、技術的には可能だが、国民の裁判を受ける権利は憲法上の権利でもあり、これを制限するのに明文の規定もなく、解釈だけでルールを盛り込むことは、不合理である。
・　保険制度全体を見た場合、たしかに労災保険では保険料の金額設定が保険金と収支均衡する必要性が無いかもしれないが、実際には、事業主のリスクを減らす、という制度上の機能がある。すなわち、本来事業主が労災の損害を補償しなければならないところ、労災保険料を支払うことによって労災から保険金が支払われ、事業主のこの責任が軽減されるのだから、保険料の金額の多寡は、事業主にとってもそのリスク分散のコストの多寡として、直接、利害関係を有する。労災法・徴収法は、労働者保護だけが目的であり、事業主は関係ない、というような1審の評価は、保険の構造を理解していない、不当なものである。

少なくとも、2審の示した判断や理論構造が、訴訟の在り方や労災法・徴税法の構造に照らして、シンプルだけれども理論的である、と思われます。

2．実務上のポイント

とは言うものの、労災支給の判断がされた場合、事業主が常に必ず訴訟適格を有するわけではありません。保険料が上がらないような、保険金額が小さい場合等には、当事者適格が否定される、という判断をしています。

しかし、会社としては、労災保険の保険料が上がる可能性があるだけでなく、労災支給の判断が、会社と従業員の間の民事労災（損害賠償）の判断にも影響を与えますので、労基署の判断を争いたいと考える場合があるでしょう。

１審の裁判官のような判断をする裁判官が実際にいたわけですから、２審の判断した内容がルールとして確立している、とは言えないかもしれませんが、少なくともこれを争える可能性は認められました。労災該当性が争われるトラブルが生じた際、参考にすべき裁判例です。

動画で確認！

国・川越労基署長（サイマツ）事件

東京地裁令3.4.5判決（労働判例1278号80頁）

この事案は、中小企業の事業主として、労災保険の特別加入者となっているＸが、仕事で使う自動車を選ぶために中古車販売業者を訪ねた帰りに交通事故に遭った事案で、労基署Ｙは、労災に該当しない、と判断しました。これを不満として、Ｘは労災の支払いを求めたところ、裁判所はＸの請求を認めました。

1．特別加入

特に注目されるのは、特別加入制度です。

中小企業の事業主も特別加入が可能であり、被保険者となります。しかし、全ての災害について補償されるのではありません。労災は、本来、労働者を保護する制度だからです。

そこで、どのような場合に労災が支給され、どのような場合に支給されないのか、という判断枠組み（ルール）が問題となります。

この点、判決は、事業主「本来の業務等」は適用対象ではないが、「労働者の行う業務に準じた業務」は適用対象になる、と示しました。

そのうえで、自動車を選ぶことや、そのための下見に行くことが、「労働者の行う業務に準じた業務」に該当するかどうかを、一般論としてではなく個別の状況に応じて具体的に検討しています。

2．労働者の行う業務に準じた業務

この事案では、Ｘが自動車の購入を決定しますが、会社が所有する自動車の多くが、各従業員の専属となっており、各従業員が自分で使う自動車の選定と購入の依頼をしていました。代表者であるＸについても、最終的に自分自身が購入を決定する権限があるものの、自分が使う自動車は自分が選ぶ、という点では従業員（労働者）と同じです。

このことが、労災適用の理由とされています。

すなわち、代表者が購入を決定していたのだから代表者の業務だ、と一般論で簡単に片づけるのではなく、実際にどのような業務を従業員が行っているのか、ここでの代表者の行動がこれと同じかどうか、をこの会社の独特な役割分担や実情に照らして判断しています。

業務の実態まで踏み込んだ判断がされているのです。

3．実務上のポイント

ここでは、経営者の業務か、従業員の業務か、という問題でした。

他方、多くの労災のトラブルでは、業務に該当するかどうか、が問題になります。

両者は全く異なる問題のようにも見えますが、結局、従業員の業務に該当するかどうか、という点では同じであり、しかもそれを形式や一般論ではなく、個別具体的な会社の事情や状況まで踏み込んで判断するという判断方法も同じです。

会社代表者なのに労災が適用される、という珍しい場面ですが、判断の方法としては他の労災トラブルと共通する問題がありますので、参考になります。

動画で確認！

国・中央労基署長（クラレ）事件

東京高裁令3.12.2判決（労働判例1295号94頁）

この事案は、海外勤務の従業員Ｋが海外で自殺した事案です。労災の受給資格があるのかどうか、労災保険法３条１項の「適用事業」に該当するのかどうか、が問題となり、労基署Ｙは適用事業に該当せず、Ｘに受給資格がない、と判断しました。これを不服とするＫの遺族Ｘが、適用を求めて訴訟を提起しました。

１審（東京地裁令3.4.13判決労働判例1272号43頁、読本2023年版319頁）に続き２審も、Ｙの判断を支持しました（労災保険金の支払いを否定しました）。

１．ルール

この事案では、労働判例であまり見かけないルールが問題となっていますので、ここでもルールの概要を確認しましょう。

すなわち、海外勤務の労働者に労災保険が支払われるかどうかが問題になりましたが、このルールは、①出張の場合には労災保険が支払われる、②海外事業への派遣の場合には、「特別加入手続き」をした場合にのみ労災保険が支払われる、というものです。

したがって、①出張か②派遣か、の区別が、労災保険金が支払われるかどうか、の結論を左右する重要な問題となります。諸事情を総合判断しますが、その中でも特に、「指揮命令」の有無が主なポイントになります。

そして本事案では、会社が特別加入手続きをしていなかったため、Ｋの海外勤務が「派遣」に該当すると認定されると、労災保険金が支払われないことになります。

2．事実

１審２審いずれも、日本の会社本体ではなく海外の事業所が指揮命令していた、と認定し、労災保険金の支払いを否定しました。

特に２審では、Ｘが、Ｋの給与等は日本の会社本体が管理しており、海外勤務先も日本の会社本体が仕切っているプロジェクトの一部である、などと主張していますが、裁判所は「在籍出向」であった点を重視しています。すなわち、出向である以上、出向先の指揮命令に従うことが予定されていたはずである、という形式面が重視されているのです。

労働法では、法律的な形式よりも実態が重視され、実態に即したルールが適用される傾向があります（例えば、サービス残業や名ばかり店長）から、「在籍出向」という形式だけで結論が出るわけではありません。１審では、指揮命令の実態に関し、かなり詳細に認定されており、それに追加する事情として、「在籍出向」という形式も追加して考慮すべき要素、すなわち実態だけでなく形式も伴っている、という趣旨の判断と考えられます。

3．実務上のポイント

理由はあまり明らかでありませんが、この会社は、これまでは特別加入手続きをしていたのに、Ｋに関してはこれが不要と誤解し、手続きをしなかった、と認定されています。

１審の解説でも指摘したポイントですが、社労士などに確認すべきだったでしょう。

動画で確認！

大器キャリアキャスティングほか1社事件

大阪高裁令4.10.14判決（労働判例1283号44頁）

この事案は、24時間営業のガソリンスタンドから、深夜早朝の業務の委託を受けていたＹに勤務し、深夜早朝に勤務していたＸが、Ｙに無断で日中、ガソリンスタンドに直接勤務する（二重契約）など、問題のある言動を繰り返していた一方で、退職後、長時間労働によって適応障害が発症した、として、Ｙに対して損害賠償を請求した事案です。

１審は、Ｘの請求を全て否定しましたが、２審は、適応障害を発症させた点にＹの責任を認め、請求を一部認めました。

1．Ｘの主張の背信性

Ｘは、よほどガソリンスタンドでの業務が気に入ったのか、深夜早朝にＹとの契約で働いていることを秘して（契約の相手が違うと言っても実際に働く場所が同じガソリンスタンドだから、いずれバレるでしょうが）、ガソリンスタンドと直接契約し、日中にも働いていました。その結果、休日が無くなってしまい、連続勤務が続く状態にありました。しかも、勤務時間も月間300時間前後など、長時間労働の状態にありました。さらに、この長時間労働等が原因となって適応障害が発症した、という医師の診断も得ました。

このようなこともあり、Ｘには労災が認定されています。

けれども、実際にこのような状況にあることが、労働環境として過酷といえるほどのものではなかったようです。特に深夜早朝の勤務は、モニターを見ながら待機していて、必要があったり呼び出されたりした場合にだけ対応すればよく、２審判決自身も、「労働密度」が濃くない、と評価しています。さらに、他の従業員のシフトまで自分の勤務時間にしようと持ち掛けるなどしており、連続勤務や長時間勤務は、Xが「積極的に希望」し、Xの「積極的な選択」によるもの、と評価しています。

このような背景を見れば、休日を確保しなかったり、長時間勤務を強いたりしたことで、適応障害を発症させた責任がある、というXの主張は、自ら招いたことを棚に上げた主張であり、背信性があります。法的に見れば、「禁反言の原則」「クリーンハンドの原則」「信義則違反」等によって、Xの主張や請求自体が否定される可能性もある、といえるでしょう。そして、１審も、明言はしていませんが、このような背信性を考慮して、Xの請求を全て否定したようにも思われます。

けれども、２審は、上記のように背信性の前提となる事情（二重契約・連続勤務や長時間勤務を自ら望んで行った点など）を認めたのですが、Xの請求の一部を認めました。

２．理論的な問題

１審と２審の違いがどこにあるのか、という点ですが、事実認定については、１審と大きな違いは無さそうです。

そうすると評価の違い、ということになります。

では、何が違うのか、すなわち２審は背信性があるのになぜXの請求の一部を認めたのか、という点ですが、それには、２つのポイントがあるように思われます。

１つ目は、労基法などで定められた会社側の義務です。すなわち、休日を与えるべきことや、長時間労働させないことは、法律が、当事者の意思に関わらず強制するルール、すなわち「強行法」です。そうすると、Xが嘘をついてまで二重契約をしたり、望んで長時間労働していたりしても、Yがこれらの義務を果たしていない以上は、「強行法」違反ですから、責任を免れさせるわけにはいかない、と考えたのかもしれません。

実際、二重契約の可能性をYの管理職者が認識した後、Yは事実調査を行い、日中の契約を解消するように指導していますが、その期間が1月ほどかかっています。この点、真偽を確認するために1か月かかったとするY従業員の証言の信用性に関し、ある程度時間がかかる旨の証言内容に合理性がある、と評価しています。依頼者であるガソリンスタンドに確認し、対応を決めることも必要であり、相当の配慮が求められる点も指摘しており、裁判所は、慎重な対応の必要性や合理性に対して理解を示しています。

さらに裁判所は、このような指導や、実際に二重契約状況が解消されるまでの時間について、「不法行為」には該当しない、と評価しています。

けれども、二重契約の可能性を知ればすぐに長時間勤務を避けることができた（シフトに入れない、など）から、「安全配慮義務違反」に該当する、と評価しています。

「不法行為」責任と、「安全配慮義務違反」の責任は、法的な性格が違う、という整理でしょうが、不法行為責任のために必要な「過失」の認定のためには、一般的に何らかの「義務違反」が必要であり、一般的にこの「義務違反」は「安全配慮義務違反」と同様の内容になりますから、本事案は、一般的な場合と異なる評価をしたことになります。不法行為責任の認定のための「義務違反」と、安全配慮義務違反がなぜ異なるのか、理論的にもより踏み込んだ説明が求められるべき問題です。

裁判所が、両者の違いを認めて二重契約による連続勤務や長時間勤務の責任を認めたのは、休日や長時間労働に関するルールが「強行法」であり、遵守することが強制される点を根拠にしているのでしょうか。すなわち、強行法であるルールが適用されるのは労働契約であり、だから、安全配慮義務違反についてだけ厳しいルールが適用され、求められる義務の程度が高くなるが、不法行為には適用されないので、求められる義務の程度は高くならない、という理由でしょうか。

２つ目は、労災認定との整合性です。

理論的に必然な関係にはないのですが、連続勤務や長時間勤務を原因とする労災が認定されていることから、民事上のＹの責任を否定しにくい、という理由があるのかもしれません。

これらの点について、より踏み込んだ検討が期待されます。

3．実務上のポイント

さらに、実務での対応についても考えてみましょう。

この裁判所の判断を、労務管理の観点から見た場合、二重契約の有無を確認し、対応を決めるまでに、依頼者であるガソリンスタンドに配慮しつつ（二重契約を簡単に批判するわけにいかないし、従業員との関係という個人情報・営業秘密について話を聞かなければならない）慎重に対応することが求められる一方、直ちにＸの就労を禁じる対策が必要、ということになります。例えばハラスメントが疑われる事案であれば、加害者とされる従業員などに対し、有給で在宅勤務を命じ、じっくりと真偽を調査するようなことは、実際に行われる方法なので、それと同様にＸを直ちに勤務から外す、という発想も分からないではありません。

しかし、本事案の場合、Xはアルバイトであり、シフトに入れなければ収入がなくなってしまいます。有給で在宅勤務を命ずる場合とは、この点が明らかに異なります。そして、このようにXの生活を破壊しかねない措置を、二重契約かどうか判明していない段階で講じることは、このことで会社の別の責任を発生させかねません。シフトを不当に入れない、という会社の対応について、従業員に対する賠償責任を認める裁判例があるからです。

つまり、会社は、二重契約の調査確認を慎重に行う必要がある反面、従業員に対する責任やトラブルの危険を負いつつ、当該従業員をシフトから外さなければならない、という板挟みの状態になるのです。

理論面からも、労務管理の実務の観点からも、今後、議論が深められるべき問題を含んだ裁判例と評価できます。

動画で確認！

新潟市（市水道局）事件

新潟地裁令4.11.24判決（労働判例1290号18頁）

この事案は、市役所Ｙの職員Ｋ（水道局主査、勤続18年）が、パワハラなどを苦に（遺言書）、ゴールデンウィーク明けに飛び降り自殺した事案です。業務起因性があるとして公務災害認定された後、遺族Ｘらが、Ｙに対して民事上の損害賠償を求めたところ、裁判所は、Ｘらの請求の一部を認めました。

1．Ｙの義務違反

裁判所は、一面でパワハラとしてＸらが主張するＫの上司の言動について、証明不十分としました。これは、同じ上司の部下（Ｋの同僚）が、Ｋの公務災害認定手続きの際に提出した陳述書では、上司による不当な言動（例えば、不当に叱責したり、長時間説教したりするなど）が証言されていたのに対し、その後この証言を翻し、裁判にも証人として出頭しなかったことから、その信用性が否定されたことによります。

このことから、公務災害の認定の際には、ハラスメントが業務起因性の主要な原因だったのですが、本事案ではハラスメントが認定されませんでした。公務災害認定の際は、労災の場合も同様ですが、会社側に不利な証言などがあっても、会社側が反対尋問を行うなど、反証や反論をする機会が与えられる保証がありませんので、そのような手続上の違いが、事実認定と結論に、大きな違いをもたらしたのです。

ハラスメントと認定できないにも関わらず、結局、Ｙの民事責任が認められたのは、ハラスメント以外の理由になります。すなわち、上司以外の者によるＫのサポートや、上司自身の言動の改善を行う義務があったのに、Ｙはこれを怠った、というＫの健康への配慮義務の違反という法律構成になったのです。

このことは、ハラスメントとメンタルの問題を分けてて考える近時の裁判例の傾向にも合致します。

かつては、ハラスメントの責任が無ければ、メンタルについても責任が無い、というような考え方もありましたが、近時は多くの裁判例で、この両者を分けて検討しています。例えば、ハラスメントが否定される場合であっても、従業員が心理的に追い詰められたような状況にあれば、それをサポートしなければならない、しかしそのようなサポートが不十分だったので、会社には責任がある、というような内容の裁判例を、いくつか見かけるようになってきたのです。

従業員への加害行為とも言うべきハラスメントと、従業員をケアするメンタルの問題と、異なる視点から検討を行う必要のあることが、理解できます。

２．過失相殺

さらに、ハラスメントとメンタルの問題の違いは、（理論的に必然の関係にはないでしょうが）過失相殺についても影響を与えているように思われます。

どういうことかというと、ハラスメントの場合には、被害者に対する侵害行為が直接的ですので、被害者がこれを回避したり、損害を小さくしたりする対策を講じることを、簡単に要求することができません。その分、過失相殺が認められる可能性やその程度が、いずれも小さくなります（一般論）。

他方、サポートする義務の違反であれば、従業員自身がメンタルの発症や悪化について、当事者ですから一番よくわかるはずであり（実際は、それが難しい場合もありますが）、それを回避したり、損害を小さくしたりする対策を、より広く要求することができるでしょう。その分、過失相殺が認められる可能性やその程度が、いずれも大きくなります（一般論）。

さらに、同じメンタルの問題であっても、過失相殺を認めない判例もある中で、50%もの過失相殺を認めた点も注目されます。

本判決では、Kが18年も市役所に勤務しており、同僚、上司、さらに上司の上司に対して相談するなどの対策を講じることができた、等という理由で、50%の過失相殺を認めています。同じ自殺でも、有名な「電通事件」（最判平12.3.24労働判例779号13頁）は、労働者の個性を理由とする過失相殺を否定しました。人に相談できずに抱え込んでしまい、それが負担となって自殺した、という点では同じなのですが、本事案のように勤続18年にも及ぶ中堅の場合には、自分自身でストレスに対処できる期待が大きくなるということでしょうか。

例えば交通事故に関する過失相殺について、事故態様に応じた類型化が進んでいますが、民事労災（行政労災の場合には、過失相殺は問題になりません）でどのような場合に過失相殺が認められるのか、その程度はどの程度なのか、という問題については、今後、議論が深化し、整理されていくべき問題です。

3．実務上のポイント

サポートすべき義務とその義務違反を認めた理由は、Kにとって初めての業務が与えられたのに、指導やサポートが十分でなく、Kが自分で問題を抱え込む傾向が強いうえに、上司は日頃から厳しい言動を取っているのに、Kへのサポートが十分でない点にあります（概要）。

メンタルの問題として会社の責任が認められた事案の多くでは、従業員にそのような兆候が表れていたのにサポートしなかった、という点が重視されています。けれども本事案では、兆候すら表れていない場合であっても責任が認められるような判断をしています。すなわち、業務の内容や置かれた環境、仕事の内容等が、責任を認める根拠であり、極端に言えばKをこの部署に配属し、当該上司の下に置いた段階で、義務違反を認めることすらできてしまいそうです。

従業員のメンタル問題の兆候を見逃さないにしよう、という現場での管理職者だけの問題ではなく、従業員の適正や個性、業務内容や各部署の雰囲気、上司との相性、等を考慮して適切な配置を行わなければならない、という管理本部（人事部）の問題でもある、したがって、労務管理を現場任せにせず、経営・本部側も適切に配慮する必要がある、という教訓も示されたのです。

動画で確認！

医療法人社団誠馨会事件

千葉地裁令5.2.22判決（労働判例1295号24頁）

この事案は、研修医Xが、長時間働いたのに残業代が支払われていない、長時間労働やパワハラによって適応障害となった、と主張して、病院Yに対し、残業代や賠償金の支払いを求めた事案です。

裁判所は、いずれも、その一部を認めました。

1．残業代

ここでは、まず固定残業代の合意の有無が問題になりましたが、残業代部分に関し、判別できなかったという理由で合意がないと判断されました。この点は、固定残業代に関する裁判例として一般的に認められてきた基本的な部分です。特に異論ないでしょう。

そのうえで、携帯を持たされて待機していた時間のうち、病院外で待機していた時間については、実際に病院に駆け付けた場合を除き、労働時間ではなく（したがって、残業代は認められない）、病院内で待機していた時間については労働時間である（したがって、休憩時間も労働時間時間である）、と判断されました。

特に注目されるのは、病院外での待機時間です。

たしかに、宿直室での待機中に呼び出されることがあっても、その頻度が小さいとして、労働時間ではないと判断されたような裁判例もありますが、本事案での呼び出しの頻度は、39回の待機中、7回であり、その時間も短かったはず、という認定であり、比較的多いように思われます。

労働時間の認定について、判断の難しい点ですが、１つの参考事例となります。

２．民事労災

労災の成否については、長時間労働について民事労災を認定し、パワハラについて否定しました。

このうち長時間労働に関して労災を認めた点は、残業時間の長さを労災認定の重要な要素と位置付ける近時の行政実務や裁判例の傾向に合致するものです。

特に注目されるのは、パワハラです。

Ｘは、一緒に執刀していた医師などから、「バカ」「何やってんだよ」「おい！」「おせえんだよ」などと言われたり怒鳴られたりしたことがパワハラに該当する、と主張しました。

これに対し裁判所は、それぞれの発言（合計７回の機会）について、それぞれの状況を認定してどのような状況でこれら不適切な発言があったのかを認定したうえで、いずれも、「社会通念上許容される指導の範囲」を逸脱しない、などと評価して、パワハラに該当しない、と判断しました。後期研修医として実際に執刀を行うことが期待されていたこと等、Ｘに期待された能力などが前提となっており、他方、実際に外科手術すべき患者の安全の問題がある深刻な状況であったことから、比較的厳しい指導もパワハラではないと判断されたようです。

状況によっては、人格非難とも評価されかねない発言もあり、言葉の表現だけを見ればパワハラと評価される可能性もありますが、パワハラ該当性は、表現だけで判断されるわけではないことが理解できます。

3．実務上のポイント

若手医師の働きすぎやストレスは、社会的にも注目されている問題です。法的には、その一部だけ責任が認められましたが、法的に責任が認められなければ構わないという問題ではないはずです。医師の専門性と責任の高さを考えると、若いうちに沢山働いて経験を積むことの重要性も分かりますが、健全なやり方が模索されるべきであることなど、法的な問題以外も問題提起されている事案と言えるでしょう。

動画で確認！

第14章

休　職

Labor case

休職　2023年の特徴

「シャープNECディスプレイソリューションズほか事件」では、復職の判断基準について、従業員の休職前の状態に戻れば十分、という趣旨の判断をしています。債務の本旨に従った労務の提供可能性とは違うレベルでの判断基準であり、今後の動向が注目されます。

・シャープNECディスプレイソリューションズほか事件／339頁

シャープNECディスプレイソリューションズほか事件

横浜地裁令3.12.23判決（労働判例1289号62頁）

この事案は、会社Ｙに入社後間もない時期から、上司らの指示に反する言動（無届残業等）や、業務遂行能力不足（報告・連絡・相談ができない、長時間泣いてしまう、等）、コミュニケーション能力・社会性等の欠如（懇親会で誰とも会話しない、自分だけ違うものを注文する、等）が見られた従業員Ｘが、休職を命じられ、休職期間（就業規則所定の16か月に、延長された15か月を合わせた、31か月）満了時に自然退職とされた事案です。

Ｘは、復職可能だったから自然退職は無効である、と主張し、裁判所はこの点に関するＸの主張を認めました。

なおその他に、Ｘは、Ｙの従業員らがＸの両親に会うことを拒んで机にしがみついていたＸを、無理やり引きはがして事務所の外で待つ両親の元まで運んだことや、医師がＸの復職に対して消極的な診断書を作成したことが、いずれも違法であるとしてＹや医師の責任を追及したところ、裁判所はいずれも否定しましたが、この点の検討は省略します。

1．復職の可否

ここで特に注目されるのは、復職の可否について、これを可能と判断した裁判所の判断理由です。

まず、復職の可否に関する要件や判断枠組みです。

私傷病による休職命令の趣旨について、「解雇の猶予が目的」と位置付けたうえで、復職の要件（この会社の場合は、「休職の理由が消滅した」）について、「債務の本旨に従った履行の提供がある場合」、すなわち「原則として、従前の職務を通常の程度に行える健康状態になった場合」、と定義しました。ここまでは、多くの裁判例と同様の内容です。

続けて、本事案固有の議論をしています。

すなわち、①「従前の職務を通常の程度に行える健康状態」は、私傷病発症前の職務遂行のレベル以上のレベルを求めることは許されない、という趣旨の解釈を示しました。その理由は、復職不可能な状態は解雇理由でもある、もし発症前の職務遂行のレベルまで求めたら、解雇権濫用法理の適用を受けられなくなってしまう、という内容です。

そのうえで、Xの指示違反、業務遂行能力不足、コミュニケーション能力・社会性等の欠如、などを概ね認め、Xが適応障害を発症していたことと、それが休職期間中に寛解したこと、を認定しました。

さらに注目されるのは、②障害の症状について、適応障害によって発症した面と、X自身の「本来的な人格構造又は発達段階での特性」とされる面が含まれており、両者は区別されなければならない、と指摘している点です。このことが前提になっているようですが、Xは、他の従業員と同程度の能力まで回復していないが、発症前レベルの能力までは回復していたから、復職可能だった、という判断をしたようです。

2. 裁判所の判断の問題点

この判断には、次のような問題があるように思われます。順番が前後しますが、②から検討しましょう。

②については、Xの障害の症状について、適応障害によるも

のと、Xに属人的なものに分けることが本当にできるのか、という点です。

この点は、同じ労働判例誌の冒頭に掲載されている本判決の解説記事（三柴丈典（近畿大学法学部教授・日本産業保健法学会副代表理事）労働判例1289号5頁）も指摘している問題点です。さらに、Xに属人的な症状も、業務に起因する障害（による症状）ではありませんから、私傷病と位置付けられるので、法律上は適応障害による症状（これも私傷病）と同じであって、分ける理由がないのではないか、という疑問があります。

また、②を前提にした対応を考えてみましょう。仮にXに属人的な症状が残されたまま復職を認め、それに続けて、Xに属人的な症状を適切に記録化し、債務不履行状態にあることを客観的合理的に評価し、Xに回復の機会を与えたうえで解雇したとしても、今度は解雇の有効性の判断に際し、Xの疾病を理由に解雇した、疾病を治癒する機会を与えなかった、という理由で解雇権濫用と評価される可能性があるのではないか、そうすると、従業員に属人的な症状がある限り、休職後の自然退職も、復職後の解雇も、いずれもできない、という事態が生じてしまうのではないか、という疑問が生じます。復職後の解雇は難しそうです。

そうすると、適応障害による症状が寛解した段階で一度復職させ、属人的な症状が残っていることが確認されれば、今度は属人的な症状を根拠に休職をさせる、ということになるのでしょうか。けれどもこの方法だと、①によって、回復すべきレベルが属人的な症状のあるレベルに設定されてしまいますので、休職を命じること自体ができません。復職後に再度休職させる、という対応も難しそうです。

つまり、従業員に属人的な症状がある、と認定されてしまうと、当該従業員に退社してもらう方法は、自主退職以外に存在しないことになってしまうのです。

①については、発症前の職務遂行のレベル以上のレベルを求めることができない、という基準に、以下のような問題があるように思われます。

まず、事実認定の問題です。これは、上記②と同じ問題ですが、Ｘに属人的な症状だけを残し、適応障害による症状だけ寛解したという認定が本当にできるのか疑問です。

次に規範の問題です。「解雇の猶予が目的」が休職制度というのだから、休職期間が満了しても解雇を避けられる状態に回復していなければ（すなわち、適応障害による症状だけでなく、属人的な症状も寛解していなければ）、復職不能として自然退職とすることも可能であり、むしろ、解雇を回避する理由が無くならなかったのだから、自然退職とすべき状態にあることが確認されたと評価すべきではないか、と思われるからです。

さらに、①②以外にも問題があります。

その一つは、③医師の診断書の評価です。

復職可能とする診断書で、医師は、Ｘの復職の際にＹが遵守すべき事項を20項目指摘しています。具体的には、業務内容として、Ｘの得意な分野の業務、１人で行う作業、人間関係をあまり必要としない業務、等。理解すべき点として、Ｘが自分外の視点を持つことが苦手、指示の内容が複雑な業務は処理が難しい、励ますつもりでも強い口調や叱責は苦手、等。配慮事項として、口頭だけでなく、文書やメールでも指示する、指示・報告は、上司１人に絞る、指示出しや優しく淡々と伝える、等が記載されています。

これを受け取ったＹは、記載事項のすべてを遵守することは不可能であり、したがって業務遂行できる状況にまで回復していないと判断した（これも根拠として、自然退職とした）のですが、裁判所は、これは「助言又は配慮事項であって」すべて満たす必要は無い、という評価をしました。

しかし、会社がこのような診断書を受領したら、条件の全てが満たされないのに復職を認めてしまうと、復職後に医師の指示に反し、安全配慮義務に違反する、等という別の理由での責任を負わされる危険が生じますので、復職を認めることに躊躇してしまうはずです。裁判所の評価は、会社に無理を強いるものです。

さらに、上記論文も指摘するとおり、④寛解の認定そのものも問題があります。

というのも、Xは、自分が望む診断書を作成してくれない医師であると見極めれば、他の医師のいる病院に転院する、ということを繰り返しており（実際、復職可能という診断書を作成してほしい、という要求を医師に行っていた経緯も認定されています）、しかも、復職可能とする診断書を複数の医師に作成してもらうように求めたYの要求にも関わらず、1通しか提出しませんでした。しかも、休職前に確認された様々な症状が、本当になくなったのか、という事実について明確に認定しておらず、復職可能とする診断書と、①が、復職可能となるまでに寛解した、という認定が主な理由であり、とても事実に基づく認定がされているようには見えません。復職可能であることの証明責任が、会社側と従業員側のどちらにあるのか、という議論もありますが、それ以前の問題として、適切な事実認定と評価だったのか、検討すべきポイントです。

このように、裁判所の判断には、議論すべき問題がいくつかあるように思われます。

3.「債務の本旨」は不要か？

他方、裁判所の判断の合理性について考えてみましょう。

この点で注目されるのは、①②が適用された場合の影響です。これによって、復職の可能性の判断基準のハードルが下がることになります。そうすると、従業員が雇用契約で約束したレベルの労務提供ができない場合でも、復職が認められる場合が生じてしまうことになります。

けれども裁判所は、それで良い、と考えているかもしれません。すなわち、退職や解雇に関わる労務提供可能性は、約束したレベルの労務提供可能性（債務の本旨）であるが、復職に関わる労務提供可能性はそれよりも低くても構わない、という判断です。

これがどういうことかというと、これまで、傷病休職制度は解雇・退職を猶予するものであり、復職の機会を与えるものだ、という理解から、解雇・退職の条件（ここでは、「債務の本旨」の提供可能性）と、復職の条件は同じである、という暗黙の共通認識があったように思われます。そうすると、両者の条件も同じである方が一貫しています。

けれども、休職制度をこのように理解するとしても、解雇・退職の条件と復職の条件が同じであるべき理論的必然性はありません。休職制度によって、少なくとも休職に入る前の状態にまで回復してくれれば、その後、解雇・退職の観点から「債務の本旨」のレベルでの労務提供可能性を適切に検証される、という二段階のプロセスを採用することも、理論的に説明可能なのです。

実際、裁判所は、「私傷病発症前の職務遂行のレベル以上のものに至っていないことを理由に休職期間満了による雇用契約の終了という法的効果を生じさせる」事態を、問題のある事態として仮定します。この事態は、私傷病発症前に「債務の本旨」レベルにない可能性のある事態でしょう。すなわち、入社前から「債務の本旨」提供可能性がなかったかもしれないうえに、入社後の私傷病が重なることで休職となった事態で、復職の際に「債務の本旨」提供可能性がないことを理由に、復職を認めず自然退職とする取り扱いをする場合です。

この事態について、裁判所は、「いわゆる解雇権濫用法理の適用を受けることなく、休職期間満了による雇用契約の終了という法的効果を生じさせることになり、労働者の保護にかけることになる」との懸念を表明しています。すなわち、「債務の本旨」提供可能性について、本来であれば労契法16条などの規定（とこれに関する判例法理）に基づいて検討されるべきであるはずです。この場合、医学的な面だけでなく、法的な面での検討も必要となりますし、近時の裁判例では解雇プロセスが重視されています。しかし、復職可能性の判断は、医学的な判断が中心であり、復職可能性を見極めるプロセス（お試し出社やリハビリなど）が踏まれるとしても、医学的な面が中心になります。

このように、特に解雇の場合に限定すれば、解雇制度と自然退職制度は、従業員の退職という結果につながる点では同じですが、退職となる理由・背景が異なり、その条件や必要となるプロセスも異なるのだから、両者の判断レベルも異なりうる、ということでしょう。

このように見れば、裁判所は、あえて「債務の本旨」提供可能性とは違うレベルの判断レベルを設定した、と評価することができそうです。

今後は、（仮に本判決をこのように評価できるとした場合）このような二重の基準がルールとして適切かどうか、議論が深まっていくでしょう。

4．実務上のポイント

とはいうものの、実際にこのような判例が出されたということは、今後、同様の事案で同様の判断がされる可能性があるわけですから、同様の事案でどのように対応すべきか、会社としては考えておく必要があります。

1つ目の対応は、医師の診断書で、復職の際に会社が遵守すべき条件を、具体的な配属先と業務に合わせた内容となるまで、やり取りを繰り返してしっかりと詰めておく、という方法です。この事案でも、Xが復職する際にYが遵守すべき条件を数多く列挙した医師の診断書が作成されましたが、そこに記載されている諸条件は一般的な内容に過ぎません。そこで、復職後に与えるであろう業務を具体的に医師に伝え、医師から与えられた諸条件を実現・実行するための具体的な施策やマニュアル（会社にとって実行可能なもの）を作って医師に示し、これ以上の対応はできないが、この内容で復職可能と判断するかどうか、確認しておく、という方法です。

これにより、医学的な問題について、医師も認める方法で業務を命じることが可能となりますので、あとは法律的な問題（つまり、債務不履行といえるような業務遂行状況と業務遂行能力かどうか、を見極めること）だけが残ることになります。医師が、このような環境設定に協力してくれないと実現できない方法ですが、これによって、医学的な問題と法律的な問題が混在する状況を整理することが可能となるのです。

2つ目の対応は、実際にYも検討した方法（但し、Xが受け入れなかったので断念された方法）ですが、高い業務遂行能力が要求されない業務（Yが検討したのは、主に障害者が勤務する関連会社での業務）を与え、処遇もそれに合わせて変更する、という方法です。この方法の場合、従前の条件・給与水準に戻すのではなく、条件を大幅に変更することになりますから、就業規則にそのことを可能とすべき規定などが無ければ、一方的な減給等が違法と評価される危険があります。Xが同意しなかったために、Yが断念した理由も、このような危険によるようです。そこで、復職の際、給与も含めた条件が、その症状などに応じて変更する可能性のあることを明示しておく、等の対策も合わせて必要となるでしょう。

なお、復職の際の減給について、これを認めるべきではないか、という意見もあります。例えば労働判例1189号27頁には、復職の在り方について議論している座談会で、指宿昭一弁護士による、「労務提供の程度なり、質なりが変わった場合に、一定の合理的な範囲で賃金を減額することはあり得るのではないか」という発言があります。休職前と同じ給与を支払うべき水準まで回復しないと復職できない、となりかねないが、能力に応じた給与での復職が可能となれば、復職できる場面が多くなる、という趣旨の配慮があるようです。

最後に、本判決の内容をもう一度整理しましょう。

従業員の属人的な症状を、精神障害による症状と区別し、前者が残っていても復職を認めるべきである、という本判決のロジックは、法的な評価や位置づけが曖昧な「属人的な症状」という領域を作り出してしまうため、それが医学的な問題（休職可否の問題）なのか、法律的な問題（業務遂行能力などの問題）なのか、という根本的なところで曖昧な状態を作り出してしまいます。

そのため、会社側の対応を極めて困難にしてしまいますが、それでも、上記２つの方法（もちろん、他にもあるはずです）のような対応が検討できそうです。参考にしてください（実践する場合は、会社の状況に応じた固有の問題や、私が見落としている問題があるかもしれないので、専門家に相談してください）。

動画で確認！

第15章

派　遣

Labor case

派遣　2023年の特徴

近時、派遣法40条の６に関する裁判例が多く紹介されていますが、今年も２つ、紹介されました（「大陽液送事件」「竹中工務店ほか２社事件」）。いずれも直接雇用の成立が否定されており、同条の適用に関し裁判所が消極的な傾向にあるように思われます。

また、派遣法33条に関する裁判例も紹介されました（「バイオスほか（サハラシステムズ）事件」）。

・大陽液送事件（派遣法40条の６）／351頁
・竹中工務店ほか２社事件（派遣法40条の６）／359頁
・バイオスほか（サハラシステムズ）事件（派遣法33条）／362頁

大陽液送事件

大阪地裁堺支部令4.7.12判決（労働判例1287号62頁）

この事案は、運送トラックの運転手Ｘらが、勤務する会社Ｂに運送業務を依頼している発注会社Ｙに対し、直接、雇用関係にあることの確認等を求めた事案です。裁判所は、Ｘの請求を否定しました。

1．派遣法40条の6

ここでＸらが、なぜ、直接の雇用主であるＢを飛び越えて、Ｙとの間の雇用契約を主張できるのか、という点ですが、これは、派遣法40条の6の1項5号を根拠にします。

これは、実態は派遣であるのに、派遣でないように偽装したような場合、例えば請負契約や業務委託契約の形式を整えたが、実態は派遣である場合に、一種の民事制裁として、派遣先との間に直接雇用関係を発生させる権利を、当該労働者に与える、という制度です。

この制度の非常に独特な点は、実態と形式がズレている場合に、実態に合致した法律関係（派遣関係）を作り出すのではなく、それを飛び越えて、直接の雇用関係を作り出す点にあります。労働法は、実態と形式がズレている場合に、実態に合致した法律関係を作り出すことがよくあります（例えば、更新の期待がある場合に、有期契約のように自由に更新拒絶できるのではなく、無期契約のように合理的な場合に限定される、という更新拒絶のルール（労契法19条）など）が、この派遣法40条の6の1項

5号は、実態に合致しない法律関係（直接雇用関係）を作り出してしまうのです。

このルールが適用されるために特に重要なポイントは、実態が派遣関係かどうか、という点にあります。その他にも、派遣を受けているとされる会社が、派遣法を潜脱する脱法目的を有していたか、という点も問題になりますが、本判決では、実態が派遣法ではない、という判断を裁判所が行ったために、脱法目的を議論する必要が無くなり、裁判所も判断を示していません。

2．判断枠組み

この実態が派遣関係かどうか、という点は、この用語だけを見ると非常に幅の広い抽象的な概念であるため、いくつかの判断枠組みに整理して評価されます。実際本判決は、派遣と請負の区分について定めた厚生労働省の告示、「労働者派遣事業と請負により行われる事業との区分に関する基準」（昭和61年4月17日労働者告示第37号、「37号告示」）2条をそのまま適用しています。37号告示2条は、以下のように定められています。

請負の形式による契約により行う業務に自己の雇用する労働者を従事させることを業として行う事業主であっても、当該事業主が当該業務の処理に関し次の各号のいずれにも該当する場合を除き、労働者派遣事業を行う事業主とする。

一　次のイ、ロ及びハのいずれにも該当することにより自己の雇用する労働者の労働力を自ら直接利用するものであること。

イ　次のいずれにも該当することにより業務の遂行に関する指示その他の管理を自ら行うものであること。

（1）　労働者に対する業務の遂行方法に関する指示その他の管理を自ら行うこと。

（2）　労働者の業務の遂行に関する評価等に係る指示その他の管理を自ら行うこと。

ロ　次のいずれにも該当することにより労働時間等に関する指示その他の管理を自ら行うものであること。

（1）　労働者の始業及び終業の時刻、休憩時間、休日、休暇等に関する指示その他の管理（これらの単なる把握を除く。）を自ら行うこと。

（2）　労働者の労働時間を延長する場合又は労働者を休日に労働させる場合における指示その他の管理（これらの場合における労働時間等の単なる把握を除く。）を自ら行うこと。

ハ　次のいずれにも該当することにより企業における秩序の維持、確保等のための指示その他の管理を自ら行うものであること。

（1）　労働者の服務上の規律に関する事項についての指示その他の管理を自ら行うこと。

（2）　労働者の配置等の決定及び変更を自ら行うこと。

二　次のイ、ロ及びハのいずれにも該当することにより請負契約により請け負った業務を自己の業務として当該契約の相手方から独立して処理するものであること。

イ　業務の処理に要する資金につき、すべて自らの責任の下に調達し、かつ、支弁すること。

ロ　業務の処理について、民法、商法その他の法律に規定された事業主としてのすべての責任を負うこと。

ハ　次のいずれかに該当するものであって、単に肉体的な労働力を提供するものでないこと。

（1）　自己の責任と負担で準備し、調達する機械、設備若しくは器材（業務上必要な簡易な工具を除く。）又は材料若しくは資材により、業務を処理すること。

（2）　自ら行う企画又は自己の有する専門的な技術若しくは経験に基づいて、業務を処理すること。

構造がややこしいですが、裁判所は、一号のイロハと、二号のイロハの、合計6つの判断枠組みについて、本事案が該当するかどうかを検討しています。この6つの判断枠組みを理解すれば、本判決と同様に37号告示2条を使うことができるのですが、この機会に、構造を確認しておきましょう。

同条は、2つの号からなっており、この2つの号両方に該当しなければ、請負と評価されません。すなわち、派遣法40条の6の1項5号の観点から見た場合、この両方に該当しなければ、偽装請負と評価されるのです。

まず1号は、従業員の「直接利用」です。これは、「イ」の業務指示・指揮命令、「ロ」の労働時間指示、「ハ」のその他の管理の3つの要素で判断されます。

次に2号は、自己の業務の「独立性」です。これは、「イ」の資金調達、「ロ」の責任主体性、「ハ」の業務の提供の3つの要素で判断されます。

このように、従業員を自分の業務のために利用していること（1号）と、自分の業務が独立していること（2号）の両面から、検討することになります。経営の基本ツールである「人」（1号）と「カネ」（2号）、具体的取引（1号）と企業体制（2号）、等と整理できるかもしれません。いずれにしろ、幅広い観点から総合的に判断するための判断枠組みが整理されていることがわかります。

3．あてはめ

詳細は、実際に判決文を読んでいただきたいと思いますが、特徴的な点をいくつか指摘しましょう。

1つ目は、全ての上記各要素を検討していない点です。

たしかに、上記の条文を見ると、「いずれにも該当すること」という表現が随所で用いられており、文字通り解釈すれば、対象となる要素を全て満たさなければならないはずです。具体的には、一号全体と二号全体について、それぞれのイ～ハ全てが満たされなければならず、さらに、一号のイ～ハいずれも、それぞれの（1）（2）両方が満たされなければなりません。なお、二号のハだけは、（1）（2）のいずれかに該当すればよい、という表現になっています。

けれども、一号のロとハについては、（1）（2）に分けて検討せず、一括してその本文該当性が直接議論されています。例えば、二号のロに関しては、残業や休日出勤が問題にされておらず、残業や休日出勤に関するＢの権限や実際の関与が議論の対象となっていないこと、二号のハに関しては、配置転換などが問題にされておらず、配置転換などに関するＢの権限や実際の関与が議論の対象となっていないこと、が本事案の特徴です。それにもかかわらずこれらが満たされているかどうかを問題にし、しかもこれが満たされなければ偽装請負と評価されてしまうことになれば、Ｂは、偽装請負と評価されないための対応を講じる機会が無くなってしまいます（残業や配置転換が実際の業務で必要ではないのに、そのような権限や実績を残さなければならなくなる)。

このことから、一般的な判断枠組みを、事案の実態に合わせて修正させている点が、１つ目の特徴です。

２つ目は、判断の基礎となる事実の重複です。

例えば、乗務員の配車を予め定めた「乗務割」が作成されていたことや、タイムカードなどで実際の勤務時間を把握していたことは、一号イ（1）と、一号ロの両方で、該当性を認める根拠として指摘されています。

このことから、上記判断枠組みが想定しているように思える、非常に活動領域の幅広い会社でなく、業務の内容等が限定的なＢのような会社であっても、評価方法を工夫することで、偽装請負かどうかの判断を柔軟に行い、実態に即した結論が出るように苦労している様子がうかがわれます。そして、このような評価方法は、１つ目の特徴と同様の配慮が背景にあると言えるでしょう。機械的な適用による不都合が回避されているのです。

３つ目は、各要素のハードルの高さの柔軟性です。

例えば、２号ハに関し、運送車両はＢではなくＹが保有し、しかも無償でＢが使用していたことから、Ｂが事業に必要な機材を「自己の責任と負担で準備し」ているとは、必ずしも言い難い状況ですが、裁判所は、保険料を負担したり、高圧ガス保安法の許可を獲得したりしている点を指摘して、この要素が満たされている、と結論付けています。また、１号イに関し、（1）では、Ｘの担当者と配送先などについてＸらが直接やり取りすることがあったとしても、この要素が満たされているとし、（2）では、実際に人事考課が行われたり、それによって給与や賞与、昇格などが決められていたりする様子などが問題にされておらず、報告書類を提出させていた、ということだけから、この要素が満たされている、としています。

このように、各要素のハードルは、全てが低くなっている、というわけではありませんが、一部についてはハードルが低くなっている、と評価できるでしょう。

4. 実務上のポイント

表現を見ると、非常に厳格でハードルの高い37号告示２条について、裁判所は、比較的柔軟に解釈適用していることがわかります。

行政上のルールは、紛争処理や事実認定の専門家ではない行政官に、全国統一の、ブレの少ない判断をしてもらうために作成されていますから、どうしても機械的・画一的な内容となってしまいますが、このようなシステムには、柔軟性が乏しく、実態に合わない判断も生じうる、というマイナス面があります。

他方、訴訟は、事実認定などの専門家である裁判官が判断をするので、行政官の判断により犠牲になっていた柔軟性や実態への合致可能性を、高めることが期待されます。だからこそ、行政上のルールも柔軟にアレンジされ、適用されるのです。

そして、ここで示された柔軟な判断は、37号告示２条の表現（表現上は、各要素が全て満たされなければならない「条件」「要件」のようにも読める）にもかかわらず、各要素は判断すべき事情を整理すべき判断枠組みであり、判断要素に過ぎず、結局はこれらの総合判断によって決定される、という判断方法に近いように思われます。すなわち、整理解雇の判断方法に関し、「整理解雇の４要件」ではなく「整理解雇の４要素」に近い考え方である、と言えるように思われます。

少なくとも言えることは、行政上のルールが訴訟上、規範として参考にされる場合であっても、実態に応じて柔軟に解釈適用されることが、この判決によって示された、という点です。

動画で確認！

竹中工務店ほか２社事件

大阪高裁令5.4.20判決（労働判例1295号５頁）

この事案は、二重業務委託・請負に基づいて竹中工務店Ｙ１で働いていたＸが、Ｙ１と、Ｙ１の業務委託先だったＹ２に対して、直接雇用関係の存在などを主張した事案です。悪質な偽装派遣の場合には、派遣法40条の６により直接雇用関係が成立し得ますが、１審２審いずれも、偽装派遣を認定したものの、同条の適用を否定し、直接雇用関係の成立を否定しました。

特に２審では、二重偽装請負の場合に派遣法40条の６が適用されるのかどうか、偽装目的があったかどうか、について、１審と結論は変わりません（いずれも否定）が、より議論が深められています。

１．二重偽装請負

悪質な（例えば、偽装目的がある場合のような）偽装請負の場合に派遣法40条の６が適用されるのですから、より手の込んだ二重偽装請負の場合には、当然に同条が適用されるべきである、というＸの主張にも、一理あります。

けれども裁判所は、この主張を否定しました。

それは、二重偽装請負の問題は立法過程で認識されていたのに、それを派遣法40条の６の中に規程していないこと、同条は全てをカバーするのではなく、同条がカバーしない問題は職安法で規制されるべきこと、等が根拠とされています。

さらに、派遣法40条の６が労働法の規制の中で異質であることからも、理解できます。

すなわち、労働法では形式上適法な外観を取り繕っても、実態に即して規制する傾向があります（サービス残業や名ばかり店長など）。そうすると、偽装請負の場合には、請負の概観があっても実態が派遣であり、したがって派遣関係として規制される（派遣法が適用される）のが、労働法の一般的な規制になるはずです。ところが派遣法40条の６は、むしろ実態に反する規制をあえて行います。すなわち、派遣関係が生じる、とする（これが実態に即した姿）のではなく、それ以上に派遣先にとって厳しい内容となりますが、直接の雇用関係が生じる、という規制になっており、実態に合わない規制となるのです。

このように、実態以上に厳しいルールが強制的に適用されることを、いくつかの裁判例が「民事制裁」と表現しています。２審も、「民事的な制裁を科す」と表現しています。

そうすると、このような制裁が適用されるべき範囲は、あらかじめ明確に示されていた範囲に限って、限定的に解釈されるべきです。刑事処分に関する「罪刑法定主義」、すなわち予め定められていた場合でなければ刑事処罰すべきではない、という考え方が、この場合にも同様に適用されるべき状況にあるはずです。

このような意味で、２審が「民事的な制裁を科す」と敢えて表現したことは、派遣法40条の６の適用範囲を、その文言（さらに立法過程）を超えて拡大すべきではない、という考え方を示しているように思われるのです。

２．偽装目的

偽装目的については、二重偽装請負の派遣先のＹ１だけでなく、一時的な偽装請負先のＹ２についても問題になります。

ここで注目されるのは、偽装請負状態にあることだけでは偽装目的が推定されない、と明言している点です。一部の下級審判決は、偽装請負状態にあることで偽装目的を推定しているような内容のものもあり、それとは異なる解釈（ルール）を示した、と評価できます。２審は、偽装かどうかの判断は微妙で難しいから、わざわざ偽装目的が必要と定めたので、簡単に偽装目的を推定できない、という趣旨の説明をしています。

次に注目されるのは、実際にこの目的が否定された理由です。

Ｙ１については、労基署から是正を勧告された後、これを受け入れて直ちに見直しをしたこと、Ｙ２については、二重派遣の場合の偽装目的について、十分議論されておらず、判断することが困難であったこと、が主な理由とされています。

派遣法40条の６の適用に関し、偽装目的の有無が問題にされた裁判例が多いので、今後もこの点が重要な論点になる場合が多くなりそうですが、その際、Ｙ１に関する判断のように、偽装請負を受け入れた後の会社側の対応や、Ｙ２に関する判断のように、規制内容が明確でない点も考慮される、という点が参考になります。

３．実務上のポイント

その他にも、合意退職が成立したかどうか（成立したと認定)、不法行為が成立するかどうか（成立しないと認定)、も問題とされました。

偽装請負が問題にある事案で、どのような問題が生じるのかを理解するうえでも、参考になります。

動画で確認！

バイオスほか（サハラシステムズ）事件

東京地裁平28.5.31判決（労働判例1275号127頁）

この事案は、派遣会社Ｘが原告となり、派遣社員Ｙらを被告とする事件です。派遣先に転職しない、などの特約に違反して派遣先に転職したことが、契約違反である、などと主張しましたが、裁判所はＸの主張を否定しました。

1．派遣法33条

派遣法33条は、以下のとおりです。

（派遣労働者に係る雇用制限の禁止）

第33条　派遣元事業主は、その雇用する派遣労働者又は派遣労働者として雇用しようとする労働者との間で、正当な理由がなく、その者に係る派遣先である者（派遣先であつた者を含む。次項において同じ。）又は派遣先となることとなる者に当該派遣元事業主との雇用関係の終了後雇用されることを禁ずる旨の契約を締結してはならない。

2　派遣元事業主は、その雇用する派遣労働者に係る派遣先である者又は派遣先となろうとする者との間で、正当な理由がなく、その者が当該派遣労働者を当該派遣元事業主との雇用関係の終了後雇用することを禁ずる旨の契約を締結してはならない。

裁判所は、労働者の職業選択の自由を確保するための制度だから、この規定に違反する契約や合意は無効になる（強行法）、と判断しました。

そのうえで、特に上記２項ですが、「正当な理由」を会社が証明できれば有効になるとし、この事案では、「正当な理由」がいずれの派遣社員に対しても認められない、という判断になりました。

ここで特に注目されるのは、判断枠組みです。２つの類型が示されました。

１つ目は、Xが研修などしたのだから、「正当な理由」がある、と主張したのに対し、Xに勤務しなくても「習得可能」であり、X「独自の普遍的でない知識等を習得させるものでない」と判断されました。派遣元の営業上の利益と、従業員の職業選択の自由を調整していることが、この判断枠組みから理解できます。

２つ目は、転職禁止期間が半年に限られており、転職禁止先の会社が派遣先の会社に限られているから「正当な理由」があると主張したのに対し、半年は決して短くなく、また、派遣法33条は派遣先への転職を確保するものであって、転職禁止先の会社を派遣先の会社に限ることは、派遣法33条に真っ向から反する、という趣旨の判断が示されました。

一般の退職者の競業避止義務の有効性について、例えば１年の範囲でこれを有効とする裁判例がある（例えば、「アフラック事件」東京地裁平22.9.30決定労働判例1024号86頁）など、一般の従業員の場合、半年が長いと評価されにくいように思われますが、派遣従業員にとって見ると、半年は長い、と評価されるのかもしれません。また、同じく一般的な退職者の競業避止義務の有効性について、転職禁止先が限定されていれば、有効とされる可能性が高まりますが、派遣先を狙い撃ちにすると、仮に転職禁止先が限定されていても、否定的な方向に働くことが示されました。

ここでは、この２種類の類型に関し、判断枠組みが示されましたが、いずれも一般の従業員の競業避止義務と異なる特殊な要素が配慮されており、今後、参考になります。

２．実務上のポイント

かつて、派遣会社は、ストックとして抱えている派遣従業員の質や量が勝負でしたが、度重なる派遣法性の改正により、派遣会社は、派遣従業員を抱え込むのではなく、むしろ派遣従業員にマッチした就職先を見つけるべき「就職斡旋」の要素が強くなってきました。上記派遣法33条も、派遣従業員の抱え込みを正面から否定するものです。

そうすると、派遣会社は、派遣会社と派遣従業員を、実際の派遣を通してマッチングさせるビジネスとしての面があり、どれだけマッチングの機会を与えることができ、どれだけ多くのマッチングが成立するのか、という「ストック」よりも「フロー」の太さが勝負になってきました。

この意味で、Ｘが派遣従業員を抱え込もうとした戦略は、派遣ビジネスの在り方としても問題があった、と評価できます。

動画で確認！

第16章

労働組合

Labor case

Labor case

労働組合　2023年の特徴

労働組合に関する裁判例は、❶組合側の言動の違法性が問題になる場合と、❷会社側の言動の違法性が問題になる場合があります。もちろん、両者は密接に関連しており、例えば「全日本建設運輸連帯労働組合関西地区生コン支部（和歌山）刑事事件」では、会社側の対応の不誠実さが、組合側の過剰ともいえる言動の引き金となっていますから、❶❷の区別は、当事者の関係性や事案の内容を理解するための整理と位置付けとして参考になる程度の区別であり、この区別から何か決定的な違いが生じるわけではありません。

❶　組合側の言動
・JMITU 愛知支部ほか（オハラ樹脂工業・仮処分）事件／367頁
・プレカリアートユニオンほか（粟野興産）事件／371頁
・全日本建設運輸連帯労働組合関西地区生コン支部（和歌山）刑事事件／374頁
❷　会社側の言動
・国・中労委（昭和ホールディングスほか）事件／377頁

なお、労働者性に分類されていますが、「Uber Japan ほか１社事件」「国・中労委（セブン - イレブン・ジャパン）事件」「国・中労委（ファミリーマート）事件」は、労働組合に関する事案です。

JMITU 愛知支部ほか（オハラ樹脂工業・仮処分）事件

名古屋地裁令4.11.10決定（労働判例1277号37頁）

この事案は、労働組合Ｙが、ネット上で会社Ｘを誹謗中傷する記事を掲載しているとして、その削除を求めた仮処分手続きで、裁判所はＸの請求を否定する決定をしました（判決ではない）。

1．判断枠組み

裁判所は、２段階で判断しています。

すなわち、１段階目は「本件各記事の違法性」と題される章で検討されているとおり、問題とされたそれぞれの記事について、名誉棄損となるかどうかが検討されています。

この検討の結果、一部の記事については名誉棄損に該当しない、とされたものの、多くの記事については名誉棄損に該当する、とされました。

そして２段階目は、「違法性阻却事由」と題される章で検討されているとおり、問題とされるそれぞれの記事について、「仮処分手続きにおいて削除を認めるべき違法性」の有無が検討されています。

この検討の結果、残りの全ての記事について、かかる違法性がない、とされました。

このような２段階の判断は、近時の裁判例でも見かけるものです。

中には、表現行為として許されるかどうか、という２段階目の判断の他に、労働組合の活動として許されるかどうか、という3段階目の判断の可能性を示唆する裁判例もあります（首都圏青年ユニオン執行委員長ほか事件、東京地裁令2.11.13判決労働判例1246号64頁、読本2022年版452頁）。

しかし、この首都圏青年ユニオン事件では、結局3段階目の判断が行われておらず、3段階目の判断枠組みがどのような場合にどのように適用されるのか、示されていません。

しかも本事案では、組合活動に伴う表現行為としての合理性が、2段階目の判断の中で検討されており、表現行為としての合理性と、組合活動としての合理性が、一体のものとして扱われています。抽象的・理念的には、この2つを分けることは可能でしょうが、実際にはこれを無理に分けたところで、議論が整理されるよりも、むしろ複雑にしてしまうことが心配されます（表現行為と組合活動と、両方の面から合わせて合理性が認められるべき事情が多数あるように思われます）から、本事案のように、2段階の判断枠組みとし、2段階目の判断の中で、表現行為と組合活動の両面から合理性を検討する判断枠組みの方が、より合理的であるように思われます。

2．事実の適示（摘示）と意見の表明

具体的な判断について、少し掘り下げてみてみましょう。

判決では、事実の摘示（判決は「適示」と表示していますが、一般的にこれは、「てきじ」でなく「てきし」と読み、「適」でなく「摘」の方が正しいようです）と、意見の表明に分け、問題となる表現ごとに、以下のように検討しています。

①　事実の摘示

具体的な事実の摘示があれば、それが真実であれば、それだけで違法性がない、と評価しています。

また、これが真実でなくても、真実であると信じるについて相当な理由があれば、やはり違法性がない、と評価しています。

なお、細かい点ですが、意見の前提として摘示される事実が、抽象的な事実にとどまる場合には、「適示された事実の具体性が高くなく、名誉又は信用棄損の程度が高いとはいえない」と評価しているくだりがあります。裁判所の事実認定の問題として見た場合には、抽象的な事実は、認定に与える影響が小さく、弁護士としても、より具体的な事実を集め、証言してもらうように、訴訟活動を行いますから、この評価も分からないではありません。

けれども、名誉棄損や信用棄損という観点から見た場合、何か怪しい背景がありそうなことを匂わせた表現がネットで拡散され、炎上するような事態を多く見かけます。抽象的な事実の摘示の場合の方が、その怪しさが高い場合も、実際には多く考えられます。

摘示される事実の抽象度が高ければ違法性が低く、具体的であれば違法性が高い、という図式それ自体が適切かどうか、検討する必要があるでしょう。

② 意見の表明

事実の摘示でない部分については、意見の表明として合理的かどうかが検討されています。

その中で、労働組合としてある程度攻撃的であっても止むを得ない、など、合理性の判断について、Yにとって表現活動しやすいように、判断のレベル・バーが少し下げられているように見受けられます。

なぜこのような基準で判断しているのか、という点ですが、これは、労働組合の活動が、訴訟などのように違法か合法かを争うのではなく、どのような労働条件が好ましいかどうか、という経営判断の合理性を議論するものであることにも関わるのでしょう。ある労働条件について、例えばＡ案が「好ましい」という意見を労使が議論し、意見を闘わせるのですから、厳密に正当性が証明されていなくても、「好ましい」と言えるだけの合理性があれば、それは意見として尊重しなければならず、したがって、判断基準もこれに合わせて設定されているのではないか、と思われるのです。

3．実務上のポイント

さらに、２段階目の「違法性阻却」が認められるためには、③「表現の目的」の合理性、④「表現の態様」の合理性も必要、としつつ、このいずれも合理性を認めています。会社や経営者を攻撃する面が比較的小さい事案なので、この点の判断は、特に問題ないように思われますが、より先鋭的な攻撃や人格非難の要素が大きくなってくると、これらの点も、判断が難しくなっていくでしょう。

裁判所が、組合の表現活動の合理性をどのように評価するのか、参考になる裁判例です。

動画で確認！

プレカリアートユニオンほか（粟野興産）事件

東京高裁令4.5.17判決（労働判例1295号53頁）

この事案は、労働組合と社員Ｙらが、会社Ｘによる「過積載」や不当な「配置転換」があった旨を記載した要望書（取引先銀行にＸへの働きかけを求めるものなど）の送付や、これらを内容とする街宣活動を、（認定されただけで）５回行った事案で、ＸがＹらに対し損害賠償を求めた事案です。

１審２審いずれも、Ｘの請求を否定しました。

１．判断枠組み

１審２審いずれも、Ｙらによる言動がＸの社会的評価を低下させた（したがって、このままでは不法行為になる）、としたうえで、過積載や配置転換の内容が真実かどうか、等を検討し、Ｙらの行為の違法性を否定しています。

けれども、結論は異ならないのに２審はわざわざ１審とは異なる判断枠組みを示しました。

すなわち、１審では、①表現自体が公共性・公益目的であって、②真実（又は、真実と信ずる合理性がある）かどうか、だけで合理性を判断しました。

具体的には、①過積載は公共の安全に関し、配置転換は多くの従業員に関し、いずれも表現自体の公共性・公益目的があるとしました。また、②過積載は真実である、と認定に、配置転換は真実ではないが、真実と信ずる合理性がある、と判断しました。

このように、①②いずれも満たされるとして、損害賠償請求を否定したのです。

これに対して２審では、１審の判断に加え、③各行為の目的、④各行為の必要性、⑤各行為の態様、⑥Ｘへの影響、⑦その他（Ｙ組合が労働組合か、など）を検討しました。

ここで注目される１つ目のポイントは、①と③の違いです。実際に読み比べると、厳密に両者が分けられるのか微妙な面もありますが、①では、表現の内容に着目し、その内容自体に公共性・公益目的があるかどうか、を評価していますが、③では、表現が行われた状況に着目し、労使交渉目的かどうか、を評価しています。例えば、①での過積載の指摘は、交通上の危険に関わるから、という理由で公共性・公益目的を認めていますが、③での過積載の指摘は、違法行為の指摘自体が労働組合の交渉事項の範疇に入り、労働問題に関する交渉を有利に進めるため・違法行為を是正させ労働環境を改善させるためである、として目的の合理性を認めています。

このように同じ「目的」であっても、１審が問題にした表現行為自体の合理性と、２審が問題にした労働組合法上の合理性とで、評価の視点の異なることがわかります。

２つ目のポイントは、１審の判断枠組みと２審の判断枠組みのいずれが、本事案の解決に適した判断枠組みか、という点です。

ここでは、２審の判断枠組みの方が適切であると思われます。

というのも、１審のように表現行為の合理性の判断は、表現の自由と他者の名誉の間の利害対立を調整するものですが、仮にこの判断基準に照らして名誉侵害に関して許容される表現であっても、労使交渉と無関係の場合など、労使交渉に不適切な場合もあり、２審の判断枠組みで示されたように、労使交渉での言動として許容されるかどうか、という観点からも利害調整されるべきだからです。

そうすると、名誉との利害調整と、労使交渉としての合理性と、２つの利害調整を、一緒にして判断する２審の判断枠組みの他に、これらを２段階に分けて、それぞれについて許容されることを確認していく方法（本書367頁のJMITU愛知支部ほか（オハラ樹脂工業・仮処分）事件を参照）の、いずれが好ましいのかが問題になります。２審の判断枠組みのように２つを一緒にして判断すると、名誉との利害調整で若干不足する場合でも、労使交渉としての合理性が高い場合には、総合判断として合理性が認められることになり得ます（理論的には）が、別に判断する場合には、このような場合名誉との利害調整の合理性が否定されますので、逆の結論、すなわち表現行為の合理性が否定されます。

２審判決は別に判断する方法を明確に排除しているようでもないので、今後どのように議論されていくのか、注目されるポイントです。

２．実務上のポイント

労働組合が会社を誹謗中傷する表現を行った場合に、損害賠償を求めることが、常に否定されたわけではなく、表現と名誉との利害調整、労使交渉の合理性、という観点から合理性が否定される場合には、損害賠償の可能性があることが示されました。

労使交渉の際のルールとして、参考になります。

動画で確認！

全日本建設運輸連帯労働組合関西地区生コン支部(和歌山)刑事事件

大阪高裁令5.3.6判決（労働判例1296号74頁）

この事案は、産業別労働組合Kの組合員Yらが、生コン会社の役員Bらによって、元暴力団員Iを使ってKの支部の調査、ビデオカメラの撮影、組合員の監視、等が行われたとして、Bらに抗議をしに行き、4時間半面談を継続したことが、威力業務妨害罪・強要未遂罪に該当するとして、有罪とされた事案です（1審)。

Yらは、無罪を主張して控訴したところ、2審はYらを無罪と判断しました（破棄自判)。

1．事実認定

この事案で注目される1つ目のポイントは、事実認定です。

2審は、1審の判断が誤っているとして、事件に至る前の経緯から詳細に1審判断を再検証していますが、全般的に共通して指摘している1審の問題点は、Yらの一部の言動だけを取り上げていること、信用性の低い証言を過度に重視していること、Yらに有利な事情を一切考慮していないこと、などです。

特に、Yらの一部の言動だけを取り上げている点は、たしかに大きな声を出したことがあっても、それはごく短時間で、それもBらの対応が引き金になっていること、4時間半の大部分は話し合いが行われていたこと、しかも長時間になったのが、Bらが真実でない説明をしたためにYらの追及が難しくなったこと、などが指摘されています。

刑事事件と民事事件は、手続の構造が異なるため、証拠や事実の認定も同じではありませんが、例えばハラスメントの認定について、加害者の言動の一部だけを取り上げてハラスメントと認定するのではなく、当時の状況や言動の背景・必要性・相当性などから合理性を検討する裁判例が多数ですから、この点は労働裁判でも共通すると言えるでしょう。

2．組合活動の当事者

２つ目のポイントは、正当性に関する判断の前提となる点ですが、Ｋの交渉相手（当事者）としてＢらが適切かどうか、という点です。

１審は、Ｂらの生コン会社にＫの組合員が所属していないから、合理性が制限される、という趣旨の判断をしました。

これに対して２審は、従業員が所属していなくてもＢらは労使交渉の当事者になる、と判断しました。それは、Ｋが産業別労働組合であることが根拠とされています。産業別労働組合はあまりなじみがありませんが、今後の判断の参考になるポイントです。

3．実務上のポイント

事務所内でのＢらとの交渉と同時に、事務所外では組合員らが、元暴力団員の介入を非難するビラをまくなどの街宣活動を行っており、この点が行き過ぎであることは、２審も認めていることです（だからこそ、上記2.（正当性）の検討がされたのです）。

犯罪の成否として見ても、１審裁判官・２審裁判官で判断が分かれるほど微妙だったのですから、ＹやＫに対して民事の賠償責任などを求めた場合、その責任が認められる可能性も大きかったように思われます。

　労働組合の活動が行き過ぎた違法なものかどうかは、その一部の言動だけを取り上げるのではなく全体で判断する点だけでなく、具体的な言動や証拠の評価がどのように行われるのか、参考になる裁判例です。

動画で確認！

国・中労委（昭和ホールディングスほか）事件

●―――――――――――東京高裁令4.1.27判決（労働判例1281号25頁）

この事案は、被告会社グループ（持ち株会社Ｋ１、実際に事業を営んでいる子会社Ｋ２・Ｋ３）が組織再編や資産の整理（１万坪の工場土地の売却など）を行ったが、土地の売却に際して事前に組合Ｘと協議されなかったことなどが、不当労働行為に該当すると争った事案です。

労働委員会Ｙは、Ｋ１について不当労働行為に該当しない（労組法上の「使用者」でなく、交渉義務がない）と判断した一方、Ｋ２・Ｋ３による団交拒否の一部について不当労働行為に該当する、と判断しました。

１審は、Ｙの判断を概ね支持しましたが、さらに、土地売却に伴う雇用問題に関する協議に応じなかったことも不当労働行為に該当する、と追加しました。

２審は、土地売却問題についての１審の判断を否定し、Ｙの判断を支持しました。

1．使用者性

団体交渉に応じるべき「使用者」かどうかの判断について、２段階で検討されています。

すなわち、１段階目は、親会社であるだけで「使用者」に該当するかどうか、という点です。この点、２審は親会社というだけでは当然に「使用者」にならない、としました。

２段階目は、例外的に「使用者」に該当するかどうか、という点です。この点、２審は、「子会社２社の従業員の基本的な労働条件等について、雇用主と部分的とはいえ同視できる程度に現実的かつ具体的に支配、決定することができる地位」にあったかどうか、という基準の下で、Ｋ１はこのような地位にない、とし、やはり「使用者」にならない、としました。

このように、具体的な交渉事項ごとの判断をせず、その前段階で、Ｋ１に関する請求全てを否定したのです。

2．交渉事項ごとの判断

他方、Ｋ２・Ｋ３については、雇用条件に関する断交拒否は不当労働行為であるとしました（但し、その初回の交渉拒否についてだけ不当労働行為とし、同じ内容での団体交渉を重ねて求めたのにこれを拒否した部分については、不当労働行為ではないとしました）が、土地売却問題については、新たな交渉事項を示したものではない、という理由で、不当労働行為に該当しない、としました。土地売却に伴う雇用問題も、他の交渉事項の一部である、独立した交渉事項ではない、という趣旨でしょうか。

3．実務上のポイント

事業再編や整理に際し、関連するグループ会社全てが、全ての事項について労使交渉に応じなければならないわけではない、けれども逆に、少なくとも実際に従業員を雇用している会社については、労使交渉に応じるべき場合がある、ということが示されました。

グループ会社全体にかかる問題について団体交渉を求められたとき、どのような観点から、団交に応じるべき事項を判断するのか、参考になります。

動画で確認！

既刊本のご紹介

実務家のための労働判例読本

2019年『労働判例』誌掲載裁判例

芦原一郎◆著　経営書院◆本体2,400円＋税

第１章　ハラスメント

国・さいたま労基署長（ビジュアルビジョン）事件／いなげやほか事件／ゆうちょ銀行（パワハラ自殺）事件／プラネットシーアールほか事件／コンチネンタル・オートモーティブ事件／甲府市・山梨県（市立小学校教諭）事件／公益財団法人後藤報恩会ほか事件／国・伊賀労基署長（東鐵ロジテック）事件／松原興産事件／学校法人Ｙ大学（セクハラ）事件

第２章　労災・健康配慮義務

テクノマセマティカル事件／国・厚木労基署長（ソニー）事件／化学メーカーＣ社（有機溶剤中毒等）事件／フルカワほか事件／富士機工事件／国・大阪中央労基署長（LaTortuga）事件／岐阜県厚生農協連事件／ダイヤモンドほか事件／社会福祉法人藤倉学園事件／日本総合住生活ほか事件／Ａ研究所ほか事件／フーデックスホールディングスほか事件／食品会社Ａ社（障害者雇用枠採用社員）事件／国・熊本労基署長（ヤマト運輸）事件

第３章　休職

NHK（名古屋放送局）事件／東京電力パワーグリッド事件／綜企画設計事件／三洋電機ほか１社事件／ビーピー・カストロールほか事件／エターナルキャストほか事件／ケー・アイ・エスほか事件／帝人ファーマ事件／一般財団法人あんしん財団事件

第４章　産休・育休

ジャパンビジネスラボ事件／フーズシステムほか事件

第５章　休暇

学校法人文際学園（外国人非常勤講師ら）事件

第６章　解雇・懲戒解雇

学校法人名古屋カトリック学園事件／雄武町・町長（国保病院医師）事件／大阪府・府知事（障害者対象採用職員）事件／横浜Ａ皮膚科経営者事件／国・防衛大臣（海上自衛隊厚木航空基地隊自衛官）事件／パナソニックアドバンストテクノロジー事件／社会福祉法人どろんこ会事件

第７章　整理解雇

国・厚生労働大臣（元社保庁職員ら）事件／学校法人大乗淑徳学園（大学教授ら・解雇）事件／尾崎織マーク事件

第８章　労契法19条

国際自動車（再雇用更新拒絶第２・仮処分）事件／国際自動車ほか（再雇用更新拒絶・本訴）事件／学校法人梅光学院ほか（特人准教授）事件／エボニック・ジャパン事件／吹田市（臨時雇用員）事件

第９章　懲戒処分・人事処分

KDDI 事件／帝産湖南交通事件／学校法人明治大学（准教授・制限措置等）事件／地方独立行政法人岡山市立総合医療センター（抗告）事件／ジャパンレンタカーほか（配転）事件／キムラフーズ事件

第10章　退職

JR 東日本（退職年度期末手当）事件／医療法人杏祐会元看護師ほか事件

第11章　労働条件の変更

阪急トラベルサポート（派遣添乗員・就業規則変更）事件／平尾事件

第12章　事業承継

協和海運ほか事件／社会福祉法人佳徳会事件／日本郵政（期間雇用社員ら・雇止め）事件

第13章　労働者性

佐世保配車センター協同組合事件／ベルコ（代理店代表社員）事件／ミヤイチ本舗事件／セブン‐イレブン・ジャパン（共同加盟店主）事件／企業組合ワーカーズ・コレクティブ轍・東村山事件

第14章　管理監督者

コナミスポーツクラブ事件／日産自動車（管理監督者性）事件

第15章　残業代

イクヌーザ事件／PMK メディカルラボほか１社事件／シンワ運輸東京（運航時間外手当・第１）事件／結婚式場運営会社 A 事件／国・茂原労基署長（株式会社まつり）事件／グレースウィット事件

第16章　同一労働同一賃金

日本郵便（非正規格差）事件／日本ビューホテル事件／メトロコマース事件／ハマキョウレックス（第二次差戻後控訴審）事件／日本郵便（時給制契約社員ら）事件／学校法人産業医科大学事件／学校法人大阪医科薬科大学（旧大阪医科大学）事件／学校法人近畿大学（講師・昇給等）事件／井関松山ファクトリー事件・井関松山製造所事件

実務家のための労働判例読本2021年版

2020年『労働判例』誌掲載裁判例

芦原一郎◆著　経営書院◆本体2,400円＋税

件／北海道二十一世紀総合研究所ほか事件

第７章　自由な意思

カキウチ商事事件／コーダ・ジャパン事件／社会福祉法人緑友会事件／木の花ホームほか１社事件／Ｐ興産元従業員事件／アートコーポレーションほか事件

第８章　不当労働行為

国・中労委（学校法人文際学園〔非常勤講師〕）事件／大阪府・府労委（サンプラザ〔再雇用〕）事件／朝日放送グループホールディングスほか１社事件／北海道・道労委（札幌交通・新賃金協定）事件／北海道・道労委（社会福祉法人札幌明啓院〔配転〕）事件／国・中労委（国際基督教大学）事件

第９章　ハラスメント

国立大学法人筑波大学ほか事件／国・札幌東労基署長（紀文フレッシュシステム）事件／福生病院企業団（旧福生病院組合）事件／アクサ生命保険事件／豊榮建設従業員事件／国・平塚労基署長（旧ワタミの介護株式会社）事件

第10章　健康問題

国・大阪中央労基署長（ダイヤモンド）事件／国・敦賀労基署長（三和不動産）事件／太陽家具百貨店事件／福井県・若狭町（町立中学校教員）事件／住友ゴム工業（旧オーツタイヤ・石綿ばく露）事件／住友ゴム工業（旧オーツタイヤ・石綿ばく露）事件／La Tortuga（過労死）事件／豊和事件／フルカワほか事件／池一菜果園ほか事件／アルコグラフィックス事件／国（陸上自衛隊員訓練死）事件

第11章　固定残業代等

洛陽交運事件／狩野ジャパン事件／国際自動車事件／サン・サービス事件

第12章　労働時間

しんわコンビ事件／カミコウバス事件／大島産業ほか（第２）事件／ザニドム事件

第13章　労働者性・使用者性

イヤシス事件／日本貨物検数協会（日興サービス）事件／東リ事件／学校法人信愛学園事件／加賀金属事件

第14章　その他（労基法）

シェーンコーポレーション事件／すみれ交通事件／学校法人近畿大学（勤続手当等）事件

第15章　公務員

大阪市（旧交通局職員ら）事件／京都市（児童相談所職員）事件／京都市（児童相談所職員）事件／国・人事院（文科省職員）事件／加古川市事件

第16章　民法・民事訴訟法

学校法人河合塾（文書提出命令・抗告）事件／福山通運事件

実務家のための労働判例読本2022年版

2021年『労働判例』誌掲載裁判例

芦原一郎◆著　経営書院◆本体2,400円＋税

第１章　同一労働同一賃金

名古屋自動車学校（再雇用）事件／ハマキョウレックス（無期契約社員）事件／科学飼料研究所事件／リクルートスタッフィング事件／独立行政法人日本スポーツ振興センター事件

第２章　人事権の濫用

野村不動産アーバンネット事件／東神金商事件／学校法人梅光学院（給与減額等）事件／長崎自動車事件／安藤運輸事件／学校法人国際医療福祉大学（仮処分）事件／相鉄ホールディングス事件／学校法人日通学園（大学准教授）事件／インテリジェントヘルスケア（仮処分）事件／ELC ジャパン事件／医療法人社団弘恵会（配転）事件／GCA 事件／学校法人国士舘ほか事件／学校法人国士舘ほか（戒告処分等）事件／学校法人目白学園事件／A 大学ハラスメント防止委員会委員長ら事件／国（在日米軍基地従業員・出勤停止）事件／千鳥ほか事件

第３章　シフト制

ホームケア事件／シルバーハート事件

第４章　内部通報等

ソニー生命保険ほか事件

第５章　問題社員

フェデラルエクスプレス事件／マツヤデンキほか事件／タカゾノテクノロジー事件／東菱薬品工業事件／前原鎔断事件

第６章　競業避止義務

福屋不動産販売事件／レジェンド元従業員事件

第７章　費用の求償

ダイレックス事件／みずほ証券元従業員事件

第８章　人格的利益

淀川交通（仮処分）事件／巴機械サービス事件

第９章　懲戒解雇・解雇

センバ流通（仮処分）事件／森山（仮処分）事件／学校法人明浄学院事件／アニマルホールド事件／日成産業事件／学校法人追手門学院（懲戒解雇）事件／東京現代事件／山崎工業事件／近畿中央ヤクルト販売事件／Ｏ・Ｓ・Ｉ事件／みずほビジネスパートナー事件／太平洋ディエムサービス事件／ドリームスタイラー事件／新日本建設運輸事件／PwC あらた有限責任監査法人事件（１審）／PwC あらた有限責任監査法人事件（２審）

第10章　更新拒絶

学校法人奈良学園事件／日本通運事件／学校法人河合塾（雇止め）事件／高知県公立大学法人（第２）事件／公益財団法人グリーントラストうつのみや事件

第11章　高齢者

アルパイン事件／ヤマサン食品工業（仮処分）事件／京王電鉄ほか１社事件

第12章　復職

日東電工事件／丙川商店事件

第13章　健康問題

国・京都上労基署長（島津エンジニアリング）事件／国・大阪中央労基署長（讀賣テレビ放送）事件／地公災基金熊本県支部長（市立小学校教諭）事件／国・札幌東労基署長（カレスサッポロ）事件／国・福岡中央労基署長（新日本グラウト工業）事件／国・三田労基署長（日本電気）事件／国・大阪中央労基署長（リーヴスホーム）事件／国・一宮労基署長（ティーエヌ製作所）事件／地方独立行政法人長崎市立病院機構事件／視覚障害者後遺障害逸失利益等損害賠償請求事件／サンセイほか事件／伊藤忠商事・シーアイマテックス事件／製麺会社Ａ事件／株式会社まつりほか事件／建設アスベスト訴訟（神奈川）事件

第14章　ハラスメント

鑑定ソリュート大分ほか事件／Ｐ社ほか（セクハラ）事件／海外需要開拓支援機構ほか事件／旭川公証人合同役場事件／長崎県ほか（非常勤職員）事件

第15章　公務員

国・陸上自衛隊第11旅団長（懲戒免職等）事件／大阪府・府教委（府立

岸和田支援学校）事件／堺市（懲戒免職）事件

第16章　労働時間・管理監督者性

社会福祉法人恩賜財団母子愛育会事件／三井住友トラスト・アセットマネジメント事件／KAZ 事件／アートコーポレーションほか事件／国・川崎北労基署長（MCOR）事件／石田商会事件／トールエクスプレスジャパン事件

第17章　労働者性・使用者性

国・津山労基署長（住友ゴム工業）事件／エアースタジオ事件／NOVA 事件／ワイアクシス事件／ブレイントレジャー事件／日本代行事件／サンフィールド事件／ハンプテイ商会ほか１社事件

第18章　労働組合

北海道協同組合通信社労働組合事件／谷川電機製作所労組ほか事件（１審）／谷川電機製作所労組ほか事件（２審）／学校法人関西外国語大学事件／国・中労委（学校法人神奈川歯科大学）事件／山形県・県労委（国立大学法人山形大学）事件／国・中労委（長澤運輸・団交）事件／国際自動車（占有妨害禁止等仮処分）事件（２件：対資産保有会社、対会社）／国・中労委（関西宇部）事件／首都圏青年ユニオン執行委員長ほか事件

第19章　その他（諸論点）

キャバクラ運営Ａ社従業員事件／ヴィディヤコーヒー事件／国（口外禁止条項）事件

実務家のための労働判例読本2023年版

2022年『労働判例』誌掲載裁判例

芦原一郎◆著　経営書院◆本体2,400円＋税

第１章　派遣法40条の６

東リ事件／日本貨物研数協会（日興サービス）事件／ベルコほか（代理店従業員・労働契約等）事件／国・大阪医療刑務所（日東カストディアル・サービス）事件／竹中工務店ほか２社事件

第２章　休業

ホテルステーショングループ事件／ハイボックス・ジャパン事件

第３章　問題社員

みずほ銀行ほか事件／清流出版事件／医療法人偕行会事件／摂津産業開発事件／東武バス日光ほか事件／スタッフメイト南九州元従業員ほか事件／一般社団法人奈良県猟友会事件／シナジー・コンサルティング事件

／日本郵便（北海道支社・本訴）事件／医療法人Ａ病院事件／学校法人提供大学事件／医療法人社団悠翔会事件／大器キャリアキャスティングほか１社事件／国・大阪中央労基署長（大器キャリアキャスティング・東洋石油販売）事件／ロバート・ウォルターズ・ジャパン事件／トヨタ事件／学校法人茶谷史郎次郎記念学園（東京福祉大学）事件／ヤマサン食品工業事件

第４章　解雇・合意退職

ネオユニットほか事件／ノキアソリューションズ＆ネットワークス事件／ユナイテッド・エアーラインズ（旧コンチネンタル・ミクロネシア）事件／エスツー事件／龍生自動車事件／アンドモア事件／デジタルシステムズ事件

第５章　雇止め

日本通運（川崎・雇止め）事件／学校法人専修大学（無期転換）事件／学校法人専修大学（無期転換）事件／公益財団法人埼玉県公園緑地協会・狭山市事件／国立大学法人東北大学（雇止め）事件／学校法人河合塾（雇止め）事件／学校法人羽衣学園（羽衣国際大学）事件

第６章　人事権の濫用・合意の効力

不二タクシー事件／広島精研工業事件／社会福祉法人希望の丘事件／グローバルマーケティングほか事件／学究社（年俸減額）事件／一般財団あんしん財団（降格）事件／日立製作所（降格）事件／マーベラス事件／テイケイ事件／ビジネスパートナーほか事件／栗田運輸事件／学校法人上野学園事件／ビジネスパートナー従業員事件／医療法人社団新拓会事件

第７章　労働者性

ロジクエスト事件／ケイ・エム・エル・ローヤルダッチエアーラインズ事件／Ｈプロジェクト事件／函館バス（仮処分）事件／国・中労委（セブン・イレブン・ジャパン）事件

第８章　労働時間

フーリッシュ事件／ラッキーほか事件／ルーチェほか事件／ライフデザインほか事件／システムメンテナンス事件／株式会社浜田事件／社会福祉法人セヴァ福祉会事件／アルデバラン事件

第９章　同一労働同一賃金

リクルートスタッフィング事件／ハマキョウレックス（無期契約社員）事件

第10章　ハラスメント

人材派遣業A社ほか事件／国（在日米軍厚木航空施設・パワハラ）事件／アムールほか事件／しまむらほか事件／阪神高速トール大阪事件

第11章　労災

日和住設ほか事件／日立パワーソリューションズ事件／建設アスベスト訴訟（京都）事件／国・岩見沢労基署長（元気寿司）事件／国・出雲労基署長（ウシオ）事件／建設アスベスト訴訟（大阪）事件／国・豊橋労基署長（丸裕）事件／国・中央労基署長（クラレ）事件／国・名古屋北労基署長（ヤマト運輸）事件／丸八ガラス店（求償金請求）事件

第12章　休職

日東電工事件／高島事件

第13章　その他

グッドウィン事件／エイシントラスト元代表取締役事件／国・人事院（経産省職員）事件／神社本庁事件

第14章　公務員

埼玉県（小学校教員・時間外割増賃金請求）事件／みよし広域連合事件／川崎市・市人事委員会（是正措置要求）事件

第15章　労働組合

大阪府・府労委（大阪市・市労組）事件／大和自動車王子労働組合事件／三多摩合同労働組合元組合員事件／国・中労委（アート警備）事件／山形県・県労委（国立大学法人山形大学）事件／プレカリアートユニオン（拠出金返還等請求）事件／JMITU愛知地方本部ほか（オハラ樹脂工業・仮処分）事件／京阪バス会（京阪バス）事件

第16章　民事訴訟法等

ユーコーコミュニティー従業員事件／学校法人コングレガシオン・ド・ノートルダム（抗告）事件

■著者紹介（https://profile.ameba.jp/ameba/wkwk224-vpvp）

芦原　一郎（あしはら　いちろう）

弁護士法人キャストグローバル／パートナー弁護士
司法試験考課委員（労働法、2020～）

〈学歴と資格〉

1991年　早稲田大学法学部卒業
2003年　ボストン大学ロースクール卒業
1995年　日本で弁護士登録（47期）
2006年　米ニューヨーク州で弁護士登録
2013年　証券アナリスト（CMA Ⓡ）登録

〈職歴〉

1995年　森綜合法律事務所（現：森・濱田松本法律事務所）入所
1999年　アフラック入社
2009年　日本 GE 入社、みずほ証券入社
2013年　チューリッヒ保険／チューリッヒ生命(ジェネラルカウンセル)入社
2018年　Seven Rich 法律事務所入所
2020年　弁護士法人キャスト（現：弁護士法人キャストグローバル）入所

〈主な公的活動〉

1995年～現在　東京弁護士会民暴委員会
2006年～現在　東京弁護士会労働法委員会（副委員長）
2012年～2022年　日本組織内弁護士協会（理事）
2009年～2010年　大宮法科大学院（ロースクール、非常勤講師）
2022年～現在　日本大学（危機管理学部、非常勤講師、労働法）

〈主な著書〉

- 『実務家のための労働判例読本』と、同各年版（経営書院、2020年以降、毎年）
- 『労働判例から経営を学ぶ15講』（経営書院、2022年）
- 『国際企業保険入門』（共編著、中央経済社、2019年）
- 『法務の技法』（中央経済社、第２版：2019年、初版：2014年）
- 『経営の技法』（共著、中央経済社、2019年）
- 『法務の技法〈OJT 編〉』（編著、中央経済社、2017年）
- 『M ＆ A における労働法務 DD のポイント』（共著、東弁労働法委員会編／商事法務、2017）
- 『ビジネスマンのための法務力』（朝日新書／朝日新聞出版、2009年）
- 『問題社員をめぐるトラブル予防・対応アドバイス』『問題社員をめぐるトラブル対応・予防文例集』（共編著、新日本法規、2021年）
- 『新労働事件実務マニュアル』（共著、東弁労働法委員会編／ぎょうせい、第２版：2010、初版：2008）

実務家のための労働判例読本 **2024年版**

2024年4月23日　第1版第1刷発行

著者　芦原一郎
発行者　平盛之

発行所　㈱産労総合研究所
出版部　経営書院

〒100-0014　東京都千代田区永田町1-11-1　三宅坂ビル
電話　03-5860-9799
https://www.e-sanro.net/

印刷・製本　藤原印刷株式会社
ISBN 978-4-86326-376-5 C2032